꽁꽁
싸맨
보따리

진관사 태극기를 책의 단락마다 삽입한 것은 일제강점기 백초월 스님을 비롯한 스님들과 불자들의 구국정신을 계승하고, 이 태극기의 국보 승격 필요성을 강조하기 위해서입니다. 일장기 위에 덧그려 만든 이 태극기는 2009년 5월 서울 진관사 칠성각에서 발견된 것으로, 불교계를 비롯한 선조들의 숭고한 독립운동 정신과 가치를 상징합니다.

해방 80주년 특집

꽁꽁 싸맨 보따리

해방 80년 돌아본 불교

이성수 지음

담앤북스

● 추천사

역사는 기록하는 자의 것이라고 했습니다. 그러나 더 중요한 것은 '무엇을 기록할 것인가' 입니다. 이성수 편집국장이 펴낸 이 책은 그동안 우리가 놓치거나 외면했던 근대기 한국불교의 또 다른 얼굴을 보여줍니다.

오랜 기간 이성수 기자를 지켜보며, 역사의 진실을 찾아 헤매는 열정이 있음을 알게 되었습니다. 무엇보다 깊은 신심을 바탕으로 한국불교의 역사를 바로 세우는 일에 헌신해왔습니다.

해방 80주년을 맞아 출간되는 이 책은 오랜 노력의 결실로 그동안 가려져 있던 근대불교와 대한민국의 역사를 복원한 것입니다. 백범 김구 선생과 대각사의 인연, 윤봉길 의사의 불교 인연 등, 이 책에 담긴 내용들은 대부분 직접 발로 뛰며 발굴한 것들입니다. 먼지 쌓인 자료를 찾고, 증언자들을 만나며, 잊혀진 역사의 현장을 하나하나 확인하는 성실함이 있었기에 소중한 기록들이 세상에 나올 수 있었습니다.

특히 이 책은 일제강점기 한국불교를 단순히 친일과 굴종의 역사로만 보는 편견을 깨뜨립니다. 용성 스님, 만해 스님, 백초월 스님을 비롯한 수

많은 스님과 재가불자들이 목숨을 걸고 독립운동에 투신했고, 전국의 사찰이 3·1운동의 거점이 되었습니다. 선열들의 숭고한 구국정신이 담긴 진관사 태극기는 감동을 줍니다. 범어사 해동역경원에서는 한글 경전 번역으로 문화독립운동을 전개했습니다. 이런 사실들은 우리가 반드시 기억하고 계승해야 할 자랑스러운 역사입니다. 이제 한 권의 책으로 엮어 더 많은 이들에게 전해지게 되었습니다.

 이 책을 읽는 독자들께서는 단순히 과거의 이야기로만 받아들이지 말고, 오늘을 살아가는 우리의 자세를 돌아보는 계기로 삼아주기 바랍니다.

 출간을 진심으로 축하하며, 앞으로도 한국불교의 숨은 역사를 발굴하는 일에 매진할 수 있기를 응원합니다. 이 책이 많은 이들에게 감동과 깨달음을 주는 소중한 자료가 되기를 소망합니다.

불기 2569년(2025) 8월 15일
불교신문 사장 범석수불

● 책을 내며

해방 80주년을 맞이하는 지금, 우리는 다시 한번 역사의 거울 앞에 서 있습니다. 이 책은 일제강점기라는 암울한 시대를 살아간 한국불교의 잘 알려지지 않은 이야기들을 세상에 전하고자 하는 마음에서 시작되었습니다. 그동안 우리는 일제강점기 한국불교를 친일과 굴종의 역사로만 기억하는 경우가 많았습니다. 하지만 역사의 이면에는 조국의 독립을 위해 목숨 걸고 싸운 수많은 스님들과 불자들의 뜨거운 이야기가 숨어 있습니다.

〈불교신문〉 기자로 역사의 현장을 찾아다녔습니다. 백범 김구 선생의 출가사찰 마곡사와 해방 직후 방문했던 대각사부터 3·1혁명보다 앞서 봉기한 제주 법정사 무장항쟁 현장까지, 발길이 닿는 곳마다 이야기들이 숨어 있었습니다. 고성 옥천사에서는 독립운동을 지원한 흔적을 발견했고, 양평 용문사에서는 정미의병의 함성이 들리는 듯했습니다. 그 이야기들은 단순한 과거의 기록이 아니라, 오늘을 살아가는 우리에게 던지는 '절박한 화두'였습니다. 왜 우리는 이런 역사를 제대로 알지 못했을까? 왜 이들의 희생과 헌신은 역사의 뒤안길로 사라져야 했을까?

일제강점기는 분명 우리 민족에게 있어 가장 어두운 시기였습니다. 1910년 강제병합 이후 35년간, 나라를 빼앗기고 민족의 정체성마저 위협받던 시절, 한국불교 역시 그 굴레에서 자유로울 수 없었습니다. 일제는 1911년 사찰령을 공포하여 한국불교를 철저히 통제하고 사찰을 식민통치의 도구로 전락시키려 했습니다. 그러나 이 책에서 만나게 될 수많은 스님들과 불자들은 그런 현실에 굴복하지 않았습니다.

만해 스님은 3·1 독립선언서에 민족대표로 서명하고 옥중에서도 독립의 의지를 꺾지 않았습니다. '님의 침묵'은 단순한 연가戀歌가 아니라 빼앗긴 조국을 그리는 독립獨立의 노래였습니다. 백초월 스님은 진관사를 독립운동의 비밀 거점으로 만들어 상해 임시정부와 연락을 취했고, 독립운동자금을 지원하다 일경에 체포되어 혹독한 고문을 받았습니다. 용성 스님은 대각교를 창립하여 민족불교의 새로운 지평을 열었으며, 삼장역회를 조직하여 한글 경전 번역에 힘썼습니다. 단순한 종교 활동이 아니라 일제의 민족말살 정책에 맞선 문화독립운동이었습니다.

1919년 3·1 혁명 당시 불교계의 활약은 눈부셨습니다. 중앙학림 학생들이 만세운동을 주도했고, 통도사 신평장터에서는 3월 13일, 범어사에서는 3월 18일과 19일 대규모 시위를 전개했습니다. 봉선사에서는 3월 29일, 동화사 지방학림에서는 3월 30일, 신륵사에서는 4월 3일, 김룡사에서는 4월 13일에 각각 만세운동이 일어났습니다. 전국 방방곡곡의 사찰에서 울려 퍼진 '독립의 함성'은 단순한 구호가 아니라 부처님의 가르침을 실천하는 '자비慈悲와 정의正義의 외침'이었습니다.

이 책은 그동안 잘 알려지지 않았던 이야기들에도 주목했습니다. 윤봉길 의사가 독실한 불교신자였다는 사실은 많은 이들에게 놀라움을 줄 것입니다. 해동역경원이 일제의 탄압 속에서도 한글 경전 발간을 통해 민족 정체성을 지켜낸 역사, 대한승려연합회가 발표한 독립선언서의 존재 등은 우리가 기억해야 할 소중한 유산입니다.

취재 과정에서 놀라운 사실도 많이 발견했습니다. 백범 김구 선생이 서거했을 때 마곡사 스님들이 밤새 철야기도로 극락왕생을 발원했다는 기록도 찾았습니다. 또한 강제병합 직전, 불교계가 애국계몽운동에 적극적으로 참여한 자료들도 발굴하였습니다. 이런 사실들은 한국불교가 민족의 아픔을 함께하고 시대의 과제에 적극적으로 대응한 살아있는 종교였음을 보여줍니다.

이야기를 정리하면서 깊은 감동과 함께 무거운 책임감을 느꼈습니다. 일제의 탄압 속에서도 수행을 게을리하지 않고, 문화를 보존하며, 교육을 통해 미래 세대를 준비시킨 선각자들의 삶은 오늘날 우리에게 많은 것을 시사합니다. 청춘을 독립에 바쳤고, 이름 없는 스님들이 독립운동을 지원하다 옥고를 치렀습니다. 절망적인 현실 속에서도 희망을 잃지 않았고, 어둠 속에서도 빛을 찾아 나아갔습니다. 그분들에게 독립운동은 부처님 가르침을 실천하는 길이었고, 중생구제의 또 다른 방편이었습니다.

이 책은 완성이 아닌 시작입니다. 아직도 발굴하지 못한 이야기들이 역사의 저편에 묻혀 있습니다. 일제가 파괴하고 은폐한 자료들, 해방 후 혼란기에 유실된 기록들, 그리고 증언자들의 입을 통해서만 전해지다 사라진 구전들까지, 찾아내고 복원해야 할 역사는 무궁무진합니다. 더 많은 자료를 찾고, 잊혀진 영웅들의 발자취를 따라가며, 근대기 한국불교를 복원하는 일을 계속해 나가고자 합니다. 이 책에 사용된 모든 사진과 자료의 출처를 밝히고자 최선을 다했지만, 표기하지 못한 것이 있을 수 있습니다. 추후 확인되는 대로 바로잡겠습니다.

해방 80주년을 맞아 이 책을 펴내는 것은 단순히 과거를 회상하기 위함이 아닙니다. 역사를 잊은 민족에게 미래는 없다는 말처럼, 과거를 통해 현재를 성찰하고 미래를 준비해야 하기 때문입니다. 가시밭길을 돌아보며 그분들이 꿈꾸었던 자주독립의 정신을 오늘에 되살려 대한민국이 더 나은 내일로 나아가는 데 작은 보탬이 되고자 합니다.

부디 이 책이 일제강점기 한국불교의 숨은 영웅들을 기억하는 '작은 등불'이 되기를 바랍니다.

해방 80주년을 맞이한
불기 2569년(2025) 8월 15일
이 성 수

● 목차

추천사 4
책을 내며 6

1. 독립

해방 직후 대각사 방문한 백범 김구 17
백범 김구 출가한 공주 마곡사 20
김구 서거 후 마곡사 스님들 철야기도 26
윤봉길 의사는 불교 신자 30
속초 보광사 독립운동 스님 '135위' 모셨다 35
강제병합 직전 불교계 - 애국지사 면모 확인 40
대한승려연합회 선언서 46
구하 스님과 대한승려연합회 선언서 50
백지로 마음을 나눈 구하, 만해 스님 56
범어사 지방학림, 명정학교 독립만세운동 62
백용성 스님과 함양 화과원 66
용성 스님 『대각교관정사유헌』 72
용성 스님 도와 독립운동 한 동암 스님 75
교육불사로 인재 양성한 오이산 스님 81
2019년 3·1운동 100주년 / 프롤로그 87
중앙학림 학생들 3·1만세 주도 92

동화사 지방학림 3·30 만세운동	97
범어사 3·18, 3·19 만세운동	103
봉선사 3·29 거사	109
신륵사 4·3 만세운동	116
통도사 신평장터 3·13 시위	122
통도사 신평장터 3·13 만세운동	128
통도사 독립운동	134
해인사 3·31 만세운동	143
표충사 4·4 만세운동	150
쌍계사 4·6, 4·11 만세운동	155
독립운동 지원한 옥천사	162
백초월 스님과 진관사	169
만해 한용운 스님 생가지	175
제주 법정사 항일운동과 봉려관 스님	181
정미의병 근거지 용문사	187
문경 김룡사 4·13 거사	193
조선 독립에 청춘 바친 신화수	199
오택언 독립운동	205
김산의진 의병장 리기찬 지사	211
민족정체성 확립한 해동역경원	222
청담 대종사의 독립운동 발자취	228

2. 문화

야구 시구 처음 한 '조계사 마당'	237
불교소년야구단	243
통도사 축구	250
정구대회	257
나라 뺏긴 암흑기의 부처님오신날	264
최초의 초파일 컬러 사진	270
일제강점기 불교 관련 사진	273
한국 도서관의 아버지 '박봉석'	278
석전 박한영 스님 병풍·시첩 上	285
석전 박한영 스님 병풍·시첩 下	290
초월 스님의 「성도기」	296
석전 스님의 『정주사산비명』	299
서울 충무로 호국역경원	302

3. 교육

광성의숙 한 세기 만에 세상 밖으로	311
민족학교 광성의숙 자료 또 나왔다	314
1910년대 부산 청룡초등학교	318
경성불교고등강습회 졸업장 등	325
금강산 영원암 졸업증서	330

전란 직후 수련회	332
통도사 명신학교	334
민중의식 일깨우고 평등 교육에 앞장선 야학	340
허영호 『조선어기원론』 친필	347
1923년 개운사 방문한 이화학당	350
강제징집당하는 송광사 스님들	357

4. 수행

근대 최초 인도 순례한 이영재 스님	365
내외전 신구학문 이사理事 겸비한 해안 스님	372
일제강점기 이재민 구휼 나선 만공 선사	377
초부적음 스님 30대 사진	379
금강산 유점사 경성포교소 깃발	384
일제강점기 불교신도증·해인사 사진	388
일제강점기 금강산 스님들	392
일제강점기 금강산 주요사찰	396
일제강점기 조선불교 되짚기	400
일제강점기 각황사 포교문	409
1918년 위봉사 전주포교당 신도증	420

후기	422

1

해방 80주년 특집
꽁꽁 싸맨 보따리

독립

연기적 관계 속에서 자비와 지혜로 이룬 자주와 평화,
그리고 모든 생명과의 조화로운 공존의 실현이다.

해방 직후 대각사 방문한 백범 김구

해방 후 귀국한 백범 김구와 대한민국 임시정부 요인들이 서울 대각사를 방문해 동암 스님 등 불교계 인사들과 촬영한 사진이 72년 만에 처음 세상에 나왔다.

〈불교신문〉이 단독 입수한 이 사진은 1945년 12월 12일 서울 대각사 마당에서 김구, 이시영, 조소앙, 이범석 등 임시정부 요인과 동암, 회암 스님 등이 기념촬영한 것이다.

사진을 공개한 이정훈 전 청소년불교연합회 지도법사는 "녹야원에서 학생회 활동을 할 당시 앨범에 있던 사진"이라면서 "이후 녹야원이 혼란을 겪는 과정에서 안타깝게도 앨범이 흙 속에 묻혀 유실될 뻔했다"고 전했다.

백범은 일제강점기 독립운동을 지원한 용성 스님 등 불교계에 고마움을 표하기 위해 귀국한 지 20일이 안 되는 상황에서 대각사를 방문했다. 해방 전 입적한 용성 스님을 대신해 백범과 임시정부 요인을 맞이한 것은 동암 스님과 회암 스님 등 제자들이었다. 당시 동암 스님은 임시정부환국 봉영회장, 회암 스님은 대각사 주지였다.

〈불교신문〉은 사진 입수 후 전 범어사 전계화상 홍교 스님, 동두천 반화사 주지 해안 스님, 양주 석굴암 주지 도일 스님, 함재룡 전 용산고 교사 등 관계자들을 통해 확인 취재를 진행했다. 관계자들은 사진 원본의

앞줄 왼쪽 두 번째부터 조소앙, 이시영, 김구, 회암 스님, 동암 스님.
사진 하단에 '대한민국 림시정부 봉영회 긔념. 1945.12.12'라고 적혀 있다.
사진제공=이정훈

크기를 어른 손바닥 정도였다고 기억했다.

홍교 스님은 "백범 선생이 대각사를 방문했을 때 건물 한쪽이 무너질 정도로 많은 분들이 왔다는 이야기를 들었다"고 전했다. 해안 스님은 "용성 스님이 동암 스님을 통해 임시정부에 독립운동자금을 보냈다는 이야기를 직접 들었다"고 회상했다. 동암 스님 손상좌인 도일 스님은 "은사 초안 스님에게 동암 노스님이 임시정부환국봉영회장을 지냈다는 이야기를 들었다"고 회상했다.

1945년 11월 23일 귀국한 백범과 임시정부 요인들은 대각사 방문 일주일 뒤에는 서울운동장(지금의 동대문역사문화공원)에서 대대적으로 열린 환국봉영회에 참석했다.

이번에 공개된 자료는 기존에 알려진 백범의 대각사 방문 사진과 같은 날 촬영된 것이다. 하단에 기록된 '대한민국 림시정부 봉영회 긔념. 1945.12.12.' 라는 글씨로 확인 가능하다.

98주년 3·1절을 앞둔 2017년 공개된 이 사진은 용성 스님을 비롯해 많은 스님들이 직간접적으로 독립운동에 참여했다는 사실을 증명한다는 점에서 역사적 의미가 있다.

백범 김구 출가한 공주 마곡사

—

"가장 인상 깊고 신세진 곳이 마곡사이다." 1945년 해방 후 귀국한 대한민국 임시정부 주석 김구의 말이다. 백범 김구는 1898년 마곡사에서 출가해 원종圓宗이란 법명을 받았을 만큼 불연佛緣이 깊다. 4월 13일 대한민국 임시정부 수립 기념일을 앞두고 백범의 승려시절 자취가 깃든 공주 마곡사를 찾았다.

춘마곡春麻谷. 다른 계절도 좋지만 마곡사의 봄 경치가 빼어나 붙은 말이다. 봄을 전하는 화신花信이 도착한 마곡사 마당 한쪽에 자리한 '백범당白凡堂'에도 봄기운이 물씬 전해온다. 이 건물의 이름은 민족지도자 김구의 호에서 비롯됐다. 젊은 시절, 승려 생활을 한 그를 기리기 위해 마곡사에서 지었다. 백범당 옆에는 해방 후에 김구가 심었다고 전하는 향나무가 자라고 있다. 67년이란 세월이 무상하게 흘렀지만 나라를 사랑하는 마음과 스님이었던 시절의 원력은 지금까지 전해온다.

『나의 소원』에서 "나는 공자, 석가, 예수의 도道를 배웠고, 그들을 모두 성인으로 숭배한다"고 한 백범은 동학, 유교, 불교, 개신교, 가톨릭 등의 종교를 두루 섭렵했다. 민족주의자 백범의 평생 화두는 '독립'이었다. 하지만 불제자로 지낸 마곡사에서의 생활은 백범의 사상에 큰 영향을 끼쳤다.

마곡사 앞을 흐르는 태화천은 백범이 삭발한 곳으로 백범당에서 가깝

마곡사 백범당과 향나무.

다. "머리가 섬뜩하여 내 상투가 모래 위에 뚝 떨어진다. 이미 결심한 일이건만 머리카락과 함께 눈물이 뚝 떨어짐을 금할 수 없다." 『백범일지』에 실린 삭발 당시의 백범 마음이다. 호덕삼鎬德三 스님을 따라 삭발을 했던 '청년 김구'의 모습이 시냇물에 비치는 것 같다.

백범은 왜 스님이 되었을까? 세월을 거슬러 올라가 살펴볼 필요가 있다. 1895년 10월 명성황후가 무참히 시해되는 참담한 사건이 발생했다. 이에 격분한 청년 백범은 황해도 치하포 나루에서 일본 헌병을 살해했다. '국모를 시해한 원수를 갚는다'는 글을 붙여 대의명분을 분명히 했다.

몇 달 뒤 일경에 체포되어 인천 감옥에 갇혔다. 사형 집행 2시간 전에 특사령이 내려져 극적으로 목숨을 건졌다. 그러나 언제 사형될지 모르는 상황이었다. 그리하여 1898년 3월 극비리에 탈옥을 감행한다. 이후 산사山寺에 몸을 숨겼다. 여주 신륵사와 하동 쌍계사 칠불암 등을 전전했는데, 한 곳에 오래 머물 수는 없었다. 보다 깊은 산사를 찾아 나섰다. 공주 갑사와 동학사를 거쳐 마곡사에 도착했다. 지금은 교통이 편리해졌지만 당시 마곡사는 오지였다. 은신하기에 더없이 좋은 환경이었다.

그해 가을, 백범은 정식으로 스님이 되었다. 은사는 호서지방 대강백으로 존경받는 보경寶境 스님 제자인 하은荷隱 스님이었다. 동학군으로 활동할 당시 황해도 구월산 패엽사에서 설법을 들었다는 하은 스님과 법명이 같다. 동일인인지 확인하기 어렵지만, 같은 스님일 가능성을 배제할 수 없다.

스님이 된 백범은 낮에는 울력을 하고, 밤에는 경전을 공부했다고 한다. 1947년 나온 〈불교공보佛敎公報〉는 "약 반년 동안 착실한 사미 중노릇을 하시었으니, 낮에는 장작도 패고 물도 긷고 그 밖에 하기 어려운 일까지 하였다. 어느 날 물을 길어 오다 물동 하나를 깨뜨리고 은사 하은당에게 몹시 꾸지람을 당한 일도 있었다고 한다"고 보도했다. 엄격한 수행 생활로 고단한 나날을 보냈음을 짐작할 수 있다. 김구는 『백범일지』에서 "모두 내 공부를 도우심으로 알라는 뜻"이라고 회고했다. 하심下心과 인욕忍辱이 자연스럽게 몸에 배었을 것이다.

1946년 봄에 마곡사를 방문한 백범은 "48년 전에 머리에 굴갓을 쓰고 목에 염주를 걸고 출입하던 길이 예와 같거니와 대웅전에 걸린 주련도 옛날 그대로"라고 기억을 떠올렸다. 굴갓은 스님들이 쓰는 모자이다. 백범이 감격스러워한 주련은 마곡사 대웅보전에 빛이 바랜 채 지금도 남아있다. '각래관세간却來觀世間 유여몽중사猶如夢中事.' "돌아와 세상을 보니 흡사 꿈속의 일 같구나"라는 뜻이다.

"용담 스님에게 『보각서장普覺書狀』을 배우던 염화실에서 뜻깊은 하룻밤을 지냈고, 승려들은 나를 위하여 이날 밤에 불공을 드렸다." 『백범일지』에 나오는 기록이다. 『보각서장』은 중국의 북송 말기에서 남송 초기에 살았던 대혜 스님의 선禪 수행 편지 모음집이다. 줄여 『서장』이라 하는데, 보각은 대혜 스님의 법호法號이다. 또한 백범은 "달을 가리키는 손가락 끝을 보지 말고, 손가락 끝이 가리키는 달을 보라"는 견월망지見月忘指의 법문도 들었다고 했다. 참선 수행을 병행했음을 짐작할 수 있다. 백범이 남긴 친필 가운데 불교, 특히 참선과 인연이 깊은 작품도 여럿이다. 『서장』을 일러준 용담 스님은 "나뭇가지를 잡는 것보다는 높은 벼랑에 달려 매어서 두 팔을 쫙 벌려야만 참으로 대장부"라는 가르침도 전했다.

백범의 평생 신조로 잘 알려진 서산대사의 가르침은 지금까지 유명하다. '답설야중거踏雪野中去 불수호난행不須胡亂行 금일아행적今日我行跡 수작후인정遂作後人程.' "눈 덮인 들판을 걸어갈 때, 함부로 어지럽게 걷지 마라. 오늘 내가 가는 이 발자취는, 뒷사람의 이정표가 될 것이다."

제6교구본사 마곡사는 매년 6월 백범 기일에 맞춰 추모다례를 봉행한다. 주지 원경 스님은 "민족의 지도자이며, 한때 출가사문으로 수행한 백범 선생의 서거일에 즈음해 추모다례를 지내는 것은 당연한 도리"라면서

"독립을 위해 헌신한 백범 선생, 아니 원종 스님의 뜻을 잘 기려 나가는데 최선을 다하겠다"고 약속했다. 1949년 6월 26일 백범이 안두희의 저격을 받아 세상을 떠나자 마곡사는 49재일에 맞춰 '천도재 겸 추도 법식法式'을 엄수하기도 했다.

마곡사는 백범당白凡堂 외에도 2010년 '백범 명상길'을 조성해 김구의 자취를 느낄 수 있다. 해방 후 마곡사 참배 당시 "50년 전에 같이 고생하던 승려가 하나도 없어 슬프다"면서 "마곡사 법당 앞 사리탑을 중수하고, 그 앞 다리를 백범교로 고치겠다"고 발원한 백범의 향기가 그리운 계절이다.

'『백범일지』'에 실린 득도식

1947년 도서출판 국사원에서 발간한 『백범일지』에는 김구의 출가 동기와 절차 등이 상세히 기록되어 있다. 1890년대 말 당시 스님들의 삭발염의 과정도 확인할 수 있다. 해당하는 부분을 그대로 옮겼다.

> …하은당은 이 절 안에 갑부인 보경대사의 상좌이니 내가 하은당의 상좌만 되면 내가 공부하기에 학비 걱정이 없을 것이라고, 어서 삭발하기를 권하였다. 나도 하룻밤 청정한 생활에 모든 세상 잡념이 식은 재와 같이 되었음으로 출가하기로 작정하였다.
>
> 얼마 후에 나는 놋칼을 든 사제 호덕삼을 따라서 냇가로 나아가 쭈그리고 앉았다. 덕삼은 삭발진언을 송알송알 부르더

니 머리가 섬뜩하여 내 상투가 모래 위에 뚝 떨어진다. 이미 결심을 한 일이지만 머리카락과 함께 눈물이 떨어짐을 금할 수 없었다.

법당에서는 종이 울었다. 나의 득도식을 알리는 것이었다. 산내 각 암자로부터 가사장삼한 수백 명의 승려가 모여들고 향적실에서는 공양주가 불공밥을 짓고 있었다. 나도 검은 장삼 붉은 가사를 입고 대웅보전으로 이끌려 들어갔다. 곁에서 덕삼이가 배불拜佛하는 것을 가르쳐 주었다. 은사 하은당이 내 법명을 원종이라고 명하야 불전에 고하고 수계사 용담 회상(화상의 오기인 듯)이 경문을 낭독하고 내게 오계를 준다. 예불 절차가 끝난 뒤에는 보경대사를 위시하여 산중에 많은 여러 대사들께 차례로 절을 드렸다. 그리고는 날마다 절하는 공부를 하고 진언집을 외우고 초발심자경문을 읽고 중의 여러 가지 예법과 규율을 배웠다…"

김구 서거 후 마곡사 스님들 철야기도

젊은 시절 승려 생활을 한 백범 김구 주석이 서거한 후에 마곡사 스님들이 빈소에서 철야기도를 하고 49재 법회를 봉행한 사실을 뒷받침하는 당시 언론보도들이 주목을 끌고 있다.

1949년 6월 26일 안두희의 저격으로 김구 주석이 서거한 후 서울 경교장에 마련된 분향소에서는 장례기간 내내 마곡사 스님들이 매일 철야기도를 하면서 극락왕생을 발원한 사실이 당시 언론보도를 통해 확인됐다.

1949년 7월 5일자 〈조선일보〉는 "마곡사에서 선생의 참변을 듣고 쫓아 올라온 법사들의 정성스러운 불공이 공양되는 것이다"면서 "더구나 지난밤은 밤이 새도록 빈소에서 불공소리가 그칠 줄 몰랐다"고 보도했다. 마곡사에서 상경한 스님들이 매일 오후 10시부터 새벽까지 염불공양으로 김구 선생의 극락왕생을 기원했던 것이다.

장례 전날 마곡사 주지 정제 스님이 김구 주석의 명복을 비는 염불 후에 기자에게 "선생께서 공주에 오신다고 하기에 그리로 나갔었지요"라면서 "거기서 선생의 참변을 듣고 바로 서울로 뛰어올라왔습니다"고 '한숨 섞인 하소연'으로 상경 이유를 설명했다.

김구 주석의 49재는 1949년 8월 12일 오후 2시 마곡사에서 엄수됐다. '49일 천도재 겸 추도법식'이란 이름의 이날 행사에는 김구 선생의 아들 김신金信을 비롯해 비서 조완구趙琬九, 엄항섭嚴恒燮, 한국독립당 관계자,

공주 마곡사에서 엄수된 백범 김구 주석 49재 후 기념 사진.
'고 백범 김구 선생 49재 기념촬영 단기 4282년 8월 13일 어(於.~에서) 마곡사 도량'이라 적혀 있다.
단기 4282년은 1949년이다. 출처=마곡사.

주민 등 1만여 명이 참석했다.

1949년 8월 17일자 〈조선일보〉는 "고 백범 선생의 49재 추도식이 선생의 과거 혁명생활에 있어 특히 유서 깊은 마곡사에서 엄숙히 거행되었다"면서 "충남불교 종무원장의 추도사는 참배객의 눈물을 흘리게 하였다"고 보도했다.

이보다 앞선 1949년 7월 30일자 〈불교공보佛敎公報〉는 '선생의 49재 8월 12일 마곡사서'라는 제목의 기사를 통해 "선생과 특수한 인연이 맺어진

해방 후 귀국한 백범 김구 주석이 출가 사찰인 공주 마곡사를 찾아
임시정부 요인 및 지역 주민들과 기념 촬영을 했다. 사진제공=공주 마곡사.

공주군 마곡사에서는 49일 천도재 겸 추도법식을 성대하게 올린다"고 예고했다.

마곡사 주지 원경 스님은 "백범 선생께서 돌아가신 후에 마곡사 스님들이 경교장 빈소에서 매일 철야하며 극락왕생을 기원하고, 49재를 봉행한 사실을 당시 언론을 통해 확인하게 되어 만감이 교차한다"면서 "평생 나라를 위해 헌신하신 김구 선생과 마곡사의 깊은 인연이 역사에서 잊혀지지 않도록 더욱 선양해 나가겠다"고 다짐했다.

한편 제6교구본사 마곡사는 매년 6월 백범 김구(원종 스님) 선생 추모다

마곡사는 매년 백범 김구 선생 추모다례를 엄수하고 있다.
사진은 제72주기 추모다례재에서 마곡사 주지 원경 스님이 김구 선생 영전에 예를 올리는 모습.

레재를 봉행하고 있다.

  마곡사 주지 원경 스님은 봉행사에서 "백범 원종 스님께서는 티끌만한 사심도 없이 일평생 오로지 나라와 겨레만을 위해 신명을 바치신 우리 국민 모두의 정신적 지주요 사표"라며 "오늘의 다례재가 무량한 공덕이 되어 나라와 국민이 지금의 위기를 극복하고 온 국민이 안심하고 잘사는 행복한 부강국이 되기를 간절히 염원한다"고 말했다.

윤봉길 의사는 불교 신자

윤봉길 의사

제106주년 3·1절을 맞아 우리 불교계와 독립운동의 숨겨진 인연이 새롭게 조명되었다. 상해 홍커우 공원 의거로 잘 알려진 윤봉길 의사가 불교 신자였다는 사실이 확인된 것이다.

근대사 다큐멘터리 제작 감독인 김광만 전 KBS 객원연구원이 〈불교신문〉을 통해 최초로 공개한 자료에 따르면, 윤봉길 의사는 1932년 상해 의거 후 일본 상해파견군 군법회의 예심관 법무관 하라켄지原憲治의 심문에서 "종교는?"이라는 질문에 "불교"라고 명확히 답했다. 이 심문조서는 1932년 6월 4일 경성헌병대장 다케다토키타로竹田時太郎에게 통첩된 후 〈사상思想에 관한 정보情報 3〉에 첨부되어 실렸다. 김광만 감독은 2008년 이 자료를 발굴해 보관해오다 이번에 〈불교신문〉을 통해 처음 공개했다.

그동안 윤봉길 의사의 종교적 배경에 대해서는 거의 알려진 바가 없었다. 이번 자료 공개로 윤봉길 의사가 불교 신자였음이 확인됨에 따라, 당시 항일 운동의 중심에 있던 만공 스님이나 만해 한용운 스님 등과의 연계 가능성에 대한 연구도 새롭게 조명받을 전망이다.

김광만 감독은 또 다른 자료도 공개했다. 일본 역사학자로부터 2015년에 양도받은 〈3·1운동 계보도〉는 조선총독부가 3·1운동을 주도한 140명의 인물을 계보 형태로 작성한 것으로, 2019년 3·1운동 100주년 기념 서울역사박물관 전시에서 처음 소개된 바 있다.

이 자료에 따르면 '백상규(경남 해인사 승려, 백용성이라고도 하는)와 한용운(강원도 백담사 승려, 유신종법사 사장)' 스님 휘하에 '중앙학림 생도 백성욱, 김규현(강원 건봉사 파견), 신상완(경기 용주사 파견), 김봉신(경남 해인사 파견), 김법린(경남 범어사 파견), 김상헌(경남 범어사 파견), 김대용(대구 동화사 파견), 오택언(경남 통도사 파견), 정병헌(전남 화엄사 파견)' 이라 적혀 있다.

특히 '한용운의 명을 받고 독립선언서를 경성부 시내와 지방에 배포한 자들' 이라는 메모는 3·1운동 당시 불교계의 조직적인 참여를 뒷받침하는 결정적 증거라 할 수 있다. 중앙학림 학생들이 전국 주요 사찰로 파견되어 조직적으로 독립운동에 참여했음을 보여주는 것이다.

김광만 감독은 이번에 〈불교신문〉을 통해 자료를 공개하는 의미에 대해 "역사의 준엄함을 다시 일깨우는 계기가 되길 바란다" 면서 "역사는 반드시 어떤 형태로든 기록되어 우리가 함부로 삶을 살아서는 안 된다는 것을 끊임없이 상기시킨다" 고 말했다.

이어 불교계에 대해서도 "의병과 항일운동, 특히 3·1운동에는 숨어있는 불교인과 스님들이 많은데, 불교계도 무관심한 것 같아 안타깝다" 면서 "3·1운동 때 참여한 불교인의 숫자가 많은데 비해 그 성과 등에 대한 관심은 민족대표 33인 가운데 두 분인 용성, 만해 스님에게만 집중되고 있는 것 같다" 고 밝혔다. 이어 김광만 감독은 "그러나 〈3·1운동 계보도〉를

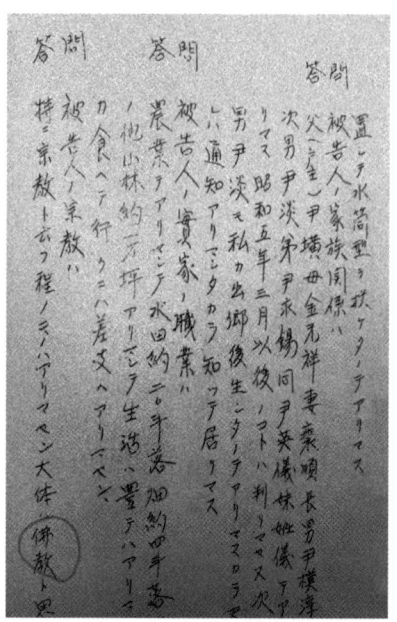

1932년 상해 의거 후 일본 상해파견군 군법회의 예심관 하라켄지의 심문에서 윤봉길 의사는 종교가 불교라고 했다. 사진은 심문조서의 일부.

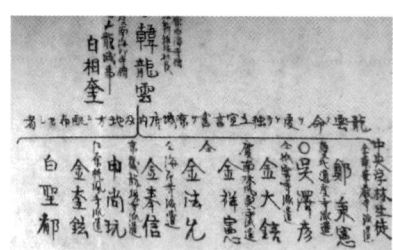

조선총독부가 3·1운동을 주도한 140명의 인물을 계보 형태로 작성한 3·1운동 계보도의 불교 관련 부분.

보아도 불교인이 많다"면서 "역사적으로 소홀히 다루어진 불교계의 인물과 사건들을 재조명해야 한다"고 강조했다.

김광만 감독은 "이번 기회에 암울했던 일제강점기 충청도 대찰 수덕사를 중심으로 스님들의 항일운동을 살펴볼 것"이라며 "윤봉길 의사의 순국지인 일본 이시카와현 가나자와金澤시에 건립하는 '윤봉길 의사 추모 안내관'을 불교청년회와 공동으로 가꿔갈 예정"이라고 밝혔다. '윤봉길 의사 추모 안내관'은 가나자와역 부근의 3층 건물(약 291㎡)을 매입해 한·일 청년들에게 평화의 소중함을 전하는 공간으로 활용될 예정이다.

순국 후 14년간 일본 공동묘지의 구석진 길, 쓰레기장 옆에 암매장되었던 윤봉길 의사의 유해는 1946년 3월 처음 발굴되어 한국으로 송환됐다. 추모관에서는 윤봉길 의사의 마지막 행적을 안내하고, 같은 시기 가나자와시에 있던 일제의 흔적도 소개해 전쟁의 참상을 알릴 계획이다.

덕숭총림 수덕사 주지 도신 스님은 "이번에 새롭게 발굴된 윤봉길 의사의 불교 자료는 매우 의미가 크다"면서 "특히 수덕사와 깊은 인연이 있는 만공 스님과 윤봉길 의사의 인연 가능성에 주목하고 있다"고 밝혔다. 도신 스님은 "만공 스님은 일제강점기 대표적인 항일 선승이며, 윤봉길 의사가 예산 출신이고 불교 신자였다는 점을 고려하면 가능성을 배제할 수 없다"면서 "해방 80주년을 맞이하는 뜻 깊은 해에 만공 스님을 비롯해 충청 불교계의 독립운동이 재조명되도록 관심을 갖겠다"고 말했다.

이번에 공개된 자료들은 불교계의 독립운동 참여가 생각보다 더 광범위하고 조직적이었음을 보여준다. 광복 80주년을 맞는 올해, 그동안 조명받지 못했던 불교계 독립운동가들의 활약을 재발견하고 정신을 계승하는 일은 중요한 과제이다. 조국의 독립을 위해 목숨을 바친 선대先代 스님과 불자들의 신념을 현대에 되새기는 작업이 절실하다.

속초 보광사 독립운동 스님 '135위' 모셨다

빼앗긴 나라를 되찾기 위해 나선 스님들이 있었다. 망국亡國의 아픔과 설움에 고통받는 중생을 외면하지 않고 모든 것을 바쳤다. 일제강점기 독립운동 최전선에서 투쟁한 '구국의 열정'으로 식민지를 청산하고 해방의 기쁨을 맞이할 수 있었다. 여전히 숙제로 남아있는 친일청산의 한계 속에서 독립지사들도 조금씩 잊혀져 가는 것이 아닌가 하는 우려도 지우기 힘든 게 현실이다. 세속의 명예에 크게 관심을 두지 않는 불가佛家의 특성으로 항일운동에 참여한 스님들의 자취는 온전히 드러나지 않고 있다. 이런 상황에서 독립운동에 나선 스님들의 업적을 기리고, 후손들에게 역사의 교훈을 전하기 위해 노력하는 사찰이 있어 주목받고 있다. 105주년 3·1절을 10여 일 앞두고 항일독립운동에 참여한 135명의 스님 위패를 봉안하고 있는 속초 보광사(회주 석문 스님)를 찾았다.

2024년 2월 21일 대설주의보가 내린 강원도 속초는 떠나는 겨울의 아쉬움을 가득 담은 눈이 산하山河를 덮었다. 독립운동에 참여한 135위位의 스님 위패를 모신 속초 보광사 지장전도 백설白雪이 소복이 쌓였다. 보광사 회주 석문 스님은 나라를 찾기 위해 안위를 돌보지 않았던 선대 스님들에게 예의를 갖추고자 매일 지장전에서 지장기도를 올리고 있다.

지장전 편액 아래에는 참배객들의 이해를 돕는 현수막이 걸려 있다. '항일독립운동 스님 135위 위패를 모신 곳입니다'라는 제목 아래 다음

속초 보광사 회주 석문 스님이 독립운동에 참여한 스님들의 위패를 봉안한 지장전에서 기도 후 합장하며 예를 표하고 있다.

스님들의 위패를 모신 속초 보광사 지장전 모습.

과 같은 설명이 적혀 있다. "항일투쟁에 목숨을 바치고 헌신한 스님들의 충혼과 불자들의 위패를 모신 성스러운 장소입니다. 많은 스님이 조국 독립을 위해 목숨을 바쳐 투쟁한 고난을 겪었지만 행적은 잊혀져 왔습니다. 현재까지 보광사에 모신 구국충정 스님 135분은 전국에서 다양한 투쟁을 전개하였으며 이 지역 출신 스님도 함께 있습니다. 보광사는 잊혀진 독립운동 스님들의 행적을 찾아내는 노력을 계속하고 있습니다."

보광사가 일제강점기 항일운동에 나선 스님들의 위패를 봉안한 것은 2023년 11월 11일 300여 명이 동참한 개산 400주년 기념행사를 하면서다. 한용운, 백용성, 박한영, 박민오, 오이산, 양만우, 이고경 스님을 비롯해 모두 135위位의 위패를 모셨다. 이 가운데는 1945년 해방 이후 후손이나 제자들이 적극적으로 나서 국가에서 독립유공자로 포상을 받은 분도 있지만, 그렇지 못한 스님들도 적지 않다. 판결문과 신문기사 등 항일운동 기록이 있지만, 누군가 관심을 두고 나서지 않았기 때문이다. 나라를 되찾기 위해 몸과 마음을 바친 지사志士들을 찾는데 국가는 물론 불교계도 소홀했던 것이 사실이다.

이런 현실을 안타깝게 여긴 석문 스님은 근대불교사에 관심이 깊은 최선일 동북아불교미술연구소장, 그리고 취지에 뜻을 같이한 보광사 신도들과 함께 자료를 수집하고 위패를 모시는 등 선양에 나섰다. 건봉사 출신의 창기 스님이 독립운동에 나선 사실을 알게 되면서 기존 자료를 참고하고 새로운 사료를 발굴해 '항일독립운동사'를 기록하는 '의미 있는 불사'에 나선 것이다. 석문 스님은 "선열들의 숭고한 뜻이 깃든 성스러운 터전으로 맥을 잇고자 불교항일독립운동사를 재조명하고 복원하는 작업을 발원하고 항일독립운동 스님들의 각위覺位를 역사의 제단에 올렸다"면서 "누락된 불교사史의 씨줄과 날줄을 새롭게 채워 넣고 정신을 계승해 나갈 것"이라고 천명했다.

지장전 영단에는 '항일독립운동抗日獨立運動 구국의승각위救國義僧覺位'라는 대형 위패를 중심으로 135위를 모셨다. '구국위승救國爲僧 박창두 각위覺位', '구국위승救國爲僧 김법윤 각위覺位', '구국위승救國爲僧 오시권 각위覺位'…. 나라와 민족을 위해 흔연히 나선 한 분 한 분의 혼이 느껴졌다. 세속의 일에 초연하기 위해 출가했지만, 고통받는 겨레와 중생을 위해 몸과 마음을 던진 숭고한 뜻과 결연한 의지에 절로 고개가 숙여졌다.

석문 스님은 "충혼들의 이름을 우러러 호명하고 향불을 사뢰는 작업은 숭고하고 거룩한 일"이라며 "보광사의 역사복원 정신에서 비롯됐으며, 불교 독립운동 정신을 계승하는 일환"이라고 밝혔다. 또한 "살신성인한 스님들의 행적을 발굴하고 정리해 역사에 다시 등재하는 작업을 이어가는 동시에 숭모崇慕 및 선양사업을 체계적이고 지속적으로 추진할 것"이라며

"보광사 사부대중은 이분들의 고귀한 정신을 기억하고 추모하는 데 소홀함이 없도록 노력할 것"이라고 발원했다.

지난 설날에도 보광사 대중은 대웅전에서 차례를 지내며 순국 의승義僧들의 뜻을 기렸다. "조국을 위해 목숨을 버려 한 줌의 흙이 되어 나라를 지키고 하늘에 산화한 출가 사문의 넋들이시어 중생의 등불이 되어 주시어 이 나라를 보호하소서… 오늘 보광사에서는 갑진 2024년 설날 우리 불자들의 선망 영가와 항일독립운동으로 목숨을 바치고 산화한 스님들의 각위를 모시고 다함께 차례를 모십니다."

보광사는 매년 8월 15일 광복절에 숭모제崇慕祭를 올리는 한편 독립운동에 참여한 스님들을 계속 발굴할 계획이다. 석문 스님은 "아직 부족하고 보완할 부분이 많지만, 자칫 역사에 묻혀버릴 수 있었던 스님들의 독립운동 공적을 찾고 정리해 위패까지 모시게 돼 한결 마음이 편안해졌다"면서 "어려운 시기에 출가수행자로 민족의 고난과 중생의 고통을 해결하려고 나선 스님들의 뜻을 잊지 않고 여법하게 계승하겠다"고 발원했다.

● 속초 보광사 구국위승 항일독립운동 스님 각위 ●

강민수, 강성인, 강신창, 강완수, 강유문, 강재호, 강창규,
구세오, 권청학, 기상섭, 김경산, 김경환, 김대용, 김도운,
김법린, 김법윤, 김봉률, 김봉신, 김봉환, 김상국, 김상기,
김상언, 김상헌, 김상호, 김상환, 김성숙, 김연일, 김영규,
김영식, 김영욱, 김영유, 김영홍, 김용충, 김원묵, 김인수,

김장윤, 김장호, 김재호, 김재홍, 김지준, 김진호, 김충념, 김태준, 김태흡, 김한기, 김해관, 김화준, 나창헌, 담해덕기, 박근섭, 박달준, 박문성, 박문호, 박상전, 박순근, 박영환, 박윤성, 박재삼, 박정국, 박종진, 박창두, 박한영, 방동화, 배석이, 백성욱, 백용성, 백초월, 손군호, 손태연, 송복만, 송설, 송세호, 신상완, 신종기, 신철휴, 안경한, 양만우, 양무홍, 양민홍, 양수근, 양재홍, 양춘도, 양태문, 오병준, 오성월, 오시권, 오이산, 오점술, 오택언, 용창은, 우경조, 우민수, 유석규, 윤금하, 윤상은, 이고경, 이근우, 이금의, 이달실, 이대정, 이석윤, 이수홍, 이영우, 이용조, 이운허, 이인월, 이재훈, 장도환, 장재류, 전규현, 정구룡, 정기복, 정남용, 정맹일, 정병헌, 정성언, 정원호, 조학유, 지용준, 진진웅, 차상명, 창기, 최범술, 최웅권, 하민호, 하용호, 한용운, 허영호, 홍태현, 황만우, 황학동, 홍범도.

강제병합 직전 불교계 - 애국지사 면모 확인

함양 서암정사 회주 원웅 스님이 한일강제병합 1년 전인 1909년 태극기를 걸고 촬영한 달성친목회達成親睦會 사진을 비롯해 다양한 근세 자료를 공개했다. 경술국치일인 8월 29일을 하루 앞두고 〈불교신문〉을 통해 관련 사진 등 자료를 공개한 원웅 스님은 "달성친목회에 참여한 조부 배형裵瀅 선생과 중앙고보를 졸업한 선친 배상식裵相植 선생이 보관해온 것을 물려받았다"면서 "일제의 강제병합을 앞두고 나라를 구하기 위해 모인 지사志士들의 면모와 식민지 시절 불교계 상황을 확인할 수 있는 자료"라고 밝혔다. 원웅 스님이 공개한 다양한 자료를 살펴보았다.

원웅 스님이 공개한 달성친목회 사진은 참여한 인사들과 함께 행사장 뒤에 두 장의 태극기가 걸려 있어, 경술국치를 목전에 둔 암울한 상황에도 구국의 의지를 굽히지 않았던 의지를 읽을 수 있다. 깃대에 걸어 교차해 놓은 태극기의 괘卦가 지금 사용하는 것과 동일한 모습이어서 눈길을 끈다.

사진의 배경에는 '융희삼년隆熙三年 팔월八月 달성친목회達成親睦會 입회立會 제일회第一回 기념紀念'이라고 쓴 한지가 선명하다. 융희 3년은 1909년으로 달성친목회가 1908년 설립됐다는 사실을 정확히 증명하고 있다. 또한 기념촬영 사진에는 달성친목회에 참여한 62명의 얼굴이 선명하게 나타나 있어 구성원 면모와 모임 규모를 짐작할 수 있다. 달성친목회는 대구

원응 스님이 공개한 달성친목회 사진.
깃대에 걸어 교차해 놓은 태극기의 괘가 지금 사용하는 것과 동일한 모습이다.

지역을 중심으로 신교육을 받은 청년 지식인들이 참여한 구국단체로 이후 일제강점기 영남지역 독립운동의 근원이 되었다. 원응 스님의 조부인 배형 선생도 이 모임에 주도적으로 참여한 독립운동가이다.

중앙고등보통학교(지금의 서울 중앙고)를 졸업하고 연희전문학교(지금의 연세대)를 졸업한 배상식 선생은 중앙고보 재학시절인 1927년 학생들과 함께 '제2차 맹휴盟休'를 주도했다. 원응 스님이 보관해온 중앙고보의 1929년도 졸업생 앨범과 제2차 맹휴 사진은 이번에 처음 공개된 것이다.

원응 스님이 공개한 사진은 1927년 10월부터 11월까지 두 달간 진행된 맹휴 직후 촬영된 것으로 하단에 '중앙고등보통학교맹휴생일동中央高等普通學校盟休生一同, 1927.11.4'라고 적혀 있다. 맹휴는 중앙고보 재학생들이

1927년 10월부터 11월까지 진행된 맹휴 직후 촬영한 사진. 배상식 선생은 당시 반장으로 주도적 역할을 담당했다.

일제 치하의 교육정책에 항거한 사건으로, 자유로운 면학분위기 조성을 요구했던 것으로 알려져 있다. 배상식 선생은 당시 반장班長으로 동료들의 맹휴 참여를 독려하는 등 주도적 역할을 담당했다. 졸업 후 연희전문학교에 진학한 배상식 선생은 식민지 현실에 처한 청년으로 진로를 고민하는 과정에서 불교와 인연을 맺고, 이후 재가불자로서 돈독한 신행생활을 했다.

김상인 중앙고 행정실장은 "원웅 스님이 공개한 자료는 학교에 없는 것으로 매우 귀중한 사료"라면서 "일제강점기의 어려운 상황에서 학업에 정진했던 모습을 알 수 있는 기록"이라고 말했다. 원웅 스님이 보관하고 있는 1929년 중앙고보 앨범에는 인촌仁村 김성수金性洙 선생을 비롯해 당시 교직원들과 학생들의 사진이 수록돼 있다. 또한 수업 전경과 야구부와 축구부 등 각종 운동부의 활동 사진도 실려 있어, 일제강점기 당시 학교생활을 확인할 수 있는 자료이다.

원웅 스님은 부친 배상식 선생이 일제강점기에 재가불자로서 만공滿空 스님 등 당대의 고승들 회상에서 정진할 무렵의 각종 자료도 공개했다. 배상식 선생은 재가불자로서 덕숭산 정혜사와 은해사 운부암에서 스님들과 같이 간화선을 참구하며 정진했다. 이번에 공개된 자료는 안거증과 전법게, 사진 등으로 일제강점기 선원의 정진 상황을 가늠할 수 있는 가치가 있다. 재가불자도 선원에 방부房付를 들일 수 있도록 했다는 점에서 주목받는 자료이다.

이번에 공개된 자료에는 금강산 수미암須彌庵의 '10년 기도 회원증'도 있어 눈길을 끈다. 증서에는 회원들이 지켜야 할 6가지 항목이 적혀 있다. 과거의 모든 죄업을 소멸하고, 현세와 내세의 일체 소원을 성취할 것을 발원하고 있다. 이어 회원들은 일심一心으로 관세음보살을 칭송稱誦하면서 과거, 현세, 내세의 원을 발원해야 한다고 되어 있다. 또한 매년 기도는 금전다소金錢多少에 의해 7월 21일부터 100일까지 하며, 입회금은 매년 1회 1원으로 정하고 있다. 이 같은 회원증 내용은 당시 불자들의 구체적인 신행생활을 확인할 수 있다는 점에서 의미가 있다. 내금강에 위치한 고찰古刹인 수미암은 일제강점기 가토 쇼린진(1898~1983)이란 일본인 화가가 한국의 자연과 풍속을 담은 그림으로 남길 만큼 아름다운 절이었다.

원응 스님은 3장의 안거증서安居證書를 공개했다. 안거증서들은 선친인 배상식 선생이 은해사 운부암과 덕숭산 정혜사에서 받은 것이다. 운부암 대중과 찍은 사진도 1장 선보였다. 안거증은 1938년부터 1940년까지 정진 했음을 증명하고 있다. 1938년 7월 15일 운부암에서 받은 증서의 내용은 다음과 같다.

> "우인右人이 본사本寺 운부선원雲浮禪院에서 안거安居를 성취成就하얏삽기 본사법本寺法 제오십삼조第五十三條에 의依하야 증서證書를 수여授與함. 세존응화世尊應化 이천구백육십오년

二千九百六十五年 칠월七月 십오일十五日 경상북도慶尙北道 영천군 永川郡 팔공산八公山 선교양종대본산禪敎兩宗大本山 은해사銀海寺 주지住持 박도수朴度洙"

1939년 정혜사에서 받은 안거증에는 '주지 마경선馬鏡禪 주실籌室 송만공宋滿空'으로 되어 있다. 마경선은 벽초 스님이고, 송만공은 만공 스님이다. 주실은 지금의 조실祖室에 해당하는 소임이다.

1940년에 발급된 운부암 안거증에는 종주宗主로 하동산河東山 스님이 명기되어 있다. 종주는 지금의 조실 또는 회주會主에 해당하는 스님으로 동산 스님이 은해사에서 후학을 지도했다는 것을 확인할 수 있다.

배상식 선생이 운부암 대중과 찍은 사진에는 모두 6명의 인물이 등장한다. 재가불자인 배상식 선생은 검은색 한복에 가사를 걸치고 있어 이채롭다. 나머지 5명은 1930년대 후반 운부암에서 정진하던 대중으로 보이며, 앞줄 가운데에 앉은 스님은 은해사 주지인 박도수 스님인 것으로 추정된다. 배상식 선생은 이후에도 향곡香谷, 석암昔巖 스님 등 당대의 고승들과 교유하는 등 깊은 신심을 유지했다.

경술국치 100년을 맞아 달성친목

함양 서암정사 회주 원응 스님 선친인
배상식 선생(앞줄 맨 왼쪽),
운부암 선원 대중과 함께한 사진.

회 1주년 기념사진과 중앙고보 맹휴 기록 등을 공개한 원웅 스님은 "다시는 아픈 역사가 반복되어서는 안 된다"면서 "일제강점기의 어려운 상황에서도 나라를 구하기 위해 노력하고, 불자로서 수행 정진한 선조들을 기억하는 계기가 되길 바란다"고 말했다. 원웅 스님은 1935년 경북 달성군에서 태어나 선친의 권유로 부산 선암사에서 석암 스님을 은사로 출가했다. 해인총림 해인사, 문경 김용사, 선산 도리사 등 선원에서 정진했다. 또한 함양 벽송사 선원을 복원한 후 수좌들을 제접했다. 1985년부터 10여 년간 〈대방광불화엄경〉 58만7261자를 사경한 후 그 위에 다시 금사金寫를 하는 등 서도참선書道參禪을 실천하는 금니사경을 성만한 스님은 당시 함양 서암정사에서 대중을 깨달음의 길로 인도하였다.

대한승려연합회 선언서

—

"한토韓土의 수천 승려는 이천만 동포 급及(와) 세계에 대하야 절대로 한토에 재在한 일본의 통치를 배척하고 대한민국의 독립을 주장함을 자兹,(이에) 선언하노라." 1919년 11월 15일 대한민국 임시정부가 자리한 중국 상해에서 대한승려연합회大韓僧侶聯合會 명의로 발표된 독립선언서 앞부분이다. 선언서 대표자로 스님 12명의 법명(또는 속명)이 말미에 적혀있다. 발표 일자를 '대한민국 원년 11월 15일'로 표기해, 1919년 대한민국 임시정부 수립을 확실하게 지지했다.

앞서 3월 1일 탑골공원에서 시작된 독립만세운동이 경향 각지로 들불처럼 번지면서 일제의 탄압이 본격화된 시점이었다. 국내의 독립만세운동이 소강상태에 접어든 상황에서 나온 대한승려연합회 선언서는 불교계의 항일투쟁선언으로 파장을 일으켰다.

대한승려연합회 선언서는 대한민국 임시정부가 발간한 〈독립신문獨立新聞〉 1920년 3월 1일자에 「불교선언서佛教宣言書」라는 명의로 전제됐다. 기미독립만세운동 1주년이 되는 시점이었다. 또한 같은 해 역사학자 박은식이 근대적 역사방법론에 따라 저술한 『한국독립운동지혈사韓國獨立運動之血史』에는 「승려연합대회선언서僧侶聯合大會宣言書」라는 명칭으로 실렸다. 아쉽게도 선언서 발표 날짜와 대표자 이름이 빠졌다. 역시 같은 해 상해에서 나온 잡지 〈신불교新佛教〉에는 「조선불교도지선언朝鮮佛教徒之宣言」으

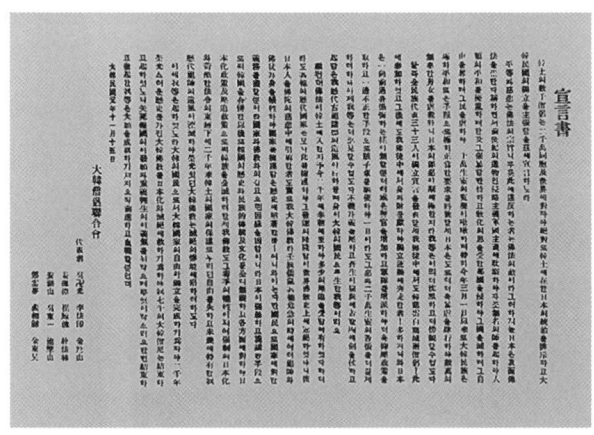

대한승려연합회 선언서

로 소개됐다. 이들 선언서 내용은 앞서 나온 「대한승려연합회 선언서」와 큰 틀에서 맥을 같이한다. 다만 제목과 본문 내용이 다소 다를 뿐이었다.

불교계의 지속적인 항일투쟁을 대내외에 천명한 「대한승려연합회 선언서」는 국한문 혼용, 영문, 한문으로 작성됐다. 김순석 한국국학진흥원 수석연구위원은 「대한승려연합회선언서의 재검토」라는 제목의 논문에서 "선언서가 3개국 언어로 번역됐다는 사실은 불교계가 일제 식민통치의 잔혹성과 독립의 정당성을 세계에 알려 여론화하려는 의도가 담겨 있었다"면서 "식민통치의 잔혹성을 세계인에게 호소함으로써 무장투쟁이 아닌 평화적인 방법으로 독립을 성취하려는 간절한 염원을 반영한 것"이라고 밝혔다. 이어 김순석 수석연구위원은 "국내에서 대중운동을 이끌기 위한 것이라기보다는 1919년 파리강화회의에 참석한 세계 각국

외교사절에게 조선독립의 정당성을 호소하기 위한 것으로 봐야 한다"고 분석했다.

대한승려연합회 선언서 말미에 수록된 대표자 12명은 다음과 같다.

> 오만광吳卍光, 이법인李法印, 김취산金鷲山, 강풍담姜楓潭, 최경파崔鯨波, 박법림朴法林, 안호산安湖山, 오동일吳東一, 지경산池擎山, 정운몽鄭雲夢, 배상우裵相祐, 김동호金東昊.

이 대표자들이 누군지 정확히 알려진 바는 없다. 일제강점기 상황에서 신분을 드러내기 어려웠기에 가명으로 기재했기 때문이다. 다만 1970년 3월 8일자 〈대한불교〉는 "지금 살아계신 스님들의 증언을 통해 알 수 있는 것은 오만광(오성월, 범어사 주지), 이법인(이회광, 해인사 주지), 김취산(김구하, 통도사 주지), 지경산(김경산, 범어사 고승) 스님"이라고 보도했다.

선언서를 누가 작성했는지 분명하지 않다. 학자들은 신상완申尙玩, 이종욱李鍾郁, 백초월白初月 스님이 썼을 것으로 추정하고 있다.

김순석 수석연구위원은 논문에서 "보도가 사실이라면 이것은 큰 의미가 있다"면서 "한국 불교계를 대표하는 삼보사찰 가운데 불보와 법보 사찰인 해인사·통도사 주지가 참여했기 때문"이라면서 "한국 불교계의 상징적인 의미를 지닌 것으로 선언서는 대한의 독립이 승려들뿐만 아니라 모든 불교도들의 여망이라는 점을 분명히 했다"고 지적했다.

대한승려연합회 선언서가 해방 이후 세상에 알려진 것은 1970년 〈대한불교〉(지금의 불교신문)와 〈동아일보〉를 통해서다. 〈대한불교〉는 같은 해

3월 8일자에 '승려 3·1독립투쟁사 발견'이란 제목의 기사로 대한승려연합회 선언서를 소개했다. 〈동아일보〉는 2월 28일자에 '3·1운동 대한승려연합회 선언 우리말 원본 발견'이란 타이틀로 보도했다. 주간신문 특성상 발행 날짜보다 1주일 정도 앞서 제작하는 점을 감안하면 〈대한불교〉와 〈동아일보〉의 보도 시점은 사실상 같다. 당시 〈대한불교〉는 "중생의 장이 곧 국가임을 생각할 때 그것(종교와 국가)은 이질적이거나 무관할 수가 없는 것"이라며 "이 선언서는 역사적인 시련 속에서 불교계를 대표한 12명의 승려들이 어떻게 살려고 했는가를 알고도 남는다"고 강조했다.

대한승려연합회 선언서 보도 자료.

대한승려연합회 선언서는 대한민국 임시정부가 파리강화회의에 제출한 다른 탄원서들과 함께 프랑스 파리법과대학 도서관에 보관돼 있었다. 이 자료들을 1970년 국사편찬위원회가 발굴하면서 언론을 통해 세상에 나오게 됐다.

구하 스님과 대한승려연합회 선언서

—

"한토韓土의 수천 승려는 이천만 동포 급及(와) 세계에 대하야 절대로 한토에 재在한 일본의 통치를 배척하고 대한민국의 독립을 주장함을 자玆,(이에) 선언하노라." 일제가 한반도를 강점한 1919년 11월 15일 구하九河 스님을 비롯한 12명의 조선 스님들이 '대한민국의 독립'을 공개적으로 천명한 '대한승려연합회 선언서'의 첫 구절이다.

1919년 3월 1일 만세운동을 계기로 전국적으로 일어난 항일운동이 일제의 강압적인 탄압으로 위축된 상황에서 발표된 스님들의 '독립선언'은 조선인들에게 용기와 희망을 주기에 모자람이 없었다. 대한승려연합회 선언서는 강탈당한 조국을 반드시 되찾고 말겠다는 조선 불교계의 의지를 세계 만방에 보여준 역사적인 쾌거였다.

대한승려연합회 독립선언서가 세상에 공개된 것은 3·1운동이 일어난 지 반세기가 흐른 1970년 초이다. 당시 〈대한불교〉(지금의 불교신문)와 〈동아일보〉가 동시에 보도한 기사를 통해 대한승려연합회 독립선언서의 존재가 세상에 널리 알려졌다. 1970년 2월 28일자 〈동아일보〉는 '3·1운동 대한승려연합회 선언 〈우리말 원본 발견〉'이라는 제목으로 이 같은 사실을 비중 있게 보도했다. 〈동아일보〉는 "우리 학계에서 그 이름과 내용만 알고 있던 대한승려연합회 선언서의 원본이 최근 국사편찬위의 임영정 씨에 의해 소개되어 독립운동사의 귀중한 자료로 주목받고 있다"면서

"상해에서 오만광吳卍光 등 12명의 대표자 이름으로 발표된 이 선언서는 원래 우리말과 한문, 영문 등 세 가지로 되었으나 우리말의 원본을 보기는 처음이다"라고 보도했다.

〈동아일보〉는 이 선언서의 의미에 대해 "불도佛道의 자비에 어긋나는 일본의 강폭强暴함을 규탄하면서 임진란 등 위급危急의 시기마다 일어서 나라를 지킨 한국불교의 전통을 이어 칼을 들고 혈전血戰하겠다는 불교적 입장에서 독립을 선언하는 특색을 보이고 있다"고 밝혔다. 〈대한불교〉도 1970년 3월 8일자(342호)에서 '전국 승려대표 12명 죽음, 각오 투쟁 결의'라는 제목의 보도를 통해 대한승려연합회 선언서가 발견된 사실을 비중 있게 소개했다. 이어 "모두 변성명(이름을 바꿈)으로 독립운동에 앞장섰다. 우리나라 독립운동사의 귀중한 자료"라고 의미를 부여했다.

이 기사에서 〈대한불교〉는 대한승려연합회 선언서에 서명한 불교 대표자들에 대해 "12명 전체의 이름을 정확히 알 수 없다"면서 "지금 살아 계신 스님들의 증언을 통해 알 수 있는 것은 네 사람뿐"이라고 밝혔다. 오만광吳卍光은 범어사 주지 오성월吳惺月(1865~1943) 스님, 이법인李法印은 해인사 주지 이회광李晦光(1862~1943) 스님, 김취산金鷲山은 통도사 주지 김구하金九河(1872~1965) 스님, 지경산池擎山은 범어사 원로로 임시정부 고문에 추대된 바 있는 김경산金擎山(1917~1979) 스님이라는 것이다. 나머지 8명의 대표는 강풍담姜楓潭, 최경파崔鯨波, 박법림朴法林, 안호산安湖山, 오동일吳東一, 정운몽鄭雲夢, 배상우裵相祐, 김동호金東昊이다. 대한승려연합회 선언서에 동참한 불교 대표들이 누구인지 밝혀야 하는 과제가 있다.

〈대한불교〉는 이 기사에서 "이때(1920년대 초) 한국 승단에는 몇 백석

몇 천석을 운위하는 부찰富刹들이 수두룩했다"면서 "생각만 있다면 군자금을 보내는 일은 그다지 어려운 일이 아니었다"고 불교계의 독립운동 참여 가능성을 제기했다. 그러면서 예로 든 사찰이 바로 통도사이다. "가령 통도사 같은 절에서는 1919년 한 해 동안에 1만3천 원이란 자금이 상해로 갔다는 기록이 있는 것이다. 쌀 한 말에 1원씩 하던 때니 비교적 큰돈이라고 할 수 있다."

대한승려연합회 선언서 발표 당시 구하 스님은 통도사 주지로 수행과 전법에 매진하고 있었다. 또한 비밀리에 독립자금을 기탁하는 등 일제에 빼앗긴 나라를 찾기 위해 노력했다. 최근 입수한 한 장의 사진은 대한승려연합회 선언서에 대표로 참여할 무렵의 구하 스님을 확인할 수 있다. 가사를 수한 구하 스님을 촬영한 이 사진의 왼쪽 하단에는 '임술삼월화엄대경회향일기념壬戌三月華嚴大經回向日紀念 선교양종대선사禪敎兩宗大禪師 김구하金九河'라고 적혀 있다. 임술은 대한승려연합회 선언서가 발표되고 2년 정도 지난 1922년이다. 또한 이 사진의 오른쪽 상단에는 구하 스님의 자찬自贊이 적혀 있다. '고왕금래의희연방불형용古往今來依稀然彷彿形容.' "예나 지금이

1922년 3월 '화엄대경' 회향일을 기념해 촬영한 구하 스님 사진. 사진 오른쪽에 '자찬自贊'이 적혀 있고, 왼쪽 아래에는 '임술壬戌 3월'이라 표기돼 있다. 임술은 1922년이다. 스님 세수 50세이다. 1920년대 초기에 지금의 '화엄산림법회'에 해당하는 '화엄대경'이 통도사에서 봉행됐음을 시사하는 사진이다.

나 의연하게 부처님 형용을 본받고 살겠다"는 의미이다. 자찬은 스스로를 평한 글로 어떤 마음가짐으로 수행하겠다는 일종의 다짐이다.

한편 상해임시정부가 독립자금을 모금할 때 사찰과 스님이 협조한 사실을 증언하는 또 하나의 자료가 있다. 1920년 12월 15일자 〈조선일보〉에 실린 '철원군 애국단 공판 결심'이란 제목의 기사가 그것이다. 신상완申尙玩(1891~1951)이 김상헌金祥憲과 안변 석왕사를 방문해 당시 주지 강청월 스님과 김태흡 스님에게 독립자금을 요청한 사실을 전하고 있다. 신상완, 김상헌은 상해임시정부 '노동국 총판' 안창호安昌浩(1878~1938)가 쓴 "조선독립운동의 목적에 동정하는 이상, 충분히 원조해 달라"는 내용이 적힌 '의뢰장'을 스님들에게 보여 주고 독립자금 모금에 협조를 요청했다. 이후 신상완은 경성 인사동에서 불교계 인사를 만난 데 이어 강원도 고성 건봉사를 방문해 독립자금을 요청하는 등의 활약을 한다.

또한 이 기사에는 "신상완은 동년(1920년) 4월 상순경에 경성 인사동에서 중국 상해에 있는 리종욱李鍾郁(1884~1969)이 보낸 대한승려연합회 선언서라고 제목을 쓰고…"라는 대목이 나온다. 따라서 신상완을 비롯한 임시정부 요원들이 사찰을 방문하여 독립자금 등을 요구할 때 선언서를 제시하고 대표자로 참여할 것으로 요청했던 것으로 추정된다. 3·1운동 이후 다양한 영역에서 독립운동을 지속하기 위한 노력이 펼쳐졌는데, 그 가운데 하나가 불교계였던 것이다. 신상완은 평북 철산 국청사 주지를 지내고 중앙학림(지금의 동국대)에서 공부한 스님으로 3·1운동에 적극적으로 참여한 독립투사이다. 이후 상해임시정부에 가담해 1919년 7월~1920년 2월 무렵 조선에 파견되어 불교계 독립운동 조직과 자금 모집 등의 임무를 수행했다. 따라서 신상완은 대한승려연합회 선언서 작성과 동의를 받는 과정에서 모종의 역할을 수행했을 가능성이 크다. 학계에서는 선언서 문구를 신상완申尙玩, 이종욱李鍾郁, 백초월白初月 스님이 작성했을 것으로 추정하고 있다. 신상완은 1919년 11월 15일 대한승려연합회 선언서가 발표되고 20여 일째인 그해 12월 10일 상해로 망명해 몸을 피했다. 이러한 사실도 대한승려연합회 선언서 발표와 연관성이 있을 것으로 보인다.

일제강점기 통도사 주지 구하 스님을 비롯한 12명의 불교 대표자들이 조선의 독립을 염원한 구체적인 증거가 대한승려연합회 독립선언서이다. 100년이 넘는 세월이 흘렀지만 나라를 사랑하고 중생을 구제하기 위한 구하 스님 등의 애국혼愛國魂은 지금의 한국불교와 대한민국을 가능하게 한 씨앗이다.

1919년 11월 구하 스님 등 불교 대표자 12명이 서명한 대한승려연합회 선언서는 조선독립의 당위성과 일본침략의 부당함을 역설하고 있다. 당시 조선불교인의 항일정신과 애국심을 세계적으로 천명한 대한승려연합회 선언서의 일부를 소개한다.

> "…평등과 자비는 불법佛法의 종지宗旨니 평소 차此에 위반하는 자者는 불법의 적이라, 그러하거늘 일본은 표면 불법을 숭崇한다 칭稱하면서 전세기前世紀의 유물遺物인 침략주의 군국주의에 탐닉耽溺하야 자조 무명의 사師를 기起하야 인류의 평화를 교란攪亂하며 …일본은 도로혀 더욱 포학暴虐을 사행肆行하야 수만數萬의 무고無辜한 남녀를 학살虐殺하니 일본의 죄

악이 사﹅에 극한지라 아등我等은 이믜 더 침묵하고 더 방관할 수 없도다. …이제 아등我等은 더 인견忍見할 수 업도다. 불의가 의를 염厭하고 창생蒼生이 도탄塗炭에 고苦할 때에 검劒을 장仗하고 기起함은 아我 역대 고사古祖 제덕諸德의 유풍遺風이라. 하물며 신身이 대한의 국민으로 생生한 아등이리오. …임진왜란 기타 위급의 시에 여러 조사와 불도가 신身을 희생하야 국가를 옹호함은 역사에 소상한 바이어니와 이는 다만 국민으로 국가에 대한 의무를 진盡할 뿐이라 국가와 불교와의 깁고 오랜 인연에 연유한 것이다. …이에 아등我等은 기起하였노라. 대한의 국민으로서 대한국가의 자유와 독립을 완성하기 위하야 이천 년 영광스러운 역사를 가진 대한불교를 일본화와 멸절에서 구하기 위하야 아我 칠천의 대한승니大韓僧尼는 결속하고 기起하였노니 시사보국矢死報國의 이 발원과 중의경생重義輕生의 이 의기義氣를 뉘 막으며 무엇이 막으리오. 한 번 결속하고 분기한 아등은 대원大願을 성취하기까지 오직 전진하고 혈전血戰할 뿐인더."

백지로 마음을 나눈 구하, 만해 스님

일제강점기, 불교계는 친일과 항일이라는 극명한 갈림길에 서 있었다. 그 시대를 살았던 두 고승의 이야기가 조계종 종정예하 성파 대종사의 증언을 통해 세상에 공개된다. 성파 대종사는 부산 해동고등학교 김용호 교장(1964~1981 재임)에게 직접 들은 일화를 공개했다.

김용호 교장은 일제강점기 통도사 종비생宗費生으로 동국대학교 전신인 혜화전문학교를 다녔다. 그가 목격한 것은 통도사 주지 축산 김구하 스님(1872~1965)과 독립운동가 만해 한용운 스님(1879~1944) 사이의 특별한 인연이었다. 두 스님은 외형적으로는 정반대의 길을 걸었다고 알려졌다.

구하 스님은 일본인들과 원만한 관계를 유지했다고 평가받았고, 만해 스님은 창씨개명도, 호적 등록도 거부한 철저한 독립운동가였다. 외면적으로 다른 행보를 보였지만 두 스님은 서로 같은 입장을 지녔던 것으로 보인다.

김용호 교장의 증언에 따르면 구하 스님과 만해 스님은 가까운 인연을 유지했다. "보통 정반대 입장이면 얼굴도 안 보고 지낼 텐데 굉장히 친한 거라." 성파 대종사의 증언에는 놀라움이 묻어났다. 만해 스님이 친일파에 얼마나 단호했는지는 3·1운동 동지였던 육당 최남선과의 일화에서 극명하게 드러난다. 최남선이 친일로 변절한 후 거리에서 "오랜만이오"라고 반갑게 인사하자, 만해 스님은 "내가 아는 육당은 이미 죽었소"라는 차가

일제강점기에 만해 한용운 스님을 후원하며 인연을 이어간 통도사 김구하 스님.

운 말을 남기고 돌아섰다. 심지어 최남선의 나무 위패를 직접 만들어 조문을 하기까지 했다. 이처럼 철저한 원칙주의자였던 한용운 스님이 김구하 스님과는 깊은 인연을 나눴다는 사실은 시사하는 바 크다.

역사는 구하 스님에 대한 중요한 재평가를 내린 바 있다. 2007년 7월, 구하 스님이 친일반민족행위 조사대상자로 선정되자, 통도사는 사적편찬실을 발족하여 구하 스님의 구국구세救國救世 활동을 정리해 이의를 제기했다. 그 결과 2008년 4월 29일 민족문제연구소의 '친일인명사전 수록대상자'에서 제외되었고, 같은 해 8월 14일 친일반민족행위 진상규명위원회로부터도 "이의 신청을 인용한다"는 결정을 받았다. 민족문제연구소는 "구하 스님은 당시 불교계의 특수상황과 더불어 같은 시기 독립운동을 지원한 사실이 확인됐고, 1930년대부터는 뚜렷한 친일행적이 없다"고 제외 사유를 밝혔다. 통도사가 2008년 발간한 『축산구하鷲山九河 대종사 민족불교운동사료집』과 2010년 출간한 『영축총림 통도사 근현대 불교사』는 구하 스님의 진면목을 밝히는 중요한 자료가 되었다. 이에 근거해 구하 스님은 친일이라는 오해를 풀었다.

이러한 역사적 재평가와 한용운 스님의 엄격한 원칙을 함께 고려하면, 구하 스님이 친일파가 아니었음이 분명하다. 만약 최남선처럼 진짜 변절자였다면, 한용운 스님이 구하 스님과의 인연을 유지할 리 없었을 것이다.

한편 일제강점기 초반 한용운 스님은 일제의 추적을 피해 정처 없이 떠돌았다. 만해 스님이 머문 사찰의 스님들은 어김없이 일본 순사가 근무하는 주재소에 끌려가 고초를 겪었다. "무슨 이야기를 했나"고 캐묻는 경찰의 심문은 가혹했고, 이 때문에 한용운 스님의 방문을 불편하게 여기는 사찰도 생겼다.

그때 통도사 주지 구하 스님이 내린 결단은 파격적이었다. 한용운 스님을 통도사로 초청해 산내 암자인 안양암을 주석처로 삼게 했다. 나아가 신변 보호를 자임했다. 단순한 배려가 아니었다. 일제는 31본산 사찰 내부에 주재소를 설치하고 스님들의 일거수일투족을 감시하던 시절이었다. 통도사 역시 주지실 옆에 주재소가 있어 스님들을 '매의 눈초리'로 살폈기에 만해 스님에게 거처를 제공한다는 것은 쉬운 일이 아니었다. 구하 스님이 독립운동가 만해 스님을 보호한 것은 표면적 친일 행적과 모순되는 행동이었다. 민족문제연구소가 언급한 "독립운동을 지원한 사실"의 구체적인 사례라고 할 수 있다. 이러한 난관 속에서도 만해 스님은 안양암에서 『불교대전』의 80%를 집필하고, 통도사 강원의 강사로 활동하며 '어려운 시기'를 극복했다.

하지만 일본 경찰의 감시와 탄압이 이어지자, 만해 스님은 자신으로 인해 통도사 대중이 고통받는 것을 견디지 못했다. 구하 스님의 거듭된 만류에도 불구하고, 결국 "대중이 나로 인해서 피해를 많이 보니 가야 되겠다"며 통도사를 떠났다. 발걸음은 서울로 향했고, 지금의 성북동에 심우장을 세웠다.

성파 대종사가 들은 김용호 교장의 증언은 더욱 흥미로워진다. 서울에서 학교를 다니다 방학이면 통도사를 찾은 그는 구하 스님의 '특별한 심부름'을 했다. "이것을 한용운 스님 갖다 드리라." 구하 스님은 방학 때마다 봉투 두 개를 건넸다. 하나는 현금이, 또 다른 봉투는 '편지'가 들어있었다. 상경하여 심우장으로 찾아간 김용호가 봉투를 전하면 만해 스님은 첫 봉투에 이어 두 번째 봉투를 열었다. 그런데 그 안에는 아무것도 적지 않은 '백지'가 들어 있었다.

성파 대종사는 "두루마리처럼 둘둘 종이를 만 편지에는 아무 것도 적혀 있지 않았다"면서 "만해 스님이 양손으로 백지 편지를 들고 오른쪽부터 왼쪽으로 위 아래 훑어보았다"고 김용호 교장에게 들은 이야기를 전했다. 다 읽은(?) 만해 스님이 싱긋이 웃으면서 '백지 편지'를 다시 말아 봉투에 넣었다고 한다.

만해 스님의 미소는 말로 전할 수 없는 구하 스님과의 교감은 아니었을까. 아니면 일제의 검열을 피한 '특별한 소통 방식' 이었을까. 이러한 각별한 두 스님의 인연을 전한 성파 대종사는 심우장 건립 자금의 일부가 구하 스님으로부터 나왔을 가능성이 크다고 봤다.

이와 더불어 이어진 심우장에서의 일화는 만해 스님의 성품을 고스란히 드러낸다. 봉투를 전해 받은 만해 스님이 먼 길을 마다하지 않고 심부름을 온 김용호에게 막걸리 한 사발을 권했다. 그러나 어른 앞에서 마시는 것이 어려워 김용호는 거듭 사양했다. 스님은 몇 차례 더 권했고, 그래도 마시지 않자, 갑자기 방바닥을 내리치며 호통을 쳤다. "이놈의 자식이, 그래 가지고 조선의 청년이 되겠나!" 청년의 기개를 일깨우는 일갈이었다. 놀란 김용호가 잔을 들고 고개를 돌려 막걸리를 마시자, 만해도 막걸리를 마셨다고 한다. 엄격함과 자상함이 공존하는 스승의 모습이라고 할 수 있다.

성파 대종사는 "과연 고승(구하 스님과 만해 스님)의 거량이 다르더라" 는 김용호 교장의 기억을 전하며, 백지에 담긴 법문 의미를 강조했다.

백지 편지는 두 스님만이 아는 '침묵의 언어' 였다. 일제의 검열을 피해, 마음과 마음으로 전하는 무언의 법문이었다. 구하 스님은 겉으로는 일제와 타협하는 듯 보였지만, 실제로는 독립운동가들을 보호하고 지원하는 '이중적 행보'를 걸었던 것이다. 일제강점기 조선불교계를 대표했던 스님의 구국구세 활동은 이러한 방식으로 이루어졌다.

이 일화는 일제강점기를 살아간 우리 선조들의 다층적인 저항과 생존

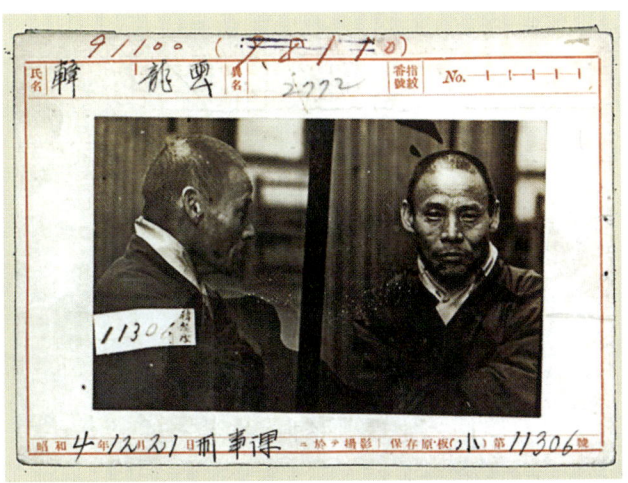

'일제감시대상인물카드'에 실린 만해 한용운 스님 사진. 출처=국사편찬위원회.

방식을 보여준다. 친일과 항일이라는 단순한 이분법으로는 설명할 수 없는 복잡한 시대상이 그 안에 담겨 있다.

  조계종 종정예하 성파 대종사의 증언은 역사의 행간을 읽어내는 지혜를 우리에게 전한다. 겉으로 드러난 모습만으로 사람을 판단하지 말라는 가르침과 함께, 진정한 인연은 시대의 격랑 속에서도 변치 않는다는 진리를 일깨운다. 백지에 담긴 두 고승의 무언의 법문은 오늘날 우리에게도 깊은 울림을 전한다.

범어사 지방학림, 명정학교 독립만세운동

동래성 남문에서 본 동래장길(1910년대).

"대한독립 만세, 대한독립 만세…." 1919년 3·1운동이 들불처럼 전국으로 번질 때 부산 범어사 지방학림과 명정학교 학생들도 동래장날을 맞아 두 차례나 만세운동을 전개했다. 그 결과 상당수 인원이 체포되어 투옥되었고, 학교는 강제 폐교되는 아픔을 겪었다. 범어사 만세운동은 1919년 2월 만해 스님이 당시 주지 성월 스님을 비롯해 담해, 이산 스님을 만나면서 비롯됐다. 이때 만해 스님은 김법린, 김봉환, 차상명, 김상기 등 범어사 지방학림과 명정학교 대표들과 만세운동을 펼치기로 의견을 모았다.

3월 1일 서울(경성)에서 진행된 만세운동에 참여했던 당시 범어사 학인들이 양산 물금역

물금역의 지금 모습.

에서 내려 금정산을 넘어 범어사에 잠입했다. 독립선언서 5000장을 등사해 갖고 왔으며, 3월 6일 범어사에서 은밀하게 독립선언식을 거행했다. 의기투합한 허영호, 차상명, 오병준 등 결사대 30명은 이튿날 동래장날을 기해 군중과 만세운동을 전개했다. 동래시장은 당시 부산은 물론 경남지역의 중심지였다. 지금의 동래시장은 그때와 달리 신식 건물이 들어서고 일부 구조가 바뀌었지만, 길과 골목은 예전 그대로이다. 만세운동이 벌어진 남문과 서문은 사라지고 사진으로만 전할 뿐이다.

3월 7일 동래시장에서 만세운동을 벌인 결사대 대부분이 일경에 체포됐지만, 독립운동의 결의는 꺾이지 않았다. 3월 17일 지방학림과 명정학교 졸업생 송별연에서 김영규, 김상기, 김한기 등 학생들은 만세운동을 재차 결의했다. 일경의 감시망을 피해 동래포교당(법륜사)에서 태극기를 만들고 독립선언서를 숨겨놓았다. 3월 19일 동래장날에 맞춰 2차 만세운동을 전개하기 위해서였다. 안타깝게도 선언서가 사전에 발각되어 무산될 위기에 처했지만, 3월 18일 밤 예정대로 만세운동을 진행할 수 있었다. 스님과 학생들은 대부분 연행되어 옥고를 치렀고, 학교는 폐교 조치를 받았다. 명정학교는 종립학교인 부산 금정중학교 전신이다.

두 차례에 걸친 범어사 만세운동은 동래부산과 경남지역은 물론 조선인들에게 독립정신을 고취시키고 자긍심을 주었다. 이후 경남지역 곳곳에서 만세운동이 지속적으로 이어졌고, 일제의 간담을 서늘하게 했다.

근세 불교자료를 수집하는 등 역사에 관심이 깊은 김화선 부산 금정중 교사는 "1919년 범어사 만세운동은 불교계의 항일을 주도했던 만해 스님과 용성 스님의 영향을 받았다"면서 "군중이 가장 많이 모이는 장날을 기해 스님과 학생들이 주동이 되어 거사를 일으킨 것은 독립운동사에 있어 중요한 사건"이라고 평했다.

한편 김화선 금정중 교사는 "그동안 알려지지 않았던 김대용, 김영식 등 당시 만세운동 참여자 3명의 명단을 국가기록원에 보관되어 있는 '삼일운동피살자명부三一運動被殺者名簿'를 통해 확인했다"면서 "당시 명정학교 재학생이었던 이분들의 명단이 적힌 서류가 명부 사이에 끼워져 있었다"고 밝혔다. 김화선 교사는 "범어사 만세운동에 대한 보다 면밀한 조명과 평가가 필요하다"고 제안했다.

한편 범어사의 만세운동을 기리기 위해 부산 금정구청에서는 1995년 '삼일운동 유공비'를 건립했다. 현재 범어사 순환도로변에 위치해 있다. 이에 앞서 1970년 부산 금

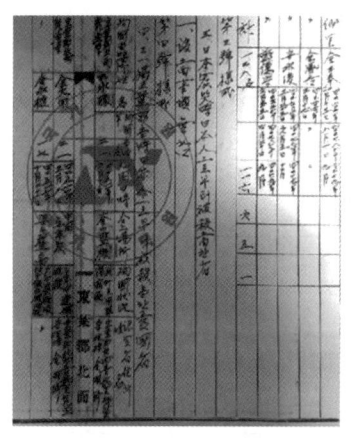

김화선 금정중 교사가 국가기록원에서 새롭게 찾아낸 범어사 지방학림 명정학교 만세운동 참가자 명부.

정중학교는 '범어사 학생 3·1운동 유공비'를 교내에 설치했으며, 2009년 국가보훈처에서 현충시설로 지정받았고, 2010년 유공비를 새롭게 단장해 애국정신을 계승하고 있다. 범어사는 매년 3·1절을 맞아 '삼일운동 유공비'에 추도의 꽃을 헌화하고 있다. 당시 금정총림 범어사 주지 수불 스님은 "일제강점기에 범어사 스님과 학생들이 독립운동을 전개했다는 사실은 역사적으로 큰 교훈이 되는 일"이라면서 "빼앗긴 나라를 되찾기 위해 분연히 일어선 뜻을 바르게 이어야 한다"고 밝혔다. 수불 스님은 "범어사는 임진왜란 당시 승병僧兵 총사령부가 설치돼 호국의 선봉 역할을 수행한 역사가 있다"면서 "나라를 구하기 위해 헌신한 선조들의 원력을 계승하기 위해 노력할 것"이라고 말했다.

백용성 스님과 함양 화과원

―

일제강점기 조선독립을 열망했던 용성龍城 스님은 선농일치禪農一致의 가르침을 구현하기 위해 1927년 함양에 화과원華果院을 건립했다. 불가佛家의 수행이 산중에 머무는 데 그치지 않고, 민초들의 삶의 현장에서 불법佛法을 구체적으로 실천하기 위한 원력이었다.

함양 화과원은 2000년 8월 경상남도 기념물 제299호로 지정됐다. 공식 명칭은 '함양 백용성 선사 화과원 유허지咸陽白龍城禪師華果院遺墟址' 다. 국가 사적지 지정 운동을 펼치고 있는 진종삼 화과원사적지지정추진위원장은 "독립운동에 적극 참여한 용성 스님의 뜻이 깃든 화과원이 도道 기념물에 머물고 있는 것은 안타까운 일이 아닐 수 없다"면서 "정부에서 국가 사적으로 지정해 용성 스님의 독립정신을 후대에 바르게 계승해야 한다"고 강조했다.

2016년 11월 14일 경남 함양군청에서 열린 '백용성 선사 화과원의 유허지 국가 사적 승격 지정을 위한 연구용역사업 보고 및 자문회의'에서는 일제강점기 화과원의 규모와 활동 상황 등이 소개됐다. 경남 함양군 백전면 백운리 50번지 백운산白雲山에 위치한 화과원의 규모는 상당했다. 약 29만7520㎡(약 9만평, 또는 약 30여 정보) 규모의 임야와 황무지와 논밭, 대지, 잡종지 등 147만9864㎡(약 44만7659평)에 이르렀다.

화과원 토지는 용성 스님을 비롯해 최창운崔昌雲, 고봉운高鳳雲, 서문길

하늘에서 바라본 함양 화과원. 법당과 요사채 등이 화과원의 역사를 대신 전하고 있다.

徐文吉, 김순명金順明 등이 재원을 마련해 구입했다. 이후 용성 스님이 왜색 불교 침탈을 방지하는 한편 신불교新佛敎 운동의 일환으로 세운 대각교大覺敎 중앙본부에 편입됐다. 하지만 경성의 대각교당에 예속되지는 않고, 독립적인 형태를 지니며 운영된 것으로 보인다.

장수 죽림정사에서 발간한 『3대대사연보』에 실린 함양 화과원 설립 과정을 요약하면 이렇다.

"1927년 태현太玄동헌 스님, 재현在玄 스님, 최 상궁마마, 고 상궁마마, 그 외 여러사람, 임동수 거사 등과 합류하여 용성조사를 모시고 경남 함양군 백전면 백운리 백운산 화과원 설립 법회에 참례했다. …과수 수만 주를 심고 동시에 일하면서 참선수행하고, 참선수행하면서 일을 하는 선농불교를 일으켰다. 조선불교 참선수행의 새로운 국면을 열었으니 일본제국주의 식민통치 조선총독부 아래의 힘겨운 사원경제를 극복하여 나아가 우리 민족의 자력갱생自力更生의 경제력을 향상함으로써 민족경제를 회복하는 역량을 기르고자 함이었다."

함양 화과원은 과수원을 비롯한 논밭 등의 토지는 물론 법당과 포교공간을 구비하고 있었다. 선원禪院과 어린이들의 교육공간도 갖추고 있었다. 앞서 밝혔듯이 수행에만 머물지 않고, 자리이타自利利他, 상구보리하화중생上求菩提下化衆生의 가르침을 현실 세계에서 구현하고자 하는 목적이 컸다. 화과원의 과수원에서는 감나무, 밤나무, 배나무 등을 경작했고, 밭에는 감자를 재배했으며, 논농사도 함께 했다. 이와 함께 임야에는 벚나무, 진달래, 작약, 산벚나무, 월계화月桂花, 단풍 등 다양한 종류의 나무와 꽃을 심었다.

최영호 동아대 교수는 "화과원은 농장이나 과수원의 의미보다는 경성 대각교당의 지부인 교당敎堂이나 선원禪院의 포괄적인 명칭으로, 논밭, 과수원과 법당, 교육공간 등의 건축물을 모두 포함한다"면서 "반선반농半禪半農의 수도 생활을 했던 선승들과 함께 지역사회의 아이들도 노동 인력으로 참여했다"고 밝혔다.

용성 스님은 화과원을 근거지로 다양한 활동을 전개했다. 불가의 수행을 근간으로 농사 등 생활불교를 실천하는 한편 민족정신을 확산시키기 위한 노력을 기울였다. 일본불교의 영향에서 벗어나 조선불교의 정체성 유지를 위한 목적으로 불교개혁운동을 펼쳤다. 즉 화과원은 불교의 수행공동체인 동시에 민족정신을 고취시키는 중심기지였다.

『3대대사연보』에는 전국 불교계에서 모금한 자금을 함양 화과원으로 모두 모은 후에 뱃길과 산길로 상해 임시정부와 만주지역 독립운동가들에게 전달했다고 기록하고 있다. 최영호 교수는 "화과원은 항일민족운동과 불교개혁실천운동의 거점으로 역사 문화적 성격이 있다"면서 "조선불교의 자생적 개혁과 경제적 자립을 지향한 선농불교의 거점"이라고 분석했다. 또한 "대각교의 포교 및 불교의례 등을 수행하는 공간으로 기능했다"면서 "특히 불교경전의 역경, 저술 공간 및 선지식들의 선수행 공간으로도 역할했다"고 덧붙였다.

1998년 3월 국가보훈처가 '이달의 독립운동가'로 지정한 백용성 스님은 독립운동과 더불어 불교개혁, 사회개혁 운동을 전개했다. 특히 스님은 1922년 중국 만주 명월촌明月村과 봉녕촌鳳寧村에 각각 69만4215㎡(약 70정보)의 농지를 마련했다. 명칭은 대각사 선농당禪農堂으로 했다.

용성 스님은 "우리들이 안일에 취하고 게으름에 빠져 도덕을 닦지 아니하고 개인의 이익만 얻고자 하여 시주施主에게 아부하니, 막중한 성전이 무도장舞蹈場과 다름이 없게 되었다"면서 "세상 사람들이 이러한 것을 보면 경솔하고 거만한 마음이 일어난다"고 경책했다.

함양 화과원 국가 사적 지정 운동을 꾸준히 전개하고 있는 진종삼 위

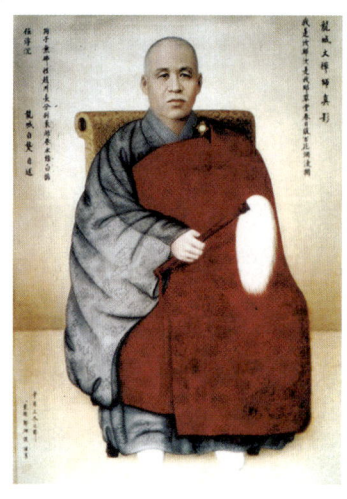

용성 스님 진영.

원장은 "용성 선사가 수많은 선승과 피와 땀을 흘리며 독립운동자금을 모았던 화과원이 국가 사적으로 지정받지 못하고 황폐한 채 방치되고 있다는 것은 실로 우리 후손들로서 부끄러운 일이 아닐 수 없다"면서 "이제라도 국내에 남아 있는 독립운동 유적지를 우리 손으로 가꾸어 국민들에게 제대로 홍보할 책무가 있다"고 강조했다.

진 위원장은 "용성 스님은 함양 백운산에 화과원을 개설하여 수만 그루의 과수를 심고 참선하며 일하는 선농일치의 불교운동을 전개했다"면서 "그리하여 실제 식민통치 아래에서 힘겨운 사원경제의 자립기반을 마련하고, 나아가 민족경제의 회복과 독립운동 자금의 조성 기반을 마련하고자 하였다"고 강조했다. "이는 민족에 있어서나 종교에 있어서나 경제적 자립 없이 진정한 독립이란 불가능하다는 것을 깨달은 스님의 혜안에서 비롯된 것입니다."

진종삼 위원장은 화과원 국가 사적지 지정과 함께 용성 스님을 주제로 한 한중합작영화 제작도 제안했다. 3·1절 100주년이 되는 2019년 개봉을 목표로 추진하고자 했던 진 위원장은 "화과원 국가 사적 지정 운동을 추진하는 과정에서 백용성 선사가 일제강점기에 국가와 민족, 불교진흥에 엄청난 공적을 쌓은 위대한 대종사라는 것을 알게 됐다"면서 "백용성 선사는 구한말과 일제강점기에 만공滿空 선사와 더불어 한국불교의 혜명慧命을 이은 불대종사로서 영화에 담을 이야깃거리는 무궁무진하게 많다"고 강조했다.

용성 스님 『대각교관정사유헌』

일제강점기 독립운동과 민족불교 수호에 헌신한 백용성 스님의 수행 기조와 가르침을 담은 자료가 세상에 나왔다. 백용성 스님 탄신 153주년(2017년 6월 2일, 음력 5월 8일)을 앞두고 서울 우면산 대성사 주지 법안 스님이 〈불교신문〉을 통해 『대각교관정사유헌大覺敎灌頂師遺憲』을 공개했다.

1935년 여름 '경성 대각교 중앙본부'가 발행한 『대각교관정사유헌』은 어른 손바닥만한 크기로 8페이지 분량이다. 본문 21조와 세칙 9조 등 총 30개 항목으로 구성됐다. 일제강점기 친일불교에 맞서 '신新불교운동'을 제창한 용성 스님의 대각교 사상과 수행 방침을 확인할 수 있다는 점에서 의미가 크다.

'정수리에 물을 뿌리는 스승'이란 사전적 뜻을 지닌 관정사灌頂師는 계율을 전하는 수계사授戒師 또는 전법사傳法師와 같다. '대각교 관정사'는 백용성 스님을 지칭하는 것으로, 이 책은 용성 스님이 후학들에게 남긴 가르침과 같다.

1919년 3·1운동 당시 민족대표로 활약한 용성 스님에 대한 연구는 독립운동 분야에서 많은 진전을 이루었지만 상대적으로 수행 분야에 대한 조명은 부족했다. 이런 상황에서 법안 스님이 공개한 『대각교관정사유헌』은 수행자로서 용성 스님이 후학들에게 어떤 가르침을 남겼는지 구체적으로 살필 수 있는 자료이다.

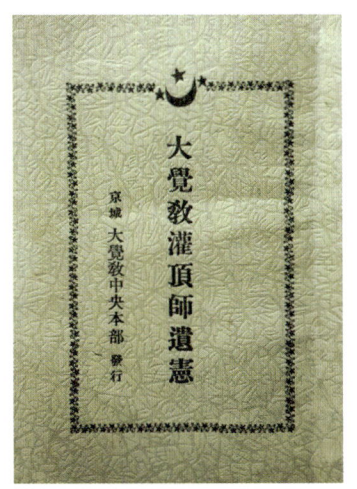

1935년 발간된 『대각교관정사유헌』 표지.
자료제공=서울 대성사 주지 법안 스님.

우면산 대성사는 칠불암 조실로 남자들을 인도하던 용성 스님이 상경하여 오랜 기간 주석하면서 대각사 설립을 준비하고 독립운동에 참여하는 등 인연 깊은 도량이다. 용성 스님 문도 증손좌인 법안 스님은 평소에도 관련 자료를 수입하고 논문을 집필하는 등 많은 노력을 기울였다. 『대각교관정사유헌』도 그동안 수집한 많은 자료 가운데 하나를 용성 스님 탄신일을 맞아 공개한 것이다.

『대각교관정사유헌』에는 본교경전本敎經典(소의경전)은 원각경圓覺經으로 하고, 계율은 범망경梵網經으로 한다고 명시했다. 또한 대각교 교리를 선포宣布(선양, 포교)하기 위해 교수사敎授師, 훈교사訓敎師, 정교사正敎師 등 삼사三師를 둔다고 적시했다. 제16조에는 "출가 수행하는 정사正士에게는 교중敎中에서 자량資糧(비용과 식량)을 공급"이라고 규정해 출가자들이 안정적인 여건에서 수행에 전념하도록 했다. 세칙에는 부처님오신날(음력 4월 8일), 성도절(음력 12월 8일), 열반절(음력 12월 15일) 등 3대 기념일에 남녀교인총회男女敎人總會를 개최하게끔 하는 등 구체적인 신행활동도 담았다.

대성사 주지 법안 스님은 "큰스님이 『대각교관정사유헌』을 통해 후학들에게 남긴 가르침은 계율을 근본사상으로 하라는 것"이라면서 "광도

백용성 스님.

중생廣度衆生을 위해 사상을 정립하고 수행을 당부한 큰스님의 뜻을 확인할 수 있는 소중한 자료"라고 밝혔다.

김광식 동국대 특임교수는 〈불교신문〉과의 통화에서 "이런 책자가 있다는 소리를 듣지 못했고, 처음 보는 자료"라면서 "1936년 즈음에 일제에 의해 대각교가 해체되기 직전에 발간됐다는 점에서 가치가 크다"고 말했다. 이어 김광식 교수는 "용성 스님이 어떤 기조와 취지로 대각교를 운영했는지 구체적으로 규명할 수 있다"면서 "앞으로 연구할 가치가 충분하다"고 강조했다.

법안 스님이 공개한 『대각교관정사유헌』은 1864년에 태어나 1940년 원적에 들 때까지 평생 독립운동을 하고 일제의 대처승 합리화에 맞서 대각교를 설립하는 등 불교혁신운동을 펼친 용성 스님의 수행정신을 재조명하는 귀중한 자료가 될 전망이다.

용성 스님 도와 독립운동 한 동암 스님

—

　동암당東庵堂 성수性洙(1904~1969) 대종사는 신교육을 받고 출가해 교학 연찬과 참선수행을 하며 정진했다. 1950~60년대 불교정화운동에 참여해 왜색불교를 청산하고 청정수행 가풍을 진작시키기 위해 헌신했다. 아쉽게도 행장이나 업적이 잘 알려져 있지 않다. 손상좌인 도일 스님(양주 오봉산 석굴암 주지)은 동암 대종사의 자취를 기록하고 가르침을 선양하고 있다.

　동암 스님은 1904년 7월 26일 평안북도 희천군 원흥리에서 태어났다. 속명은 박승수朴承洙. 평안도는 항일 의식이 팽배했던 곳으로, 다른 지역에 비해 독립운동과 일제에 저항하는 움직임이 활발했다. 이러한 분위기는 '소년 박승수'에게 자연스럽게 영향을 끼쳤으며, 훗날 독립운동에 참여하는 계기로 작용했다.

　특히 고향에서 중학교를 다니던 시절, 일제에 저항하다 검거를 피해 묘향산 보현사로 피신한 경험은 항일의식을 더욱 굳건하게 만들었다.

　1921년 봉선사에서 월초거연月初巨淵 스님의 상좌인 인담회진印潭會眞 스님을 은사로 출가한 동암 스님은 이듬해인 1922년 서울 종로구 봉익동에 있는 대각사로 수행처를 옮긴다. 당시 대각사에는 1919년 3·1운동 당시 민족대표 33인으로 참여한 용성龍城 스님이 주석하고 있었다. 3·1운동을 주도해 일경에 체포된 용성 스님은 서대문형무소에서 2년 2개월의 옥고를 치르고 석방됐다. 순정효황후純貞孝皇后와 상궁 등의 후원으로 1921년 3월 대각사를 다시 개원한 후에도 일제에 항거하는 뜻을 접지 않아 요시찰 인물로 감시를 받고 있었다.

동암 스님이 출가한 봉선사는 항일운동의 산실이었다. 1919년 3·1운동 당시 봉선사 스님들은 부평리 주민들과 함께 만세운동을 전개했으며, 항일단체인 조선민족해방협동단朝鮮民族解放協同團을 지원한 혐의로 체포되어 옥고를 치른 운경기홍雲鏡基弘 스님, 중국으로 망명한 운암雲巖 김성숙金星淑 상해임시정부 국무위원도 봉선사 출신이었다.

이런 엄혹한 상황에서 다른 사찰을 두고 대각사를 찾아간 동암 스님은 용성 스님 회상에서 정진하며 법상좌法上座가 된다. 동암東庵이란 법호도 용성 스님에게 받은 것이다. 출가 전에 독립운동에 가담하여 검거를 피해 묘향산 보현사에 은신한 이력이 있고, 입산 도량인 봉선사 또한 1919년 3월 마을주민들과 만세운동을 전개한 사실을 감안하면 용성 스님을 찾아간 것은 결코 우연이 아니다. 누구보다 뚜렷한 민족의식이 있었기 때문에 항일독립운동의 정신적 지주인 용성 스님 문하에 들어간 것이다. 조계종 종정을 세 차례 역임한 고암 스님은 생전에 "용성 스님은 여섯 명의 제자를 인가를 했는데, 그 가운데 으뜸이 바로 동암 스님"이라고 밝힌 바 있다. 고암 스님 역시 용성 스님 제자로 동암 스님과는 사형사제로 각별한 사이였다.

1922년 서울 대각사에서 용성 스님을 만난 후 동암 스님은 고성 건봉사에 가서 불교전문강원 대교과를 졸업한다. 불교의 진리를 알기 위해 교학을 연찬하는 데 힘을 쏟았다. 금강산 장안사에서 율사인 진허 스님에게 비구계를 수지하여 출가 사문의 위의威儀를 갖추었다. 법흥왕 7년(520) 아도화상이 창건한 건봉사는 31본산에 해당하는 대찰로 구한말에 의병 활동을 돕기도 했다. 1896년 8월 18일자 〈독립신문〉에는 "건봉사 스님 창기가 여주 의병장 민용호의 비밀 편지를 가지고 운현궁으로 오다 체포돼 한성재판소에서 재판을 받게 됐다"면서 "원산항에 있던 일본인과 각처의 일본 병사들을 쫓아내자는 편지였다"고 보도하기도 했다.

동암 스님은 금강산 사찰에서 수년간 정진하는 와중에도 용성 스님을 시봉하며 독립운동에 힘을 보탰다. 일경의 요시찰 대상이 되어 활동 반경이 좁을 수밖에 없는 용성 스님을 돕는 일을 주로 했다. 밀명密命을 받아 독립자금을 배송하는 일을 맡았는데, 국내는 물론 만주와 상해까지 건너가 임시정부 요원을 만나 용성 스님의 뜻과 자금을 전달했다. 손상좌 도일 스님은 "은사이신 초안 큰스님이 동암 노스님의 항일운동에 대해 자주 말씀하셨다"면서 "출가 전에는 물론 출가 후에도 중국 상해, 북간도, 일본 등을 오가며 빼앗긴 나라를 되찾기 위해 많은 노력을 기울이셨다"고 회고했다.

동암 스님 상좌인 초안超安 스님은 생전에 "은사 스님께서 용성 큰스님의 독립운동에 깊이 감동을 받아, 국내외를 다니며 독립자금을 전달했다는 말씀을 들었다"면서 "일경의 눈을 피하기 위해 속복俗服을 입고 다니기도 하셨다"고 회고한 바 있다.

이어지는 초안 스님의 생전 증언이다. "은사 스님께서는 일본 경찰의 검문을 받아 몸수색을 당한 적도 여러 번 있었지만, 그때마다 기지를 발휘해 위기를 넘기셨습니다. 빼앗긴 나라를 되찾는 데 힘을 보태겠다는 사명감이 투철하셨기에 용성 큰스님 회상에서 그 같은 일을 하시는 데 주저

함이 없으셨던 것입니다."

독립자금 전달이라는 막중한 소임을 맡은 까닭은 출가 이전에 독립운동에 가담할 만큼 민족의식이 확실하고 입이 무거워 설령 체포가 되더라도 기밀을 발설하지 않을 거라 확신했기 때문이다. 이와 더불어 건장한 체격에 유도 유단자이기에 기민한 대응이 가능했던 것도 이유이다.

용성 스님은 일제 감시를 피해 만주 연길에 화과원華果院을 만들어 독립운동 근거지로 삼았다. 외형적으로는 과수원이지만 선농일치를 실현하는 수행처이기도 했다. 이때가 서대문형무소에서 석방된 이듬해인 1922년으로 독립운동가 및 가족을 지원하는 동시에 독립자금 조성에 힘을 쏟고 있었다. 용성 스님은 1927년 중국 용정에 대각사 포교원에 해당하는 대각교당을 설립해 독립운동의 거점으로 삼았다.

건봉사 불교전문강원을 졸업한 후에는 용성 스님의 뜻을 받들어 화과원을 왕래했다. 동암 스님은 생전에 "1925년부터 10년 가까이 중국 상해와 북간도, 일본 등을 오가며 용성 큰스님의 뜻과 자금을 독립운동가들에게 전달했다"고 상좌 초안 스님에게 밝힌 바 있다. 이러한 생활을 마치고 출가본사인 봉선사로 돌아온 동암 스님은 1934년 대덕大德 법계를 품수 받았으며, 1945년 해방 무렵까지 강화 보문사 주지 소임을 보았다.

1945년 8월 15일 해방이 된 후 김구 선생을 비롯한 임시정부 요인들이 귀국할 때 용성 스님 문도들은 봉영회奉迎會를 결성해 맞이했다. '대한민국 림시정부 봉영회'의 회장을 동암 스님이 맡을 만큼 문도들의 신임이 컸다. 백범 김구 등 임시정부 요인이 귀국한 지 20일째인 1945년 12월 12일 봉영회 주최로 성대한 환영행사가 서울 대각사에서 열렸다. 백범을 비롯

1930년대 서울 선학원에서 열린 적음 스님 입실 건당 모습.
앞줄 왼쪽 세 번째부터 석우, 적음, 만공, 용성, 동암 스님.

해 이범석, 조소앙, 유림, 김창숙 등 요인들이 대거 참석해 용성 스님의 독립운동 참여 사실을 상징적으로 증명했다.

김구는 "용성 스님이 쌀가마니에 돈을 넣어 만주로 보내줘 긴요하게 사용하는 등 큰 도움을 받았다"면서 "비록 해방을 보지 못하고 돌아가셨지만, 영단에 향이라도 올리기 위해 찾아왔다"고 방문 이유를 밝혔다. 일제강점기 용성 스님이 상해임시정부와 긴밀한 관계를 유지했음을 증명하는 대목이다. 그 과정에서 밀사 역할을 담당한 대표적 인물이 동암 스님이었다. 전 범어사 주지 홍교 스님은 "백범 선생이 대각사를 방문했을 때 건물 한쪽이 무너질 정도로 많은 분들이 왔다는 이야기를 들었다"고 전했다.

해방 이후 동암 스님은 참선 수행에 전념하며 제방선원을 다녔다. 파주 보광사, 의정부 망월사, 금강산 마하연, 부산 범어사, 김천 직지사 등에서 화두를 참구하며 정진했다. 1920년대 후반 금강산 미륵선원에서 이백우李白牛, 이운봉李雲峰, 이효봉李曉峰, 현의룡玄懿龍, 조용명趙龍溟 스님 등과 하안거 결제를 하는 등 간화선 수행을 게을리하지 않았다. 1930년대 후반에는 오대산 월정사(상원사)에서 한암漢岩 스님을 만나 법담을 나눈 일화도 전한다.

동암 스님의 또 하나의 화두는 불교정화였다. 일제강점기 한국불교에 침투한 왜색불교를 청산하고 청정수행가풍을 회복하기 위해 효봉曉峰, 동산東山, 금오金烏, 청담靑潭 스님 등과 뜻을 같이하며 불교정화운동에 적극 참여했다. 홍교 스님은 "정화운동 과정에서 형편이 어려워 간장이나 된장도 얻어먹을 때였는데 동암 스님이 여러 경로로 재원을 만드는 화주化主 역할을 맡았다"면서 "동암 스님이 조선 왕실과 관련된 엄상궁 등과 교분이 깊어 자금을 마련할 수 있었다"고 회고했다.

1962년 통합종단 출범 후에는 중앙종회의원으로 선출되어 법규분과위원회 위원으로 활약했다. 또한 양양 낙산사(1962~1967), 영주 부석사(1967~1968), 선산 도리사(1968~1969) 주지를 지내며 정화 후 혼란을 수습하는 데 앞장섰다. 이밖에도 어린이포교와 사회복지사업에도 남다른 관심을 갖고 참여했으며, 『윤회전생』『극락과 지옥』『아미타경(번역)』 등의 저서를 남기는 등 불교를 전하기 위한 노력을 기울였다.

교육불사로 인재 양성한 오이산 스님

일제강점기 불교계가 민족교육의 요람 보성고등보통학교普成高等普通學校(현 고려대·보성고)를 인수해 10여 년간 운영한 역사가 새롭게 조명되고 있다. 특히 범어사 주지 이산당 원오 대선사梨山堂 爰悟大禪師(1886~1936)가 학교 운영 과정에서 보여준 헌신과 결단은 종교인의 시대적 사명이 무엇인지를 보여주는 귀감이 되고 있다.

이산 스님의 후손 강길주 주식회사 원푸드림 대표가 펴낸 『이산당 원오 대선사 문집』은 그동안 잘 알려지지 않았던 불교계의 민족교육 수호 노력을 생생하게 증언한다. "외할아버지가 보성고등보통학교 이사로 계시면서 통도사 주지 구하 스님, 백양사 주지 만암 스님 등과 끝까지 노력하셨다"는 강 대표의 회고는 일제강점기 불교계의 간절함을 보여준다.

범어사에 소장된 이산 스님의 진영(초상화)에는 특별한 기록이 남아있다. 1919년 3·1운동 민족대표 33인 중 한 명인 백용성 대종사(1864~1940)가 직접 쓴 찬문이다. 1936년 이산 스님이 51세로 입적했을 때, 고희를 넘긴 백용성 스님이 붓을 들었다.

"이산에 원래 돌아가지 않고도, 올바로 꿰뚫은 자만이, 제이도리에서 벗어나리니"로 시작하는 찬문은 이산 스님의 깊은 수행력을 찬탄하는 내용이다. 지금까지 백용성 스님이 다른 스님들의 진영에 찬을 쓴 것이 확인되지 않는 상황에서 매우 의미있는 자료이다.

백용성 스님이 찬문을 쓸 정도로 두 스님의 관계가 각별했다는 것은 이산 스님 역시 민족 독립을 위한 활동에 참여했을 가능성을 시사한다. 실제로 통도사 구하 스님의 자료에 따르면 이산 스님은 상해임시정부에 독립자금 500원을 전달한 기록이 있다.

보성고등보통학교는 1905년 대한제국 탁지부대신 이용익이 설립한 민족교육기관이다. 고종황제가 '널리 사람다움을 열어 이루게 하라'는 뜻의 '보성'이라는 교명을 직접 하사했고, 초창기 교표에는 대한제국 황실을 상징하는 이화장이 사용됐다. 설립자 이용익이 항일운동 중 피살된 후 1910년 천도교가 인수했으나, 3·1운동 이후 일제의 탄압 아래 극심한 재정난에 봉착했다. 이때 불교계가 구원의 손길을 내밀었다.

1923년 6월 22일 대전에서 열린 조선불교총무원 회의에서 통도사, 범어사, 송광사 등 17개 본산 주지들이 모여 보성학교 인수를 결의했다. 1924년 1월 〈동아일보〉는 "유지비 문제로 존폐의 위경에 있던 보성고등보통학교를 조선불교총무원이 유지를 전담하기로 했다"며 "봉사적 정신에 사회는 심대한 감사의 예를 표해야 할 것"이라고 보도했다.

1924년 4월, 조선불교중앙교무원은 60만원의 거금으로 보성학교를 정식 인수했다. 당시 교무원 재무이사였던 이산 스님은 김구하, 나청호, 곽법경 스님 등과 함께 인수를 주도했다. 이들은 시대일보를 방문해 불교계의 학교 운영 의지를 공개적으로 천명했다.

이산 스님의 교육철학은 1926년 3월 평의원 총회에서도 빛났다. 일본 유학생 김태흡의 학비 100원 지원이 예산 항목 문제로 반대에 부딪히자, "예산의 관款은 절대로 유용치 말고 항목項目은 칠七이사의 결의를 거쳐 유용할 수 있다'고 발언해 가결시켰다. 규정보다 인재양성을 우선시한 것이다.

서울 수송동(현 조계사 부지)에 있던 학교는 1926년 혜화동으로 이전했다. 총 건평 6780평, 건축비 11만 8000원이 투입된 대규모 사업이었다. 불교계는 보성학교뿐 아니라 불교전문학교(현 동국대)도 함께 설립해 운영했다.

1934년 가을, 재정난이 심화되자 고계학원高啓學院이 인수 의사를 밝혔다. 10월 18일 가계약이 체결됐다는 소식에 불교계는 발칵 뒤집혔다. 이산 스님은 즉각 긴급 주지회의를 소집했다. 10월 31일과 11월 1일, 백양사 주지 만암 송종헌 스님을 좌장으로 8개 본산 주지들이 모였다. 이들은 △평의원회 소집 △20만원 증자 △가계약 해제를 결의하고, 즉석에서 '책임서'를 작성했다.

"최악의 경우에는 우리 8본산이 학교 경영에 대한 최후까지 절대 책임을 질 것을 약속한다"는 내용이었다. 통도사 김경봉, 범어사 오이산, 해인사 이고경, 은해사 박도수, 대흥사 감선월, 법주사 장석상, 백양사 송종헌, 건봉사 김보련 주지 스님이 서명했다.

만암 스님은 〈동아일보〉와의 인터뷰에서 "재력이 없지 않은데 경영권을 넘기는 것은 우리 불교계 전체의 수치"라며 "어떻게든 이 학교는 우리 손으로 완성해야 한다"고 강조했다.

이산 스님의 교육에 대한 열정은 어린 시절부터 형성됐다. 경북 의성에서 태어나 양산으로 이주한 후 서당에서 천자문과 사서삼경을 익혔다. 비문에 따르면 "한 가지를 들으면 열 가지를 깨달았고(일문십오一聞十悟), 기억하며 절대 잊지 않을 정도로 총명했다"고 한다. 마을 사람들이 "영재가

출현했다"고 칭찬을 아끼지 않았다.

14세에 범어사로 출가한 후에도 학구열은 계속됐다. 은사인 혼해 스님은 범어사 강원 초대 강주를 지낸 대강백으로, 1906년 근대 교육기관인 명정학교(현 부산 금정중, 부산 청룡초) 설립에도 참여했다. 이산 스님은 스승의 영향을 받아 불교 경전은 물론 근대 학문에도 깊은 관심을 가졌다.

이산 스님의 교육 열정은 보성학교에 그치지 않았다. 1927년 조선불교소년회 명예회원으로 개인 자금을 기탁했고, 범어사 주지 시절(1932~1936)에는 각 포교당에서 야학을 운영해 농촌 청소년들에게 배움의 기회를 제공했다. 또한 동국대 전신인 중앙학림에 진학한 지방 학생들을 위한 기숙사 운영에 관심을 가졌고, 서울에 상주하기 어려운 상황이어서 '외감外監'을 직접 맡기도 했다.

1934년에 통도사, 해인사와 함께 설립한 해동역경원海東譯經院은 한문 불경을 한글로 번역하는 사업을 추진했다. 『불타의 의의』『사종의 원리』『불교성전』 등을 출간한 이 사업은 불교 대중화뿐 아니라 일제의 민족정신 말살 정책에 맞서 우리 글을 지키려는 노력이었다.

주임 역경사로 임명된 허영호 스님은 일본 다이쇼大正대학에서 산스크리트어와 팔리어를 공부하고 돌아온 학승이었다. 항일 비밀결사 만당의 회원이자 대중문예지 『평범』을 창간한 인물로, 해방 후에는 동국대 학장과 제헌 국회의원을 역임했다.

이산 스님의 민족교육에 대한 의지는 1919년 3·1운동 때부터 확고했다. 2월 하순 만해 한용운 스님이 범어사를 방문해 오성월, 이담해 스님과 함께 독립운동을 논의할 때 이산 스님도 참여했다. 3월 18일과 19일 범어사

이산당 원오 대선사 진영. 금정총림 범어사 소장.
면본채색綿本彩色, 세로 118.8㎝, 가로 79㎝

지방학림과 명정학교 학생들이 동래장터에서 만세운동을 전개했을 때, 이들이 외친 "한 번 죽음은 자유를 얻는 것만 같지 못하다"는 구호는 이산 스님에게도 깊은 울림을 주었다.

이 사건으로 범어사 지방학림과 명정학교가 강제 폐교됐지만, 이산 스님은 "나라와 자유 없는 곳에 진정한 불법도 있을 수 없다"는 신념을 더욱 확고히 했다. 이후 스님은 교육을 통한 인재 양성과 민족정신 수호에 일생을 바쳤다.

비록 불교계의 노력에도 불구하고 보성학교는 1935년 고계학원으로 넘어갔지만, 10여 년간의 운영은 큰 의미를 남겼다. 이 기간 배출된 인재들은 해방 후 대한민국 건설의 주역이 되었다.

1936년 3월 10일, 이산 스님은 총독부 주지회의 참석차 상경했다가 숙소에서 갑작스럽게 입적해 범어사에서 장례를 모셨다. "범어사에서 다비하니 천상엔 오색구름이 멀리 고당봉까지 뻗쳤다"고 비문에 기록됐다.

후손 강길주 대표는 "금정중학교, 동국대학교, 보성고등학교, 고려대학교에서 배출된 수많은 인재들이 일제강점기를 극복하고 해방 이후에도 대한민국 발전에 이바지하고 있다"며 "교육을 중시하며 인재 양성에 앞장선 외할아버지의 삶은 암흑의 시대를 밝힌 등불이었다"고 회고했다.

진영에 '대선사大禪師'로 표현되고, 백용성 스님이 직접 찬문을 쓸 정도로 높은 수행력과 덕망을 지녔던 이산당 원오 대선사. 보성학교 운영을 통해 보여준 것은 "나라와 자유 없는 곳에 진정한 불법佛法도 있을 수 없다"는 신념으로 민족의 미래를 지키려는 간절한 노력이었다. 오늘날 오이산 스님이 지키려 했던 교육기관들에서 배출된 인재들이 대한민국 발전의 주역이 되고 있는 것을 볼 때, 스님의 헌신은 결코 헛되지 않았다.

2019년 3·1운동 100주년 / 프롤로그

1919년 3월 1일. 일제의 강점에 맞서 조선인들은 분연히 일어나 자주독립을 목청껏 외쳤다. 3·1운동을 계기로 대한민국 임시정부가 수립됐으며, 지금까지 헌법에 '3·1정신 계승'을 분명하게 명시하고 있다.

1919년 3·1운동은 불교, 천도교, 기독교 등 종교계가 적극적으로 주도한 독립운동이다. 불교에서는 백용성 스님과 한용운 스님이 민족대표로 참여했다. 한용운 스님은 공약삼장公約三章을 직접 썼다. 학계 일부에서는 최남선 등이 서술했다는 주장도 있지만 만해 스님이 쓴 것으로 보는 것이 타당하다는 견해가 많다.

박노자 노르웨이 오슬로대 교수는 2001년 『불교평론』에 게재한 「기미독립선언서 '공약삼장' 집필자에 대한 고찰」에서 "자유와 비폭력을 골자로 하는 '공약삼장'은 불교의 해탈, 불살생, 보편 도덕주의 정신에서 출발한 것"이라며 "따라서 이 같은 '공약삼장'의 필자는 만해로 보는 것이 타당하다"고 밝힌 바 있다.

1919년 3·1운동을 기점으로 1920년까지 경성(서울)은 물론 전국 각지와 조선인이 거주하는 세계 도처에서 독립을 요구하는 운동이 들불처럼 번졌다. '삼일 만세운동', '기미독립운동'으로도 불리는 3·1운동은 20세기 전반기 세계사를 대표하는 상징적인 사건이다.

불교계는 3·1운동에 적극적으로 참여했다. 당일 탑골공원에서 열린 집

일제강점기 조국의 독립을 염원했던 만해 스님이 머물던
서울 성북구 심우장 앞 공원의 만해 스님 동상.

회에 주도적으로 참여하고, 이후 거리 행진에 나섰다. 서울 위주의 한계를 뛰어넘어 청년 승려들이 각자 연고가 있는 지방으로 달려가 만세운동을 전개했다. 동국대 전신인 중앙학림 학생과 청년 승려들이 중심이 되어 범어사, 해인사, 통도사, 동화사, 김용사, 마곡사, 쌍계사, 화엄사, 선암사, 송광사 등에서 해당 사찰 스님, 지역 주민들과 연대하여 만세운동을 주도했다.

남양주 봉선사와 부산 범어사 청련암은 3·1운동 만세시위를 모의한 장소이고, 대구 동화사 포교당과 합천 해인사 일주문은 만세운동을 결행한 곳이다. 3·1운동 후에도 전국의 많은 사찰이 일제에 맞서 조국의 미래를 밝히기 위한 독립운동 관련 단체와 지사들의 공간으로 활용됐다. 1937년

춘천농업학교 학생운동이 진행된 곳이 춘천 청평사이고, 철원 애국단이 결성된 장소가 철원 도피안사이다. 독립대동단이 활동한 사찰이 월정사이며, 조선국권회복단 중앙총부가 만들어진 곳이 대구 안일사이다.

불교계 인사들은 국내에만 머물지 않고 외연을 확장하기도 했다. 3·1운동이 국내에서 한계에 부딪히면서 장기적인 항쟁을 준비하는 노력이 이어졌다. 1919년 11월 15일 중국 상하이上海에서는 대한승려연합회 명의로 선언서(승려독립선언서)를 발표했다. 이 선언서에는 범어사와 통도사 등 주요 사찰의 중진급 스님들이 비록 가명이지만 서명해 독립에 대한 의지를 보여주었다. 대한승려연합회는 "한토韓土의 수천 승려는 2천만 동포와 세계에 대하야 절대로 한토에 있는 일본의 통치를 배척하고 대한민국의 독립을 주장함을 자兹에 선언하노라"고 당당히 밝혔다.

임시정부가 수립됐다는 소식을 듣고 상해 밀항을 시도한 불교계 인사도 여럿 있다. 신상완, 백성욱, 김법린, 김대용 등은 1919년 4월 하순 중국으로 건너갔다. 보름 정도 뒤에는 김법린과 김대용이 임시정부 국내 특파원으로 활약하기 위해 돌아왔다. 이들은 조선의 지인들과 〈혁신공보革新公報〉라는 지하신문을 만들어 전국에 배포하며 독립운동을 전개했다. 또한 만주 안동현安東縣에 쌀가게로 위장한 동광상점東光商店을 내어 임시정부와의 연결 통로로 활용했다. 김법린은 1927년 2월 벨기에 브뤼셀에서 열린 세계피압박민족 반제국주의대회에 '조선대표'로 참가해 일제 침략의 부당성을 폭로하고 자주독립의 당위성을 주장했다.

이와 함께 불교계는 3·1운동을 계기로 비폭력 독립운동과 더불어 무력투쟁도 고민했다. 의용승군義勇僧軍 조직을 계획하는 한편 청년 승려 박달준朴達俊, 김봉률金奉律, 박영희朴暎熙 등이 만주의 신흥무관학교新興武官學校에 자원 입학했다. 1920년 1월 하순경 조직된 의용승군은 총령부總領部를 중심으로 산하에 비서국, 참모부, 국무국, 군수국, 사령국을 편제했다. 총령부는 대한승려연합회장을 총장으로 하도록 했다. 일제 강점에서 벗어나기 위해 군사적 행동을 구체화시켰다는 점에서 주목을 받았다.

3·1운동보다 한 해 앞선 1918년 10월 제주 법정사에서는 김연일, 방동화 스님 등이 400여 명의 주민들과 함께 일본 주재소를 습격하는 무력투쟁을 전개하기도 했다. 위기에 처한 나라를 구하기 위해 분연히 일어선 호국불교護國佛敎와 의승병義僧兵의 변함없는 전통을 보여주었던 것이다.

일제강점기 독립운동을 활발하게 전개한 인물로는 백용성, 한용운, 백초월, 오성월, 김구하, 박영희, 이종욱, 신상완, 김상호, 이고경 스님 등 다수에 이른다. 안타깝게도 지조를 끝까지 지키지 못하고 친일親日의 길을 걸었던 이들도 있었다.

3·1운동 이전인 구한말에는 의병들이 사찰을 항일운동의 거점으로 삼았다. 특히 1905년 11월 을사늑약乙巳勒約 체결 이후 전국에서는 의병 활동이 확산됐다. 이 과정에서 강화 전등사, 연천 심원사, 양평 상원사, 구례 연곡사, 하동 칠불사, 순창 구암사, 상주 청계사, 안동 봉정사 등 경향 각지의 사찰이 의병의 근거지가 되었다.

일본은 의병을 '비적匪賊'이라 폄하하고, 토벌을 명분으로 사찰을 파괴하는 만행을 저질렀다. 일제강점기 경성제대 교수와 혜화전문 교장을 지낸 다카하시 토오루高橋亨조차 임진왜란 당시 병화兵禍와 더불어 을사늑약 이후 2년간의 사찰 피해를 '이대재액二大災厄'이라고 했을 정도로 훼손이 극심했다.

1940년대에 이르러 소위 대동아전쟁大東亞戰爭을 일으킨 일제의 침략 정책은 더욱 노골화됐다. 장정들의 강제징용은 물론 소녀들의 위안부 강제 동원으로 한반도에 먹구름이 끼었다. 이 무렵 항거하지는 못하고 오히려 앞장서 창씨개명創氏改名을 하고, 징용에 나갈 것을 독려한 일부 불교계 인사들이 존재했던 것도 사실이다.

2017년 6월 말까지 독립유공자 포상을 받은 불교계 인사는 84명에 이른다. 많은 숫자는 아니다. 이 가운데 국내 항일 45명, 3·1운동 30명, 임시정부 3명, 의병 2명, 만주 2명, 중국 1명, 의열 투쟁 1명이다. 좀 더 정밀한 자료수집과 조사로 독립운동 유공자를 확인하는 계기가 만들어지길 기대한다.

중앙학림 학생들 3·1만세 주도

1919년 2월 28일(음력 1월 28일) 밤 10시. 어둠이 짙게 내려 앉았다. 젊은 학생들이 주위를 몇 번이나 조심스럽게 살폈다. 그들은 하나 둘 서울 계동 한 골목의 건물 안으로 들어갔다. 불교잡지 〈유심唯心〉을 만드는 유심사唯心社 건물로 만해 한용운 스님의 자택이었다. 3·1만세운동을 하루 앞둔 상황에서 만해 스님과 학생들의 회동은 심상치 않았다.

신상완申尙玩, 백성욱白性郁, 김상헌金祥憲, 정병헌鄭秉憲, 김대용金大鎔, 오택언吳澤彦, 김봉신金奉信, 김법린金法麟, 박민오朴玟悟. 이날 저녁 만해 자택에 모인 중앙학림中央學林 학생들이었다. 이들은 만해 스님의 영향을 받아 유심회唯心會를 조직해 활동하고 있었다.

중앙학림은 1915년부터 1922년까지 서울 명륜동에 있던 고등교육기관으로 동국대의 전신이다. 마흔 살의 만해 스님은 스무 살 전후의 청년들에게 "내일 탑골공원에서 조선독립을 외치는 만세운동을 하기로 했다"면서 "밤새 시내에 독립선언서를 배포하고, 만세운동에 동참하라"고 당부했다. 또한 "서울 시위 후에는 각자 연고가 있는 지역으로 내려가 만세운동을 확산시키라"고 강조했다.

이날 만해 스님은 "여러 날을 궁금해하는 제군들에게 기쁜 소식을 전하겠다"면서 "혹시 비밀이 누설될지 몰라 그동안 침묵을 지키고 있었다"고 그간의 사정을 설명했다. 이어 "이제 헤어지면 언제 만날지 모르지만 조국의 독립과 광복을 위해 두려울 것도 걸림도 없다"면서 "오로지 부처님의 혜명慧命을 받들어 대한 독립을 달성하는 데 정진하기를 바란다"고 격려했다.

낮은 목소리지만 굳은 의지가 느껴지는 만해 스님의 말이 이어졌다. "제군들은 서산西山과 사명四溟 양 대사의 법손法孫임을 굳게 명심해 불교 청년의 역량을 유감없이 발휘하고, 우리 불도佛徒가 다른 교도들 앞에서 독립운동을 전개하자."

만해 스님의 말을 들은 청년 학생들도 표정에 결연함이 묻어났다. 빼앗긴 나라를 되찾는 역사적 대업에 동참하는 사명감에 가슴이 뜨거워졌다.

구한말부터 시작된 일제의 침탈은 1910년 한일강제병합(경술국치)으로 이어졌고, 고종황제가 갑자기 세상을 떠나면서 조선 민심이 가마솥처럼 들끓었다. 국조오례의에 근거해 다섯 달간 국장國葬을 엄수해야 함에도, 일제의 강요로 불과 한 달 반 만에 서둘러 장례를 치러야 했다. 3월 3일 거행되는 고종 장례식에 참석하기 위해 전국 각지에서 수많은 인파가 상경한 상황에 맞춰 3월 1일 독립선언서를 낭독하고 만세운동을 펼치기로 한 것이다.

이날 밤 중앙학림 학생들은 만해 스님이 이종일 보성사普成社 사장에게 전해 받은 독립선언서 1만 장을 나누어 들고 유심사를 나섰다. 혹시 일본 순사巡査가 있는지 살폈다. 하지만 비밀이 잘 유지되었기에 무사하게 계동을 벗어났다. 보성사는 현재 서울 조계사 옆 수송공원에 자리하고 있었으며, 공원에는 3·1독립선언서를 인쇄한 보성사 사장 이종일의 동상이 서 있다.

1919년 3월 1일 만세운동이 처음 일어난 탑골공원 팔각정. 이날 중앙학림 학생들은 시위 대열에 적극 참여했다.

유심사를 나선 학생들의 움직임에 대해선 두 가지 설이 전한다. 『동국대 백년사』에 따르면 "중앙학림 청년 학생들은 두 방향으로 나눠 절반은 서울 동북부 일대에, 나머지는 전국의 지방 각 사찰을 중심으로 독립선언서를 배포하기로 했다"면서 "서울 시내를 담당한 학생들은 3월 1일 새벽 3시에 각각 해산하여 서울 시내 포교당과 시외 사찰들을 돌아다니며 독립선언서를 배포하고, 사찰과 인근 주민들에게 3·1만세시위운동에 참가하도록 권장하였다"고 기록되어 있다. 중앙학림 기숙사에 모여서 독립선언서를 분배했다는 이야기도 전한다.

그런데 대각사상연구원에서 발행하는 『대각사상』에는 당시 상황을 이렇게 설명하고 있다. "만해로부터 독립선언서를 전해 받은 동국대 학생들은 사태가 시급함을 느끼고, 인사동에 있던 범어사 포교당으로 자리를 옮겨 긴급회의를 하여 구체적인 실행 방안을 협의하였다. 학생들은 가장 연장자인 신상완을 총참모격으로 추대하였고, 백성욱과 박민오는 참모격으로 중앙에 남아서 연락책을 겸하여 진두지휘를 하게 하였다."

이날 학생들이 '전국불교도독립운동총참모본부'를 결성했다는 이야기도 전해온다. 김광식 동국대 특임교수는 "범어사 포교당의 주소는 '경성 사동寺洞 28통 6호'로 알려져 있다"면서 "안국동에서 북촌으로 올라가는 감고당길의 오른쪽, 즉 지금은 강남으로 이전한 풍문여고 근처로 추정된다"고 말했다.

만해 스님과 학생들이 3·1운동 전날 밤 거사를 도모한 유심사는 지금 어떤 모습을 하고 있을까? 서울시 종로구 계동길 92-3에 자리한 유심사는 현재는 유심당唯心堂이란 이름의 게스트하우스로 이용되고 있다. 벽에 붙어있는 '3·1운동 유적지 : 유심사 터' 안내판의 내용은 이렇다. "3·1운동 당시 불교잡지 〈유심〉을 발행하던 출판사가 있던 곳. 만해萬海 한용운 韓龍雲(1879~1944)이 이곳에서 불교계의 3·1운동 참여를 주도하였다."

유심사는 1918년 9월 월간지 〈유심〉을 창간하고 제3호까지 발행한 장소이며 만해 스님의 거처로 사용됐다. 3·1만세운동의 성공을 위해 천도교와 기독교에 대한 교섭을 마무리한 최린이 만해 스님을 만나 불교계 동참을 확약 받은 역사적 의미가 큰 장소이다.

3·1운동 당시 선언서를 배포하고 거리 시위를 주도한 신상완(1891~ 1951)은 중국 상하이上海로 건너가 임시정부에 가담했다. 임정 특파원과 선전

탑골공원을 나온 중앙학림 학생 등 시위대는 종로경찰서를 지나 가두 행진에 들어갔다. 종로타워 왼쪽과 YMCA 오른쪽 사이에 있는 건물이 일제강점기 종로경찰서이다.

1919년 3·1운동이 일어나기 하루 전 만해 한용운 스님이 중앙학림 학생들과 거사를 논의했던 유심당 건물. 지금은 게스트하우스로 이용되고 있다.

대원으로 활동하며 1919년 7월, 1920년 2월 국내에 파견돼 활약했다. 그는 1920년 4월 6일 일본 경찰에 체포되었다가 1923년 5월 풀려났다. 1951년 세상을 떠났으며, 1995년에 건국훈장 애국장이 추서됐다.

1919년 3월 1일 정오 탑골공원에 운집한 수천 명이 '대한독립만세'를 우렁차게 외쳤다. 신상완도 중앙학림 학생들의 선두에 서서 만세를 부르짖었다. 선언서 낭독이 끝난 후 독립의 당위성과 결연한 의지를 널리 알리기 위해 남문을 통해 공원을 나섰다.

신상완을 비롯한 중앙학림 학생들은 거센 파도처럼 거리로 쏟아져 나왔다. 탑골공원을 나와 오른쪽 대로를 따라 걸으며 만세를 외쳤다. 지금의 YMCA 옆에 있었던 종로경찰서와 종각에서 좌회전을 하여 숭례문으로 향했다. 연도에 선 군중들도 함께 독립만세를 외쳤다.

중앙학림 학생들은 지금의 한국은행까지 걸어와 오른쪽 길을 따라 대한문大漢門으로 향했다. 이어 대한문 옆 덕수궁 길을 따라 서대문 방향으로 행진을 이어갔다. 미국영사관과 프랑스영사관이 있는 정동貞洞에서 자주독립을 목청껏 외쳤다.

1919년 3·1운동의 핵심에 불교가 있었고, 그 선두에는 중앙학림의 청년 학생과 스님들이 있었다. 민족의 자존을 세계만방에 선언한 3·1운동을 시작으로 불교계의 항일운동은 국내는 물론 해외로 들불처럼 번져 나갔다.

동화사 지방학림 3·30 만세운동

1919년 3월 28일 동화사 지방학림 학인 스님들이 독립만세 시위를 결의한 심검당.
대웅전을 바로보며 왼쪽에 있는 건물로 지금은 법화당으로 명칭이 바뀌었다.
심검당 편액은 대웅전 옆에 있는 건물로 옮겨 달았다.

 1919년 3월 28일. 팔공산 동화사 심검당尋劍堂에 젊은 스님들이 모여들었다. 동화사 지방학림에 재학하고 있는 9명의 스님이었다. 청년 승려 김문옥金文玉과 권청학權淸學이 조심스럽게 소집한 자리였다. 김문옥이 입을 열었다. "여러분, 신문에 난 기사를 봐서 알고 있을 것입니다. 지금 조선 각 지역에서 독립운동이 벌어지고 있습니다. 우리들도 조선 민족의 한 사람인데 보고만 있을 수 있습니까. 우리도 독립운동을 하지 않으면 안 됩니다."

심검당 안에 긴장감이 돌았다. 하지만 누구도 김문옥의 뜻에 반대하지 않았다. 앞다투어 찬성을 하고 거사일을 정했다. 가장 많은 사람이 모이는 장날에 만세시위를 하기로 결의했다. 논의를 거쳐 3월 30일 대구 덕산정시장(지금의 염매시장) 장날에 봉기하기로 하고 그날까지 비밀에 부치기로 했다. 이 무렵 동화사 주지는 1917년 비슬산 대견사를 없애자고 조선총독부에 청원한 친일승려 김남파金南坡였다.

김문옥과 권청학 등은 이보다 앞선 3월 23일 서울에서 내려온 윤학조尹學祚를 만나 서울과 각 지역의 만세운동에 대해 상세하게 들었다. 불교중앙학림佛敎中央學林 학생으로 3월 1일 탑골공원에서 벌어진 만세 시위에 동참한 윤학조는 달성군 공산면이 고향이었다. 그는 동화사 학림에 다니고 있는 김문옥과 권청학 등을 만나 독립을 위한 궐기에 동참할 것을 요청했다.

김문옥과 권청학은 윤학조의 후배로 알려져 있으며, 이들이 비밀리에 회동한 것은 동화사 아미산 포교당이었다. 이 자리에서 윤학조는 용성, 만해 스님이 민족대표로 참여하고 불교중앙학림 학생들이 주도적으로 참여한 만세운동에 대해 전했다.

독립을 위해 거국적 운동의 필요성에 의기투합한 청년 승려들은 처음에는 공산면 백안시장百安市場에서 시위를 진행하려고 했다. 하지만 "사람들이 더 많이 모이는 대구 덕산정시장에서 결행하자"는 윤학조의 뜻에 따라 장소를 바꾸었다. 이러한 결의를 며칠 뒤인 3월 28일 동화사 심검당에서 다시 확인했다.

또 다른 기록에 따르면 김대용金大鎔도 윤학조와 함께 대구를 찾아 동화사 지방학림 학생들을 만난 것으로 알려져 있다. 또한 동화사 재적승인 권청학은 해인사 지방학림에 재학하다 대구, 달성, 영천에서 독립운동을 맡기로 해서 동화사에 와 있던 상태였다.

덕산정시장 만세운동을 결의한 김문옥 등 동화사 지방학림의 9명은 거사 하루 전인 3월 29일 동화사를 나섰다. 그날 저녁은 동화사 출장소에서 묵었다. 인근의 김상의金尙義 집에서 머물렀다는 이야기도 전한다. 동화사 출장소는 1910년 3월 동화사가 개원한 아미산 포교당으로 지금의 보현사이다. 학인들은 포교당에서 태극기를 만드는 등 다음 날 만세운동을 차질 없이 진행하기 위해 준비에 몰두했다. 당시 동화사 지방학림 학생들의 수는 정확하게 알 수 없다.

다만 1914년 2월 발행된 〈해동불교海東佛敎〉 제4호에 실린 '본산 본말사별 학생수 일람'과 1918년 1월에 나온 〈조선불교총보朝鮮佛敎叢報〉의 '삼십본산부三十本山付 말사승니급末寺僧尼及 학생學生, 신도수조信徒數調'를 통해 짐작이 가능하다. 〈조선불교총보〉 자료는 1917년 현황을 담고 있다. 이에 따르면 1914년과 1917년에 동화본말사 지방학림에는 각각 38명의 학생이 재학하고 있었다. 따라서 1919년 무렵에도 40명 가까운 학생들이 지방학림에서 수행과 공부를 하고 있었던 것으로 보인다.

당시 대구는 3·1운동 후 만세운동이 연이어 벌어지고 있었다. 일경日警의 감시가 삼엄했음은 물론이다. 더구나 많은 사람이 모이는 장날에는 비상경계령이 발동됐다.

3월 30일 김문옥은 하얀 천에 미리 그린 커다란 태극기를 숨겨 덕산정

1910년 3월 3일 동화사가 개원한
'아미산 포교당 보현사'로 향하는 골목길.

시장에 들어갔다. 시간이 흐르자 사람들이 점점 불어났다. 묘한 긴장감이 흘렀다. 오후 2시가 되었다. 어느새 3000여 명에 이르는 사람들이 모였다. 김문옥을 비롯한 동화사 지방학림 학인들이 태극기를 높이 매단 장대를 시장 복판에 세웠다. 그리고 소리쳤다.

"조선독립만세, 조선독립만세, 조선독립만세…." 우렁찬 만세 소리에 군중도 두 팔을 하늘 높이 올리며 함께 외쳤다. 덕산정시장은 조선의 독립을 외치는 조선인들의 함성으로 덮였다. 동화사 학생들은 장대에 매단 태극기를 앞세우고 시장을 행진했다. 그 뒤를 군중이 따랐다.

일제는 가만 있지 않았다. 커다란 태극기를 단 장대가 시장 복판에 세워지고, 학생과 군중의 조선독립만세 소리가 울려 퍼지자 곧바로 진압에 나섰다. 총검으로 군중을 해산시킨 일경은 주동자인 동화사 지방학림 학생들을 체포했다. 체포명단은 다음과 같다.

윤학조(25세, 불교중앙학림), 김문옥(20세), 권청학(21세), 이성근
李成根(19세), 김종만金鍾萬(21세), 김윤섭金潤燮(20세), 이기윤李起胤

(21세), 박창호朴昌鎬(19세), 허선일許善一(23세), 이보식李普湜(20세), 이상 동화사 지방학림.

10명의 학인 스님들은 대부분 징역 10월의 실형을 선고받고 대구형무소에서 복역했다.

윤학조는 1919년 6월 10일 대구복심법원에서 "파고다 공원에서 한국독립만세를 외치며 시위운동을 하였고 동화사 부속 지방학림 생도들에게 독립만세시위운동을 할 것을 권유하고 선동하였다"는 이유로 실형을 받았다. 옥고를 치른 이 가운데 김문옥은 1990년, 이기윤은 1992년에 건국훈장 애족장을 각각 추서 받았다. 동화사 지방학림은 1개월간 강제 휴교 조치를 당했다. 이날 동화사 지방학림 학생들이 주도한 사건은 '3·30 대구만세운동'이라 불리고 있다.

덕산정시장 위치에 대해서는 여러 의견이 있지만, 독립기념관은 '대구 중구 계산동 2가 250'으로 추정하고 있다. 그 까닭에 대해선 "〈이만집 등 판결문〉〈이영호 판결문〉〈고등경찰요사〉 등에 관련 사실이 기록되어 있다"면서 "향토역사관 이호 학예사의 증언과 1927년 〈대구지적도〉를 통해 남문외 시장현 염매시장의 위치를 확인했다"고 밝혔다.

이날 만세운동은 지역뿐 아니라 조선총독부에서 발행하는 기관지인 〈매일신보每日申報〉에도 보도될 정도로 사회적 반향이 컸다. 다음은 1919년 4월 3일자 〈매일신보〉 기사이다. "항자 소요 이래로 헌병 분대 및 경찰서에서난 엄중이 경계중이던 바 30일 덕산정시장에서 달성군 후산면 동화사의 출장소되난 대구 덕산정포교소의 승려 10명은 오후 한 시경에 작은 구한국 국기를 들으며 만세를 불렀음으로 검속하얏다더라."

소요는 1919년 3·1운동을 지칭하는 것이다. 이 기사에 따르면 3·1운동 이후 헌병과 경찰이 엄중한 경계를 하고 있음을 알 수 있다. 그러나 이 경비망을 뚫고 스님들이 덕산정시장에서 만세운동을 일으켰던 것이다. 그런데 '대형 태극기를 깃대에 달았다'는 사실과 달리 〈매일신보〉는 '작은 구한국 국기를 들으며'로 축소했다. 또한 군중 수천 명의 동참은 거론하지 않고 승려 10명이 참여한 것으로 왜곡하고 있다.

1919년 3월 4일 즈음에 서울에서 독립선언서가 대구에 도착했으며, 대구지역의 학생과 종교인들이 중심이 되어 만세운동을 계획했다. 3월 8일과 10일 대대적인 만세운동이 대구시 전역을 휩쓸었다. 대구지역 만세운동은 크게 3차례 일어났다. 제1차는 1919년 3월 8일 서문시장에서, 제2차는 3월 10일 덕산정시장에서 일어났고, 제3차는 3월 30일 동화사 지방학림 학승들이 덕산정시장에서 일으켰다. 일제의 탄압에 잠시 주춤한 듯 보였지만 항쟁은 이어졌던 것이다.

범어사 3·18, 3·19 만세운동

—

금정총림 범어사. 신라 문무왕(678) 시절 의상대사가 창건한 도량으로 해동화엄십찰海東華嚴十刹 가운데 하나이다. 부산광역시 금정산 범어사 순환도로인 범어사로를 내려오다 보면 '삼일운동유공비'가 눈에 들어온다. 1919년 3·1운동 이후 전국적으로 독립만세 시위가 들불처럼 번져갈 당시 범어사 지방학림 학인들을 중심으로 전개한 의거를 기념하기 위해 설립한 비이다.

"삼엄한 총검도 정의正義의 전진을 막지 못하였고 체포되어 가혹한 고문과 옥고에도 끝내 굴하지 않았으니 그 정기正氣 길이 이 땅에 빛나리라." '삼일운동유공비' 내용 가운데 일부이다.

1919년 2월 하순. 만해萬海 스님이 범어사에 왔다. 당시 주지 성월惺月, 담해湛海, 이산梨山 스님과 회동해 거족적으로 봉기할 예정인 만세운동에 대한 의견을 교환했다. 영남지역 중심사찰로 지방학림을 운영해 젊은 승려와 학생들이 다수 재학하고 있어 범어사는 만세운동을 펼치기에 적격인 도량이었다.

만해 스님을 만난 범어사 스님들은 지방학림에 다니는 김법린金法麟, 김영규金永奎, 차상명車相明, 김상기金相琦, 김한기金漢琦 등 7명을 불러모았다. 그 자리에서 만해 스님에게 들은 이야기를 전하고 만세운동에 동참하기로 의견을 모았다. 이 무렵 만해 스님은 불혹을 넘긴 41세였다. 1919년

매년 금정총림 범어사는 '3·1운동 유공비' 앞에서 기념행사를 갖는다. 사진은 2025년 3월 1일 범어사 주지 정오 스님과 이윤희 범어사 신도회장 등 사부대중이 참석한 기념식. 출처=트붓다

2월 10일 최린을 만나 3·1운동 계획을 들었으니, 범어사를 방문한 것은 그날 이후인 것으로 보인다.

김법린 등 7명의 범어사 청년 승려들은 곧바로 서울로 상경했다. 3·1운동 전날 만해 스님에게 독립선언서를 나눠 받은 불교중앙학림 학생들이 인사동에 있는 범어사 포교당에서 모임을 갖고 역할 분담을 한 것도 우연은 아니었다. 3·1운동이 성공적으로 진행된 후 김법린과 김상호는 만해 스님 지시에 따라 범어사로 내려왔다. 삼엄한 경계를 피하기 위해 농민과 노동자로 변복했다. 이날이 3월 4일이었다. 또 다른 자료에는 3월 3일 오후 양산 물금역에 도착해 범어사로 이동했다고 한다.

서울에서의 3·1운동 소식을 전해들은 범어사 스님과 지방학림 학생들은 지역에서도 대대적으로 시위를 펼치기로 뜻을 모았다. 일경日警의 감시를 피하기 위해 비밀리에 세를 규합해 나갔다. 우선 동래읍 장날인 3월 19일에 거사를 하기로 했다. 스님과 청년들이 앞장서고 주민들이 동참하기 위해선 장날이 적당했기 때문이다.

거사를 며칠 앞둔 3월 17일. 지방학림과 범어사에서 운영하는 명정학교明正學校 졸업생들의 송별회가 열렸다. 회합 장소인 범어사에는 40여 명이 모였다. 나라 잃은 설움을 누구보다 깊이 인식하고 있었던 젊은 스님과 학생들이 만세운동에 적극 동참하기로 의견을 모았다. 김영규, 차상명, 김상기, 김한기, 김봉환金奉煥 등이 발언을 하고 대중이 동의했다. 축사를 한 김영규의 선창에 따라 독립만세를 고창高唱(소리 높여 외침)했다고 전한다. 송별회를 마친 후 밤을 이용해 동래읍으로 향했다. 눈에 띄지 않게 길은 피하고 선리仙里(지금의 금정중 인근) 뒷산과 동래 향교鄕校 뒷산을 넘어 읍내에 잠입했다. 3월 18일 오전 1시경 범어사 동래포교당(지금의 부산 법륜사)에 도착했다. 장터에서 가까운 곳에 있었기에 거사를 준비하고 단행하기에 가장 적합했다.

시장기를 달래려고 시장에서 곶감 5접을 사와 먹고 있을 때였다. 일본 경찰과 헌병 20여 명이 법륜사에 들이닥쳤다. 명정학교 학생 오계운吳啓運의 밀고가 있었던 것이다. 일경은 김영규, 차상명, 김상기, 김한기 등을 검거해 동래경찰서로 연행하고 나머지 대중은 강제로 해산시켰다.

이때만 해도 일경은 범어사 지방학림과 명정학교 학생들의 만세운동을 심각하게 생각하지 않았던 것 같다. 주동자를 검거하고 해산시키면 더 이상 아무 일이 없을 것으로 예상한 듯했다. 하지만 포교당이 아닌 곳에서 또 다른 이들이 준비하고 있었다. 지방학림에 다니는 허영호許永鎬 집이 장터에 있었는데, 그곳에서 1000여 장의 독립선언서와 함께 대형 태극기 한 점, 소형 태극기 1000여 점을 준비한 상태였다.

강제해산당한 그날 저녁 동래읍 서문 인근에서 '한국독립만세' 소리가 울려 퍼졌다. 이근우李根雨, 김해관金海管, 김재호金在浩, 박재삼朴在森, 신종기申鍾驥, 윤상은尹相殷, 박영환朴永煥 등 40여 명이 만세를 부르며 동래시장까지 이르렀다. 범어사 3·1운동유공비에는 당시 상황을 이렇게 기록해 놓았다.

"우리 고장 범어사에서도 젊은 학도들이 제세의 사명을 자각하고 구국의 비원悲願을 불전에 맹세하며 나라와 자유 없는 곳에 진정한 불법도 있을 수 없다는 대승정신으로 3월 18일 동래시장 등에서 독립선언문을 산포散布(흩어져 퍼짐)하고 만세소리를 높게 외치니 군중도 동조하였다." 이날 밤에 전개된 기습시위는 일경이 미처 대처하지 못했다. 첫날 시위를 성공적으로 마친 후 자신감을 얻은 범어사 지방학림과 명정학교 학생들은 애초에 잡았던 19일 더 큰 규모의 만세운동을 펼치기로 결의했다.

3월 19일 운명의 날이 밝았다. 미리 태극기와 독립선언서를 준비한 허영호는 윤상은尹相殷, 이영우李永雨, 황학동黃鶴東 등을 통해 "일사는 자유를 얻는 것만 같지 못하다[一死莫如得自由]"는 내용을 담은 격문 수백 장을 동래시장 입구에서 배포했다.

19일 오후 5시. 동래시장 남문에 집결한 범어사 지방학림과 명정학교 학생 수십 명은 '대한독립만세'를 소리 높여 외치고 태극기를 흔들었다. 한 시간 뒤 또 다른 학생 수십 명이 시장에 모여 같은 시위를 전개했다. 이때 참여한 학생 가운데 명단이 알려진 것은 이근우李根雨, 양수근梁壽根, 김영식金永植, 오시권吳時勸, 황만우黃滿宇(이상 오후 5시 시위), 김해관金海管, 김재호金在浩, 최응권崔應勸(이상 오후 6시 시위) 등이다.

동래시장에서 궐기하기 위해 범어사 지방학림과 명정학교 학생들이 야음을 틈타 모인 동래포교당. 지금의 법륜사 모습이다.

깜짝 놀란 일경은 무자비한 방법으로 참가자들을 검거하기 시작했다. 3월 19일 동래시장 만세운동으로 연행된 인물은 100여 명에 이르며 이 중 34명이 재판에 넘겨졌다. 김영식과 박재삼은 집행유예 6년, 다른 참가자들은 징역 6개월에서 2년을 언도받고 부산과 대구형무소에서 옥고를 치렀다. 핵심 주동자인 김법린은 만세운동 후 검거망을 피해 중국 상하이上海로 탈출해 해외에서 독립운동을 전개했다.

이 일을 빌미로 일제는 범어사 지방학림과 명정학교를 강제해산시켰다. 지방학림은 범어사 승가대학(강원)으로, 명정학교는 부산 금정중학교와 청룡초등학교로 명맥이 이어지고 있다.

지방학림과 명정학교 학생들이 어둠을 이용해 동래읍으로 향했던 선리

뒷산 인근에 자리한 금정중학교에는 1970년에 세운 또 하나의 '3·1운동 유공비'가 그날의 역사를 전하고 있다. 비문 일부는 다음과 같다.

"금정산 기슭 호국의 전통이 스며 있는 수월도량에서도 제세의 사명을 통절히 자각하고 구국의 비원을 불전에 맹세하며 분연히 일어서니 이는 곧 나라와 자유 없는 곳에 진정한 불법 있을 수 없다는 대승정신의 발로라 할 것이요 …모진 고문과 가혹한 옥고에 시달리면서도 끝내 굴하지 않음은 나라와 자유를 찾으려는 우리의 결심을 저들이 꺾지 못함이라. 아아 그 뜻 장할시고 세월이 흘러 님들은 가고 또 가고 거룩한 위국정신과 훌륭한 그 업적은 해방된 조국에서 자유를 누리는 후생들의 가슴에 불멸의 빛이 되고 엄숙한 교훈이 될 것인 바…"

● 범어사 만세 운동으로 재판 받은 인물 ●

차상명車相明 김한기金漢琦 김상기金相琦 정성언鄭聖彦 김해관金海管 양수근梁壽根 이근우李根雨 박재삼朴在森 허영호許永鎬 최응권崔應勸 김태준金泰俊 박창두朴昌斗 이달실李㺚實 박정국朴禎國 윤상은尹相殷 김상헌金祥憲 손태연孫泰淵 김충념金忠念 황학동黃鶴東 신종기申鍾驥 오병준吳柄俊 오점술吳點述 김영규金永奎 이영우李永雨 박영주朴永珠 지용준池龍焌 양춘도楊春到 손군호孫君浩 황만우黃滿宇 김영식金永植 오긍상吳亘祥 김재호金在浩 오시권吳時勸 박영환朴永煥.

봉선사 3·29 거사

일제강점기의 봉선사. 한국전쟁 당시 절 대부분이 불타는 아픔을 겪었다.

"지금 파리강화회의에서는 12개국이 독립국이 될 것을 결정하였다. 조선도 이 기회에 독립의 목적을 달성할 수 있다." 서울에서 3·1운동이 일어난 지 한 달이 다가오던 1919년 3월 29일 양주(지금은 남양주) 봉선사 인근 마을에는 이 같은 내용을 담은 격문檄文이 배포됐다. 3·1운동이 전국으로 확산되는 것을 경계한 일경日警의 엄중한 감시를 뚫고 집집마다 뿌려진 이 전단의 작성 주체는 '조선독립단임시사무소朝鮮獨立團臨時事務所'였다.

김성숙(김성암) 스님의 옥중 수형카드에 실린 사진. 1919년 투옥 당시 모습.

강완수(강완주) 스님의 옥중 수형카드에 게재된 사진. 1919년 투옥 당시 모습.

조선독립단임시사무소는 봉선사 스님들이 독립만세운동 확산을 위해 작명作名한 것이다. 주도적으로 참여한 스님은 이순재李淳在, 지월 스님, 김성숙金星淑, 운암 스님, 강완수姜完洙, 현일성玄一成, 김석로金錫魯 등이었다. 이 가운데 김성숙은 훗날 상해임시정부에서 활약한 운암 스님으로 또 다른 이름이 김성암金星岩이다.

봉선사 서기실書記室에서 비밀리에 회합하여 의견을 나누고 독립운동의 당위성을 담은 전단을 만든 스님들은 사찰 인근 주민들에게 이 같은 뜻을 알렸다. 당시 전단에 파리강화회의 내용이 담긴 것으로 보아, 스님들이 국제 정세에도 밝았음을 증명한다.

1919년 1월 18일 시작해 1920년 1월 21일까지 프랑스 수도에서 수차례 열린 파리강화회의는 민족자결주의를 천명하며 국제 사회에 영향을 끼쳤다. 양주에서는 3·1운동 직후인 1919년 3월 13일과 14일 미금면 평내리에서 만세시위가 일어나는 등 지역에서 독립운동 분위기가 고조되고 있었다.

봉선사 스님들이 마을에 배포한 전단이 일경에 알려지면서 지월 스님과 운암 스님 등 여러 명이 투옥됐다. 운암 스님은 1919년 9월 11일 경성복심법원에서 징역 6월형을 선고 받고 서대문형무소에서 옥고를 치렀다. 지월 스님은 같은 해 5월 19일 경성지방법원에서 1년 6월형을 선고 받은 후 경성복심법원 등 상급법원에 상고했으나 기각되었다. 강완수 스님도 징역 8월형을 선고 받는 등 독립운동에 참여한 봉선사 스님들은 고초를 겪어야 했다.

남양주 봉선사 일주문을 지나 경내에 들어서면서 오른편에 자리한 부도전에는 지월 스님의 비가 서 있다. 한문으로 '지월당순재화상건국유공행적비池月堂淳載和尙建國有功蹟碑' 라 쓰여 있다. 1997년 건립한 유공비에는 3·1운동 당시 지월 스님을 비롯한 봉선사 스님들의 독립운동 자취가 상세하게 기록돼 있다. 지월 스님이 독립운동에 참여한 까닭은 유공비에 다음과 같이 담겨 있다.

"화상의 성정이 온화하시고 공정하심이 알려져서 주로 사유寺有 토지의 질서 관리 등 어려운 일을 도맡아 보시게 되었으나 항상 말씀이 없으시고 사색이 깊으셨다. 더구나 1919년 서울에서 일어난 3·1운동은 화상의 마음을 아프게 하였다. 때마침 서울에 유학중이던 태허당太虛堂 성암星岩 화상의 귀향으로 전후 사정을 알게 된 화상은 분연히 일어나 만세운동을 일으키시니 이것이 지역 항일운동의 기폭제이기도 하였다."

　지월 스님을 비롯한 봉선사 스님들의 이러한 움직임은 양주 등 경기 북부지역의 독립운동에 직간접적인 영향을 주었다. 1919년 3월 29일 지월 스님이 머무는 거처에 마을 주민들이 모였다. 전단을 배포하기 전후였던 것으로 보인다. 이때 "광릉천 강가에 모여 독립만세를 부르자"는 내용의 통문通文이 전해졌다고 한다.

　유공자 비문에는 당시 상황을 이렇게 전하고 있다. "그때의 일을 더벅머리로 따라 다니면서 목격했던 이 지역의 원로 강학돌, 주서환, 박순이 등 제씨諸氏의 말에 의하면 그때 광릉천에는 연일 수백 명이 모여 만세를 불렀고 그때마다 헌병이 나와 총을 쏘며 줄줄이 잡아갔다고 한다."

　부평리 주민 등 양주군민과 스님 등 600여 명은 1919년 3월 31일 광릉천에 집결해 만세운동을 전개했다. 독립기념관의 '국내 독립운동, 국가수호사적지'에 따르면 광릉천 만세운동이 벌어진 장소는 경기도 남양주시 진접읍 장현리 11번지(당시 주소는 양주군 진접면 부평리)이다. 지금은 진접중학교와 강변아파트 사이에 있는 하천 부지이다.

　독립기념관의 '광릉천 3·1운동 만세시위지'라는 자료에는 이에 대한 상황을 다음과

1919년 3월 31일 양주 군민과
스님 등 600여 명이 만세운동을 전개한
광릉천의 현재 모습.

같이 설명하고 있다. "1919년 3월 29일 부평리에 사는 이재일李載日은 '거주하는 동리의 주민 일동이 광릉천光陵川 강가에 모여서 독립만세를 부를 것'을 촉구하는 내용의 격문을 전달받았다. 이재일은 즉시 동리 사람들과 격문을 돌려 읽고 대책을 논의한 끝에 3월 31일 광릉천 강가에서 독립만세시위를 부르기로 결정하였다.

마침내 3월 31일 이재일, 김순만金順萬 등을 비롯한 주민 600여 명은 광릉천에 집결하여 대한독립만세를 외치며 시위를 벌였다. 일제는 헌병들을

봉선사 경내에 있는 지월당순재화상건국유공행적비.

지금의 봉선사 경내. 설법전에서 대웅전을 향해 촬영한 것이다.

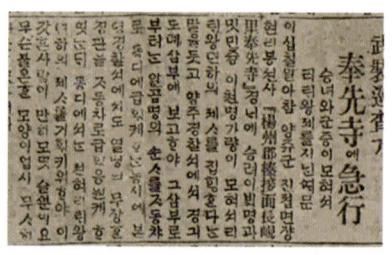
봉선사에서 열린 고종황제 제사 기사를 게재한 《매일신보》.

출동시켜 시위대를 강제로 해산시키며 시위를 주도한 이재일 등 8명을 체포해 기소하였다. 이 일로 이재일은 징역 1년을 선고받았다."

이날 광릉천 만세시위에 참여한 대중은 강제 해산됐지만 양주 지역의 독립운동은 쉽게 수그러들지 않았다. 1919년 4월 2일에는 김성숙, 이순철, 현일성, 강완수 등 4명의 스님이 주동해 양주군 광주시장에서 격렬한 만세시위를 전개했다는 이야기도 전해온다.

지월 스님은 1891년 6월 3일 서울 진고개(지금의 충무로 2가)에서 태어났다. 어릴 때 봉선사 사하촌으로 이사했으며, 1905년 봉선사에 입산해 1910년 해운당海雲堂 양극亮極 스님에게 득도했다. 봉선사 도사都寺와 협의원協議員, 봉영사 주지 등의 소임을 역임했다. 도사는 '도감사都監寺'의 줄인 말로 '도감'이다. 사찰에서 돈이나 곡식 등을 맡아보는 직책이다. 옥고를 치르는 과정에서 겪은 고문 후유증으로 건강이 좋지 않았다.

고문 때문에 오른쪽 볼에 구멍이 생겨 공양을 제대로 들지 못하는 고통을 겪었다. 또한 시위에 동참했던 주민이나 가족들의 "당신 때문에 날

벼락을 맞았다"는 원망을 묵묵히 감수해야만 했다. 스님은 1944년 7월 25일 봉선사에서 세수 54세, 법랍 33년으로 입적했다. 1986년 독립유공자로 대통령 표창을 받았고, 1990년 건국훈장 애족장을 추서 받았다.

봉선사 대중으로 독립운동에 적극 참여한 지월 스님은 일제 당국에게는 요주의 인물이었다. 현실에 좀처럼 타협하지 않고, 당신의 뜻을 굽히지 않았다. 강경파였던 것이다. 1919년 서대문형무소에 수감됐으나 옥중에서도 만세를 부르는 등 투쟁의 끈을 놓지 않았다.

『일제하 불교계의 항일운동』(임혜봉 저, 2001)이란 제목의 책에는 지월 스님의 활약상이 전해지고 있다. "지월 스님은 독립만세에 참여한 수백 명의 군중이 모인 자리에서 미리 준비한 태극기를 꺼내들고 앞장서서 '대한독립만세'를 부르며 시위행진을 했다. 투쟁 과정에서 일본헌병분소에 들고 있던 태극기를 꽂고 나오는 대담성을 보인 지월 스님은 독립운동의 주동자로 일경에 체포됐다."

오랜 세월이 흘렀지만 지월, 운암 스님 등 봉선사 스님들이 주도한 독립운동의 정신은 면면히 이어지고 있다. 주민들과 독립만세운동을 전개한 숭고한 뜻은 앞으로도 영원히 기억될 것이다.

신륵사 4·3 만세운동

독립만세운동의 열기가 전국으로 퍼져나가던 1919년 4월 3일. 여주군(지금의 여주시 신륵사 인근) 남한강 백사장에 200여 명의 주민과 스님이 모였다. 남한강을 건너 여주읍내로 들어가 만세운동을 이어가고자 했지만 다리도 배도 없었다. 이때 한 스님이 앞에 나서 무명천으로 만든 태극기를 높이 흔들며 선창했다. "조선독립만세, 조선독립만세, 조선독립만세." 백사장에 모인 200여 명의 군중도 목 놓아 독립만세를 외쳤다.

시위 대열을 이끈 이는 여주 신륵사에 주석하고 있는 영봉 스님이었다. 속명은 김용식金用植으로 또 다른 이름은 인찬仁瓚이었다. 당시 신륵사 주지였다. 법명은 영봉으로 전해지는데 어떤 한자를 사용했는지는 불분명하다. 스님은 여주군 북내면 천송리에 거주하는 권중만權重晩, 권중순權重純, 조규선曺圭善 그리고 당우리에 살고 있는 조석영曺錫永, 조근수趙根洙 등과 의기투합하여 만세운동을 펼치기로 뜻을 모으고 4월 3일 거사를 실행에 옮겼다.

천송리는 신륵사 인근 마을이고, 당우리도 신륵사에서 멀지 않았다. 여주군 북내면 천송리가 고향인 김용식 스님은 평소 인연이 깊은 마을 주민과 신륵사 신도들과 함께 독립만세운동을 펼친 것이다. 시위에 주도적으로 참여한 조석영은 북내면 면장으로 지역 유지였다. 스님이 지역 주민과 유대가 깊었고 신망을 받고 있었음을 상징적으로 보여준다.

1919년 4월 3일 신륵사 스님과 주민이 여주읍으로 건너지 못한 채 조선독립만세를 외쳤던 남한강 백사장. 영월공원에서 바라본 모습. 왼쪽 야트막한 산에 신륵사가 있다.

이날 여주군 북내면 소재지인 당우리를 출발한 시위 대열은 신륵사 인근인 천송리를 거쳐 여주읍내로 향했다. 처음에는 수십 명에 불과했지만 남한강 백사장에 도착했을 때는 수백 명이 함께했다. 법원 판결문에는 200명이 동참한 것으로 기록돼 있다. 하지만 시위 규모를 축소하고자 했을 일제 입장을 고려하면 참여 인원은 200명을 훌쩍 상회했을 가능성이 크다.

남한강변 백사장에서 만세운동을 펼친 주민과 스님들은 더 이상 읍내로 향할 수 없었다. 아쉽지만 '조선독립만세'를 수차례 부른 후 마을과 사찰로 돌아갔다. 일경日警은 주동자 검거에 들어갔다. 김용식 스님을 비롯해 권중만, 조규선, 조석영, 조근수 등이 체포되어 옥고를 치렀다. 특히 주모자로 분류된 스님은 1919년 7월 26일 고등법원에서 보안법 위반 혐의로 2년형을 선고 받았다.

1919년 서울에서 3·1운동이 일어났지만 여주군은 비교적 조용한 분위기를 유지했다. 3월 26일과 27일 주내면 상동리에 거주하는 조병하와 심승훈이 보통학교 학생들과 함께 독립만세를 준비했지만 실패로 돌아가고 말았다. 이때 여주지역에 독립운동의 기폭제가 된 것이 신륵사 스님이 주동이 된 4·3 만세운동이었다.

같은 날 대신면 윤촌리에서는 황재옥이 주민 50여 명과 함께한 만세시위가 있었고, 여주읍내에서는 4월 2일 1000여 명이 독립만세를 외치며 거리행진을 했다. 역시 4월 2일 북내면 장암리에서는 경성농업학교 학생 원필희가 앞장서 주민과 만세시위를 전개했다. 또한 4월 1일에는 이포梨浦에서 군중 2000여 명이 모여 일본헌병대와 충돌하는 등 여주지역의 독립만세운동은 거세게 일어났다.

4·3 만세운동을 이끈 영봉 스님.
속명은 김용식이다.

신륵사 스님과 마을주민이 함께한 4·3 만세운동의 맨 앞에는 김용식 스님이 서 있었다. 당시 35세였던 스님의 고향은 여주였다. 재판기록 등에 따르면 본적과 주소는 경기도 여주군 북내면 천송리 286이다. 또한 거주지는 신륵사, 직업 신분은 승려로 기재되어 있다.

4·3 만세운동을 주도한 혐의로 체포된 스님의 판결문에는 당시 상

황이 비교적 상세하게 기록되어 있다. 일제는 판결문에서 "피고는 손병희 孫秉熙 등이 조선독립을 선언하자 크게 그 취지에 찬동, 스스로 정치 변혁의 목적으로 독립시위운동을 하려고 꾀하여"라고 시위 동기를 설명하고 있다. 피고는 김용식 스님이다.

또한 재판부는 "피고가 권중순, 조규선, 조석영, 조근수 등에게 대하여 '조선독립만세를 외쳐 시위운동에 참가하라'고 권유했다"면서 "이민里民 수십 명을 위의 천송리에 규합하여 같이 독립만세를 외치면서 이 동리를 출발했다"고 기록하고 있다. 또한 남한강 백사장 상황도 생생하게 담았다. "합계 200여 명의 군중을 지휘하여 동 읍내의 한강漢江 대안에 이르러 태극기를 떠받들고서 군중을 정렬시켜 피고가 스스로 선창하여 두 조선독립만세를 외치고 군중이 따라 부르게 함으로써 안녕 질서를 방해한 자이다."

일제는 2년형을 선고했다. 스님에게 적용된 법률만 해도 보안법 제7조, 조선형사령 제42조, 형법 제6조·제8조·제10조 등 다수에 이르렀다. 평화적으로 독립을 주장했음에도 과중한 형벌을 내렸다고 할 수 있다. 4·3 만세운동에서 스님이 높이 치켜들었던 '무명천으로 만든 태극기'는 압수당했다. 이같은 사실도 재판 기록에 게재되어 있다.

이후 1919년 4·3 만세운동 이후 스님의 행적에 대해서는 잘 알려져 있지 않다. 다만 1995년 〈불교신문〉에 실린 기사에 따르면 형무소에서 불에 달군 인두로 고문 받아 후유증을 앓았다고 한다.

옥고를 치르고 석방된 후 독립운동에 참여하기 위해 만주로 갔지만, 밀고로 도망을 다니다 신륵사로 되돌아 왔다. 스님에게 공부한 박치민 옹은

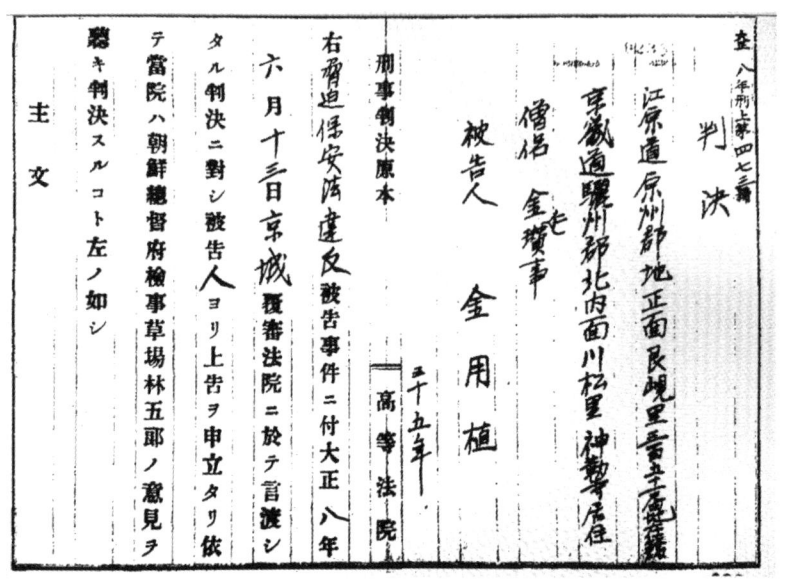

1919년 4·3 만세운동으로 재판받은 영봉 스님 판결문. 오른쪽 네 번째 줄부터 '경기도 여주군 북내면 천송리 신륵사 거주, 승려 김인찬 사(事), 피고인 김용식'이라 적혀 있다.

1995년 〈불교신문〉과의 인터뷰에서 "평소 불의를 보면 참지 못했다"면서 "동리 사람들이 '대나무 스님'이라고 별명을 붙였을 정도로 성품이 강직했다"고 회고하기도 했다. 또한 불화, 서예, 한의학, 웅변에 능통해 명성이 자자했다는 것이다.

박 옹은 스님의 가르침을 이렇게 기억했다. "항상 불법佛法에 어긋나는 삶은 살지 말라고 권했습니다. 나무와 꽃을 좋아해 마을과 사찰 주변 녹화사업에 많은 노력을 했습니다." 해방 후 김구 선생이 신륵사에 왔을 때 스님은 이틀 밤을 같이 지내며 많은 이야기를 나누었다고 한다.

독립지사였기에 일제의 감시와 탄압이 이어졌다. 신륵사 주지도 강제로 내놓았다. 김용식 스님은 1981년 1월 28일 세상을 떠났으며, 1983년 대통령 표창을, 1990년 건국훈장 애족장을 추서 받았다. 1994년 9월 7일 국립현충원 대전 애국지사 묘역에 안장됐다.

억불숭유의 어둠에도 굴하지 않고 등불을 이어온 스님들. 망국의 아픔에 좌절하지 않고 민초들과 함께 태극기를 높이 들어 독립만세를 외친 구국의 충정은 지금은 물론 후대에도 영원히 기억될 것이다.

통도사 신평장터 3·13 시위

1919년 3월 13일, 양산 통도사 앞 신평마을 장터에 사람들이 모여들기 시작했다. 장날이었다. 생필품을 사고 팔려는 주민과 상인들 사이로 통도사 스님들이 보였다. 이날 통도사 지방학림地方學林에 다니는 김상문金詳文 스님이 선두에 서고 그 뒤로 학생들이 따랐다. 독립선언서를 낭독하고 군중과 함께 소리 높이 외쳤다. "대한독립만세, 대한독립만세, 대한독립만세."

같은 해 3월 1일. 서울 탑골공원에서 대대적으로 일어난 만세운동은 들불처럼 경향 각지로 번져나갔다. 경상도 역시 마찬가지였다. 3월 11일 부산 초량에 있는 일신여학교 학생들이 만세운동을 했다. 그 뒤를 이어 같은 달 13일 통도사 지방학림 학생들이 신평마을 장터에서 만세를 주도했다. 양산시 하북면 순지리 신평마을 장터는 영축총림 산문山門과 이어진 길(지금은 통도문화예술거리)에 자리하고 있다.

3월 13일 신평장터 만세운동은 만해 한용운 스님의 밀명을 받고 통도사에 온 오택언吳澤彦 스님이 주도적 역할을 했다. 통도사 출신 스님으로 불교중앙학림(지금의 동국대)에 재학하고 있었다. 백성욱白性郁, 김법린金法麟 등과 3·1운동에 참여했다. 지방으로 내려가 만세운동을 조직하라는 만해 스님의 특명特命을 받고 통도사에 왔다.

조선총독부가 작성한 '일제감시대상인물카드'에 따르면 오택언 스님은 1897년 6월 17일 '경남 양산군 읍내邑內'에서 출생했다. 본적은 경남 양산군 하북면 통도사, 주소는 경기도 경성부 숭일동崇一洞 2 중앙학림 기숙사로 기록되어 있다. 신분은 평민平民, 직업은 학생, 지문指紋 번호는 67846-76749이다.

이 카드에 실린 사진은 정면에서 촬영한 1장, 측면에서 촬영한 1장 등 모두 2장이다. 정면 사진은 왼쪽 가슴에, 측면 사진은 오른쪽 어깨에 한문으로 쓴 이름을 붙였다. 입을 꽉 다물어 야무진 모습이다.

통도사 스님들과 3·13 만세운동을 도모한 오택언 스님. '일제감시대상인물카드 수형자 기록'에 실린 사진이다.

뺏긴 나라를 되찾으려는 20대 초반의 혈기 왕성한 청년이다. 카드에 기록된 신장은 '5척尺 4촌寸 7푼分'으로 166.05cm에 해당한다.

통도사에 내려온 오택언 스님은 젊은 스님들을 비밀리에 만나 독립만세운동을 결행하기로 의기투합했다. 양산향토사연구회가 2009년 발간한 『양산항일독립운동사증보판』에는 "오택언이 한용운 선생의 밀지를 받고 독립선언서 등을 휴대한 채 3월 5일 통도사에 도착했다"고 기록돼 있다. 거사일은 3월 13일로 정했다.

오택언 스님은 3월 7일 체포된다. 만세운동이 무산될 위기에 처했지만, 통도사 젊은 스님들은 뜻을 접지 않았다. 당시 통도사 지방학림 대표 김상문 스님을 비롯해 양대응, 박세문, 이기주, 김진오 스님 등 40~50명의 학생과 강원 스님 10여 명, 그리고 통도사에 주석하는 스님 10여 명이 만세운동을 결행했다.

3월 13일 신평장터에서 통도사 스님들은 주민들에게 독립선언서를 배포하고 동시에 낭독했다. 장터를 찾은 주민들과 함께 한 이날 만세운동은 3·1운동 발생 10여 일 만에 지방에서 일어났다는 점에서 의미가 있다.

오택언 스님은 3월 13일 서울로 이송돼 재판을 받고 옥고를 치렀다. 주동자 김상문 스님은 검거를 피해 중국으로 건너갔다. 이후 상해임시정부에 합류해 독립운동을 이어갔다. 김진오金鎭五 스님은 2년형을 선고받았다. 오택언 스님은 서울로 이송되어 재판을 받고 수감됐다.

오택언 스님의 독립유공자 공적조서 내용은 다음과 같다.

> "1919. 2. 29 서울에서 민족대표 한용운으로부터 독립선언서 3000여 매를 받아 독립만세시위시 이를 시민에게 배포하는 등 활동을 하고 동일 밤에는 독립선언서 200여 매를 청진동 일대에 배포하다가 피체되어 징역 8월을 받고 미결未決 기간을 합산하여 1년 여의 옥고를 치른 사실이 확인됨."

이 공적조서에서는 통도사 신평마을 만세운동 내용이 빠져있다. 1919년 11월 6일 경성지방법원에서 징역 8월형을 언도받고, 1920년 2월 27일 경성복심법원에서 기각돼 1년여 옥고를 치렀다. 1970년 2월 20일 세상을 떠났다. 1990년 건국훈장 애족장을 추서받았다.

오택언 스님의 3·1운동 이후 정확한 행적은 일제강점기에 발행된 〈동아일보〉를 통해 단편적으로 확인할 수 있다. 1923년 10월 14일자 〈동아일보〉

독립만세운동이 일어난 '신평마을 장터'의 현재 모습. 지금은 '신평시장'이다.

에 실린 '불교청년회 창립'이란 제목의 기사가 그 가운데 하나이다.

〈동아일보〉는 "양산 통도사 마산포교당에서 수일 전부터 포교사 황현암黃玄菴, 장재륜張在輪, 오택언吳澤彦 제씨諸氏의 발기로 불교청년회를 조직키로 위하야…"라면서 "거去(지난) 3일 오후 3시에… 창립총회를 개開하고… 익일翌日(다음날) 오후 8시 동소同所(같은 장소)에서 회의를 속개하야 임원을 선거하야"라고 보도했다.

1923년 8월 23일자 〈동아일보〉에는 서북지역 수해 구제를 위해 마산에서 조직된 후원위원회에 오택언 스님이 참여한 사실이 기록돼 있다. 같은 해 9월 6일자에는 수재의연금으로 2원圓을 기부한 내용도 신문에 실렸다. 1938년 1월 11일자에는 산불로 피해를 입은 이재민 돕기 성금으로 1원圓을 기탁한 내용이, 1939년 5월 25일자에는 '양산군 하북면' 면의원으로 선출된 기사가 게재되는 등 일제강점기 말기까지 통도사와 마산 등에서 활동한 것으로 보인다.

　3월 13일 신평장터 만세운동 이후 양산에서는 3월 27일, 4월 1일, 5월 4일 주민들의 만세 물결이 거세게 일었다. 5월 4일 만세운동은 일본 헌병 무기까지 빼앗고 언양까지 진출했다. 통도사 산문 입구에서 걸어서 10분 정도 이동하면 전통재래시장인 신평장新坪場이 있다. 하북면사무소 뒤편이다. 조선시대 양산과 밀양 주민들이 한피기 고개를 오가며 이용할 정도로 상권이 발달했다. 1942년 문을 연 신평시장이 신평장터이다. 2004년 정비를 거쳐 50여 개의 점포가 입주해 있다. 3일과 8일에 5일장이 선다. 한편 양산시청과 지역 사회단체들은 매년 3·1절 기념식 행사를 열고 있다. 일제강점기 신평장과 양산장을 중심으로 일어난 항일운동의 뜻을 기리기 위해서다. 2006년부터 매년 '양산 3·1 만세운동 재현행사'를 하고 있다.

● 오택언 스님 '판결문'

　피고 오택언은 대정 8년 2월 28일 학생 정병헌鄭秉憲 외 여러 명과 함께 주모자 한용운韓龍雲으로부터 위의 손병희 등 명의의 '독립선언서' 약 3천 장을 받아 이를 경성부 내에 배포하여 일반 시민을 선동할 것과 또 3월 1일 오후 2시 파고다 공원에 모여 독립운동을 할 것을 권유 받자 그 취지에 찬성하여 다수 공동으로 불온의 행위를 함으로써 치안을 방해할 것을 계획하여 동년 3월 1일 오후 2시경 동 공원에 가서 수천 명의 군중과 함께 독립만세를 고창하였으며 동 공원에서 대한문大韓門 앞까지 독립만세를 외치면서 군중과 함께 경성부 내를 광분함으로써 치안을 방해하고 또한 계속적 의사로서 그날 밤 다른 학생 여러 명과 함께 경성부 청진동淸進洞 기타의 각 조선인 민가 등에 위의 선언서 약 100장을 함께 배부하여 다중을 선동함으로써 치안을 방해했다.

● 통도사 '충절의 오대사'

3·13 신평장터 만세운동에 오택언 스님과 함께 참여한 양대응梁大應(1897~1968)을 비롯해, 독립운동 자금을 지원한 김구하金九河(1872~1965), 항일 의식을 전파한 조병구曺秉球(1908~2003), 김말복金末福(1909~1985) 스님은 '충절忠節의 오대사五大師', '통도오절通度五節'로 불린다. 이 가운데 양대응(속명 양만우) 스님은 2010년 독립유공자로 인정 받았다.

3·13 만세운동에 참여한 양대응 스님. 해방 후 첫 통도사 주지를 지냈으며, 2010년 독립유공자로 인정 받았다.

국가보훈처는 "1919년 3·1 만세운동 당시 만해 한용운 스님의 지시에 따라 오택언(통도사 불교전문강원 동기)으로부터 독립선언문을 전달받고 같은 달 13일 하북면 신평리 장터에서 김상문, 박세문, 이기주 씨 등과 만세운동을 주도했다"고 유공자 인정 사유를 밝혔다. 대응 스님은 만세운동 참여 후 도피생활을 하다가 1922년 3월 친일승려인 용주사 강대련姜大蓮 명고축출鳴鼓逐出 운동을 주도해 5개월간 옥고를 치렀다.

통도사 신평장터 3·13 만세운동

—

1919년 3월, 서울을 비롯한 전국 각지에서는 조선의 독립을 외치는 만세운동이 들불처럼 번졌다. 일제가 총칼을 앞세워 강제 진압에 나섰지만 조선인의 독립의지를 꺾을 수는 없었다. 3월 1일 서울에서 만세운동이 일어난지 10여 일이 흐른 3월 13일 양산 통도사 앞 신평마을 장날. 통도사 스님들이 주도하고 마을 주민들이 참여한 가운데 나라를 되찾기 위한 만세운동이 일어났다.

이보다 앞서 3월 5일 만해 스님의 밀명을 받고 온 오택언吳澤彦(1897~1970) 스님이 통도사의 젊은 스님들에게 독립선언서를 전달하고 만세운동이 확산되는 서울의 상황을 생생하게 전달했다. 오택언 스님은 통도사 주지 구하 스님의 후원으로 서울 중앙학림에 유학하고 있었는데, 3·1운동 전날 밤 만해 스님을 만나 서울 시내에 독립선언서를 배포하는 임무를 받았다. 3·1운동에 참여한 후 만해 스님의 지시를 받고 3월 5일 통도사에 도착해 만세운동을 준비했지만 안타깝게도 3월 7일 일경에 체포됐다.

그러나 오택언 스님 연행 전에 독립선언서를 우편으로 전해 받은 통도사 스님들은 일경이 눈치 채지 못하도록 비밀리에 만세운동을 준비했다. 통도사 지방학림 대표인 김상문金詳文(1893~1951) 스님을 비롯해 양만우梁萬佑(1897~1968), 박세문朴世文(1894~1920), 이기주李基周(1899~1980), 김진오金鎭五,

신화수申華秀, 신구담申九潭 스님 등은 사람이 가장 많이 모이는 3월 13일 신평장날을 거사일로 정했다. 그 무렵 통도사 경내에는 일본 경찰의 주재소駐在所가 있었지만 철저한 보안으로 비밀을 유지할 수 있었다.

드디어 3월 13일 신평장날이 돌아왔다. 하북면 인근에 사는 주민과 상인이 모여들었다. 미리 통도사를 빠져나온 스님과 학생 등 50여 명은 장터 곳곳에 자리를 잡고 신호를 기다렸다. 지방학림에 재학 중인 학인 스님들 외에도 20여 명의 통도사 스님이 동참했다. 총칼로 무장한 일본 경찰을 제압하고 짧은 순간에 대중이 함께 만세를 불러야 성공할 수 있는 상황이었다.

궁리 끝에 통도사 스님들은 묘안을 냈다. 시장 한가운데에 장작더미를 쌓고 불을 질렀던 것이다. 순식간에 검은 연기와 불길이 치솟자 장터에 있던 사람들의 시선이 모아졌다. 그 순간 김상문 스님이 선두에서 "대한독립만세"를 목청껏 소리쳤다. 김상문 스님은 1938년 조선불교청년총동맹 통도사 동맹위원장을 맡기도 했다. 장터 곳곳에서 신호를 기다리고 있던 나머지 통도사 스님들도 구호를 외쳤다. 처음에는 어리둥절해하던 주민과 상인들도 스님들의 모습을 보고 두 손을 높이 올리며 구호를 외치고 대열에 동참했다.

며칠 전 몰래 전해 받은 독립선언서를 양대응 스님이 낭독한 뒤에 통도사 스님들이 장터를 행진했다. 화들짝 놀란 일경이 긴급 출동하여 저지에 나섰지만 군중의 기세에 눌려 처음에는 제대로 대응하지 못했다.

통도사 스님들이 주축이 된 3·13 신평장터 만세운동은 일본 헌병 자료에 상세하게 기록되어 있다. 1919년 8월 조선헌병사령부가 작성한 종합보고서로 내용은 다음과 같다.

"3월 29일 양산 하북면 신평시장에서 통도사 부속보통학교 및 지방학림 생도 4~50명, 동同 불교전수부 생도 약 10명, 그리고 불령不逞 승려 약 10명이 주모자가 되어 시위운동을 감행하였다. 특히 불교전수부 생도는 독립선언서의 낭독·연설 및 배포에 힘썼다. 그리고 동 인쇄물은 통도사로부터 경성 중앙학림에 입학 중인 오택언(당시 전보 수배에 의하여 총감부에 신병 송치)이 경성으로부터 몰래 가지고 돌아와 타인을 선동한 사실이 있었으나, 통도사 주직住職은 전혀 통모通謀 관련한 사실이 없다."

이 서류에서 3월 29일은 3월 13일을 잘못 표기한 것으로 만세운동에 통도사 스님 70여 명이 참여했음을 알 수 있다. 아무래도 일제가 시위 규모를 축소했음을 감안할 때 70명이 넘는 통도사 스님들이 동참했을 가능성이 크다. 또한 기록에 등장하는 '불령 승려'는 '불평이나 불만을 지닌 스님'이란 뜻으로, 일제에 항거하는 의식을 지니고 있었던 통도사 스님들이 상당수에 이르렀음을 짐작할 수 있다. 그리고 주직(주지) 스님이 만세운동 주도자들과 서로 공모한 사실이 없다는 언급은, 식민지라는 엄혹한 당시 상황을 감안할 때 젊은 스님들이 당시 주지 구하九河(1872~1965) 스님과의 관계를 부인한 것으로 보인다. 통도사 스님들의 만세운동 소식을 들은 구하 스님은 주모자 가운데 한 명인 양만우 스님을 야밤에 몰래 만나 "야, 이놈아. 너는 힘도 세고 투쟁력이 강해 무사정신을 가진 것 같다"면서 "일본 경찰에 붙잡히면 모진 고문을 당하고 징역도 살 수 있으니 멀리 피신하라"고 도피를 권했다. 이때 구하 스님은 100원을 전달한 사실이 있다. 당시 쌀 한 가마니가 5원이었으니, 무려 20가마에 해당하는 거액이다. 구하 스님은 독립운동을 은밀히 도왔던 것이다.

통도사 스님들이 3·13 신평장터 만세운동을 주도한 배경에는 축산鷲山 김구하 스님과 1910년대 중반 통도사 강사를 지낸 만해萬海 한용운韓龍雲(1879~1944) 스님의 영향이 컸다. 앞서 밝힌 대로 구하 스님은 통도사 출신 오택언 스님의 서울 중앙학림 유학을 지원했는데, 이는 만해 스님과의 인연이 영향을 끼친 것으로 보인다. 조선의 미래를 염려한 구하 스님은 명신학교明新學校와 지방학림을 설립하여 인재를 양성했다. 3·13 신평장터 만세운동에 통도사 스님들이 대거 참여한 것은 구하 스님의 '지원'과 '동의'가 없었다면 성사되기 어려웠을 것이다. 또한 구하 스님 배려로 통도사에서 강사講師를 지내고 『불교대전佛敎大典』을 집필한 만해 스님은 오택언 스님을 파견해 3·13 신평장터 만세운동을 도모했다. 오택언 스님은 통도사에서 만해 스님의 강의를 들은 제자였다.

만세운동을 주도한 양만우 스님은 광복 후 경남도지사를 지낸 이기주와 함께 구하 스님의 피신 권유를 받아들여 경주, 포항, 울산, 삼척, 양양 낙산사, 금강산 유점사를 떠돌며 추적을 따돌렸다. 이어 만주, 묘향산 보현사, 평양 영명사, 법흥사를 거쳐 서울 각황사에 도착해 양무홍梁武弘으로 이름을 바꾸었다. 독립군 무관학교에 입교하려는 뜻을 이루지 못해 이렇게 이름을 지었다고 한다. 1922년 3월 강신창, 김상호, 박문성 스님 등 청년 승려들과 친일승려 강대련姜大蓮(1875~1942)을 몰아내는 '명고축출鳴鼓

逐出 사건을 주동해 집행유예 3년형을 받기도 했다. 스님은 통도사를 떠난 지 10년 가까운 세월이 흐른 1928년 2월 돌아와 건당식을 갖고 대웅大鷹이라는 법명을 받았다. 이후 통도사 마산포교당 포교사와 조선불교 청년회 통도사 대표로 전법과 청년불교운동에 앞장섰다. 비밀항일운동 조직인 만당卍黨에 참여해 1938년 10월 체포되어 옥고를 치렀다. 통도사 학감으로 통도중학교 운영에 참여하고 광복 뒤에는 첫 통도사 주지를 지냈다.

통도사 스님들이 주축이 된 3·13 신평장터 만세운동은 양산은 물론 동부 경남지역 최초의 독립만세운동으로 역사적 평가를 받고 있다. 일부에서는 장날을 맞이하여 줄다리기 시합을 준비하여 자연스럽게 군중이 운집하도록 했다는 주장도 있다. 양산시와 사단법인 양산항일독립운동기념사업회는 지난 2019년 3월 9일 100년 만에 하북면 통도문화예술의 거리와 양산종합운동장 일원에서 시민과 스님 등 500여 명이 참여한 가운데 '신평장터 만세운동'을 재현하는 행사를 개최했다.

3·13 신평장터 만세운동은 잠자고 있던 조선인의 혼을 깨워 독립운동의 불길이 번지는 촉매제로 작용했다. 1919년 3월 27일, 4월 1일, 5월 4일까지 양산에서는 조선독립을 요구하는 시위가 이어졌다. 이와 더불어 불교계 독립운동에도 영향을 끼쳤는데, 3월 31일 해인사와 4월 4일 표충사에서 스님들이 주도한 만세운동을 촉발시켜 일제의 간담을 서늘하게 했다. 특히 통도사 스님 50여 명은 3월 20일 비밀리에 표충사를 방문해 4월 4일 단장면 주민 등 1500여 명이 참여한 만세운동이 일어나도록 했다.

일제강점기 통도사는 조선불교의 전통을 고수하면서 근대문명을 빠르게 받아들였다. 구하 스님을 중심으로 한 통도사 스님들의 이러한 시대인식은 독립운동 가담, 근대교육 기관 설립, 국내외 유학생 파견, 잡지 발간, 주요 도시 포교당 설치 등 식민지 현실을 극복하려는 다양한 방식으로 표출됐다.

통도사 사하촌 신평장터에서 독립만세운동(1919. 3. 13)이 있던 당시 주지 소임을 보셨던 구하 스님(우), 그리고 가장 가까웠던 사제 경봉 스님(좌). [1955(단기) 4288년 5월 4일, 사리탑 앞]

● 통도오절通度五節

일제강점기 독립운동에 참여한 다섯 명의 통도사 스님들을 '통도오절通度五節'이라 부른다. '충절忠節의 오대사五大師'라고도 한다. 김구하, 양대응, 오택언, 조병구曺秉球(1907~2003), 김말복金末福(1909~1985) 스님이다. 김구하 스님은 상해임시정부와 독립운동단체에 비밀리에 자금을 전달했고, 양대응·오택언 스님은 3·13 신평장터 만세운동 등 독립투쟁에 가담했다. 또한 조병구·김말복 스님은 1941년 통도사중학교 교사로 있으면서 애국항일 의지를 담은 만장挽章 내용을 학생들에게 전달해 체포됐다. 통도오절 가운데 오택언(애족장, 1990), 조병구(용명 스님·애족장, 1990), 김말복(애족장, 1990), 양대응(대통령 표창, 2011) 스님은 독립유공자 포상을 받았다. 하지만 김구하 스님은 아직 포상을 받지 못해 앞으로 공적을 인정받는 노력이 필요하다.

통도사 독립운동

1910년 8월 29일 일제의 대한제국 강제병합으로 한반도는 식민지로 전락했다. 전국 각지에서 빼앗긴 나라를 되찾기 위한 항쟁이 일어났고, 일제는 무력을 앞세워 진압했다. 불교계 상황도 녹록하지 않았다. 일부 친일승려를 앞세워 한국불교를 장악하기 위해 나선 상황에서 만해, 석전, 초월 스님 등이 자주독립 실현에 나섰다. 하지만 막강한 일제를 극복하기에는 한계가 있었던 것도 사실이다. 이런 가운데 자장율사가 창건한 통도사는 구국救國의 깃발을 높이 올리고 다양한 방법으로 독립운동에 참여했다.

1919년 3월 13일 통도사 앞 신평마을 장터. 서울에서 3·1운동이 일어난 지 10여 일 지난 무렵이었다. 장날을 맞아 하북면 인근의 주민과 상인이 모여 들었다. 일본 경찰의 감시를 뚫고 거사에 성공한 '3·13 신평장터 만세운동'은 통도사 스님들이 주도했다.

통도사 지방학림 대표 김상문金詳文(1893~1951) 스님을 비롯해 양만우梁萬佑(1897~1968), 박세문朴世文(1894~1920), 이기주李基周(1899~1980), 김진오金鎭五, 신화수申華秀, 신구담申九潭 스님 등 50여 명의 스님들이 주민들과 '대한독립만세'를 우렁차게 외쳤다. 서슬 퍼런 일제 치하에서 통도사 스님들이 주도한 이날 시위는 동부 경남에서는 처음으로 궐기한 만세운동으로 평가받는다.

1919년 8월 조선헌병사령부의 '종합보고서'에는 "3월 29일 양산 하북

일제강점기 통도사는 구하 스님을 비롯한 대중이 다양한 방법으로 항일독립운동을 펼쳤다. 사진은 일제강점기 통도사 전경. 출처=동아일보.

면 신평시장에서 통도사 부속 보통학교 및 지방학림 생도 4~50명, 동同 불교전수부 생도 약 10명, 그리고 불령不逞 승려 약 10명이 주모자가 되어 시위운동을 감행하였다"고 기록하고 있다.

이날 만세운동은 통도사 출신의 오택언吳澤彦(1897~1970) 스님이 결정적인 역할을 담당했다. 3·1운동에 참여한 후 만해萬海(1879~1944) 스님의 밀명을 받고 통도사 스님들에게 독립선언서를 전달했던 것이다. 오택언 스님은 통도사 주지 김구하九河(1872~1965) 스님의 후원으로 서울 중앙학림에서 유학하고 있었으며, 앞서 통도사에서 주석하며 『불교대전』을 집필하고 강사講師로 학인을 지도한 만해 스님과 인연을 맺고 있었다.

통도사 스님들이 주도한 '3·13 신평장터 만세운동'은 독립운동의 불길이 경남 전역으로 퍼지는 촉매제가 되었다. 3월 27일, 4월 1일, 5월 4일까지 양산에서 만세운동이 이어졌고, 3월 31일 합천 해인사와 4월 4일 밀양 표충사에서도 스님들이 주도한 시위가 발생해 호국불교의 전통을 계승했다.

영축총림 통도사 방장 성파 대종사는 "구하 큰스님께서 신평장터 만세운동을 주도한 양만우(양대응) 스님을 불러 '왜경에 붙잡히면 고문을 당하고 징역도 살 수 있으니 피신하라'며 도피자금으로 100원을 전달했다"면서 "그 스님은 10여 년 가까이 통도사를 떠나 몸을 피했다"고 선대 스님들에게 들은 이야기를 전했다.

통도사의 독립운동은 여기서 멈추지 않았다. 통도사·옥천사 출신의 박노영朴魯英(1897~1976) 스님은 3·1운동에 가담한 후, 백초월白初月(1878~1944) 스님과 더불어 비밀항일조직인 혁신단革新團에 참여해 지하신문인 〈혁신공보革新公報〉를 발간하며 독립운동을 전개했다. 박노영 스님은 1920년 임시정부가 있는 상해를 거쳐 미국으로 유학을 떠나 미네소타대를 졸업하고 하버드대에서 박사학위를 취득한 최초의 한국인이다.

3·1운동이 일어난 1919년 11월 15일 대한민국 임시정부가 있는 중국 상해에서 발표된 대한승려연합회大韓僧侶聯合會 선언서에 구하 스님이 참여했던 것이다. 이 선언서 말미에 실린 12명의 대표자 명단 가운데 '김취산金鷲山(김축산)'이 바로 구하 스님이다. 축산은 구하 스님의 법호이다.

다른 대표자들이 신분을 숨기기 위해 이명異名을 사용했지만 구하 스님은 굳이 피하지 않았다. 설마 본명(법명)을 사용했겠냐는 측면에서 역발상을 한 것이다. 대한승려연합회 선언서가 처음 공개된 직후인 1970년 3월 8일자 〈대한불교〉(지금의 불교신문)는 "살아계신 스님들의 증언을 통해 알 수 있는 것은 오만광(오성월·범어사 주지), 이법인(이회광·해인사 주지), 김취산(김구하·통도사 주지), 지경산(김경산·범어사 고승) 스님"이라고 보도했다.

구하 스님을 비롯한 대표자들은 대한승려연합회 선언서에서 "한토韓土의 수천 승려는 이천만 동포 급及 세계에 대하야 절대로 한토에 재在한 일본의 통치를 배척하고 대한민국의 독립을 주장함을 자玆에 선언하노라"면서 다음과 같이 결의했다.

> "대한의 국민으로서 대한국가의 자유와 독립을 완성하기 위하야 이천년 영광스러운 역사를 가진 대한불교를 일본화와 멸절에서 구하기 위하야 아我 칠천의 대한승니大韓僧尼는 결속하고 기起하였노니 시사보국矢死報國의 이 발원과 중의경생重義輕生의 이 의기義氣를 뉘 막으며 무엇이 막으리오 한 번 결속하고 분기한 아등은 대원大願을 성취하기까지 오직 전진하고 혈전血戰할 뿐인뎌."

1937년 중일전쟁中日戰爭을 계기로 한글 사용을 억압하는 정책을 펼친 일제는 1939년 11월 10일 '조선민사령朝鮮民事令'을 개정해 창씨개명創氏改名을 강요했다. 이러한 상황에서 통도사는 경전을 한글로 옮기는 역경譯經 사업에 나섰다. 1935년 해인사, 범어사 등 경남지역 사찰과 함께 해동역경원海東譯經院을 설립한 것이다.

1935년 1월 6일자 〈조선일보〉는 해동역경원 창립을 '조선불교의 획기적 사업'이라고 보도했는데, 당시 해동역경원장은 구하 스님이 맡았다. 한글 역경에 대한 식견과 의지가 분명했고, 통도사는 물론 해인사와 범어사 스님들도 구하 스님을 존경하고 따랐기 때문으로 보인다. 통도사, 해인사, 범어사는 해동역경원 설립은 물론 1933년 7월 폐간된 〈불교〉를 복간하는 데 힘을 합치기도 했다.

일제강점기 통도사, 해인사, 범어사는 해동역경원을 설립해 경전의 한글화 사업을 전개해 우리말을 보급하는 데 앞장섰다. 사진은 〈불교〉지에 실린 해동역경원 광고. 원장은 구하 스님으로 되어 있다.

만해 스님은 1937년 3월 〈신불교〉 1호에 실린 '불교 속간續刊에 대하야'라는 글에서 "경남 3본산 회의의 결과로 역경원이 생겼다"면서 "역경譯經 사업과 〈불교〉 속간을 다만 3본산의 힘만으로 영원히 지속하겠다는 각오와 준비를 가지고 하는 것인즉 그들의 장도壯圖도 또한 경복敬服할 만한 것이다"고 높이 평가했다.

또한 만해 스님은 "조선불교 전체의 급선무 중의 급무急務가 되는 역경 사업이나 불교지誌의 속간을 어찌 경남 3본산에만 일임一任하리오"라며 조선불교 전체의 관심을 촉구하기도 했다. 이처럼 통도사, 해인사, 범어사 등 경남지역 3본산은 한글 수호와 〈불교〉 매체의 운영을 통해 민족의 진로를 모색했던 것이다.

이처럼 통도사는 국내외에서 다양한 형식으로 항일독립운동을 전개했다. 그 배후에는 구하 스님이 있었다. 〈독립운동사〉에 따르면 구하 스님은 일제의 눈을 피해 △안창호 임시정부 총리(5000원) △백초월 혁신공보 사장(2000원) △이종욱(3000원) △정인섭(1000원) △오리산(500원) △장재류(500원) △신정흔(500원) △김포광(300원) △정탁(100원) △양만우(100원) 등 상해임시정부 요원을 비롯해 독립군과 관련자들에게 자금을 지원했다. 구하 스님을 시봉한 현문 스님이 2005년 '독립자금 관련 영수증 5장' 과 '사변시 3·1운동을 지칭 출금증'을 공개하면서 이 사실이 세상에 드러났다.

1924년 6월 30일 양산경찰서가 경상남도 경찰부에 보고한 자료에서도 구하 스님의 독립운동자금 지원 사실을 확인할 수 있는데 내용은 다음과 같다. "대정 8년(1919) 이후 배일排日운동자 박노영, 백초월과 연결하여 상해 반정부反政府에 거액의 공급을 보냈다고 의심되었다."

이 보고서는 상해임시정부 송금 가능성을 희박하게 보면서도 백초월 스님에게 2000원을 대여貸與한 사실은 분명하다고 밝히고 있다. 비밀을 유지해야 하는 자금의 특수한 상황을 고려하고, 이 무렵 조선총독부가 구하 스님의 통도사 주지 임명을 지연시키고 있었다는 점을 감안하면 독립운동을 암암리에 지원했음은 분명해 보인다.

이 밖에도 구하 스님은 △창녕 24인 결사대 변호사비 지원(1919) △독립·교육자금 마련을 위한 양산 의춘신탁宜春信託 설립(1920) △불교 근대화와 인재양성을 위한 한국사찰 최초의 잡지 〈축산보림〉 창간 △임시정부 자금 지원을 위한 백산상회 참여 △항일운동 펼친 동아불교회 참여 등 다양한 방법으로 독립운동을 후원하였다.

일제의 폭압통치가 정점에 달했던 1941년 9월 3일 통도중학교 교사로 재직하고 있던 조병구曺秉球(1907~2003), 김말복金末福(1909~1985) 스님은 상해임시정부 요인 김창숙金昌淑(1879~1952)의 '고종황제 만장시詩'와 김규식金奎植(1881~1950)의 '독립기원 시詩'를 배포해 체포되었다. 이 사건으로 교장 양만우, 조병구, 김말복 스님을 비롯해 교사와 학생 등 50여 명이 체포되어 조사를 받았고, 통도중학교는 강제 폐교되고 말았다.

성파 대종사는 "구하 스님은 밖으로는 항일을 표방하지 않았지만 은밀하고 다양한 방식으로 독립운동을 지원했다"면서 "양산 출신의 상해임시정부 재무차장 윤현진에게 자금을 전달했다"고 증언했다.

이어 성파 대종사는 "미리 연통을 받은 후에 습격을 받아 뺏긴 것으로 위장하여 독립자금을 전달하기도 하고, 기방을 출입하여 사찰 재정을 탕진한 것으로 꾸미기도 하였다"면서 "구하 스님은 수행자인 동시에 사상가, 정치인, 행정가로 민족의 현실을 직시하고 해방이라는 미래를 예견한 분"이라고 밝혔다.

구한말과 일제강점기 격동의 한복판에서 통도사는 구하 스님을 중심으로 한 대중 스님들이 항일독립운동의 전면에 나서거나 은밀한 활동을 통해 민족의 암흑을 타파하기 위해 노력했다. 최근 방장 성파 대종사께서 공개한 '일제강점기 징용자 명단'도 같은 정신을 담고 있다.

성파 대종사는 1993년 6월 일본 체류시 〈교토신문京都新聞〉이 보도한 '조선인 군인 군속軍屬 3000명 명단 복사본' 기사를 보고 재일교포 소장자를 직접 만나 명단 복사본을 입수해 지금까지 보관하고 있다. 이 명단은 일제말기에 강제 징집되어 태평양 전쟁에 투입된 조선인들이 일본 패망 후 미군의 하와이 수용소에서 1년간 생활하면서 작성한 것이다.

성파 대종사는 "일제에 강제로 끌려간 조선인들이 미군 포로수용소에서 〈자유한인보自由韓人報〉를 만들면서 부록으로 게재한 명단"이라면서 "또 다른 경로로 국가보훈처에 같은 명단이 게재되어 있는 것을 확인했다"고 밝혔다.

일제에 타협하지 않고 끝까지 항일운동을 펼친 만해 스님은 통도사 강사를 지내기도 했다. 만해 스님은 구하 스님과 가까운 사이였다.

성파 대종사는 "신라의 대국통大國統으로 삼국의 대통합을 염원한 자장율사가 창건한 통도사는 임진왜란 때 나라를 구한 사명대사와 대한제국 선포 당시 대장경 출판을 발원한 호국의 정신, 그리고 독립운동을 음양으로 후원한 구하 스님의 정신을 이어 지금도 나라를 사랑하는 마음을 오롯이 간직하고 있다"고 밝혔다.

출가 직후 구하 스님을 직접 시봉한 통도사 주지 현문 스님은 "구하 스님은 '큰 산'이었다"면서 "그런 어른이 계셨기에 통도사가 어려운 난관에서도 흔들리지 않았던 것"이라고 회고했다.

이어 현문 스님은 "월하 스님이 열반하신 후 구하 스님이 안창호 선생에게 독립자금을 지원한 내용을 담은 '영수증'을 '극비문서'라고 봉인하여 보관하고 있는 것을 발견했다" 면서 "다른 귀한 문서와 자료들이 많았을 텐데 대부분 사라져 아쉬움이 크다" 고 안타까워했다.

한편 통도사의 호국과 독립운동 정신은 한국전쟁 당시 경내에 부상병을 치료하는 31육군병원이 설치된 데서 확인할 수 있으며, 이에 국가와 국민의 평안을 기원하는 정신으로 오늘날까지 이어지고 있다.

해인사 3·31 만세운동

—

1919년 3월 31일 오전 11시 합천 해인사 홍하문紅霞門 앞에 200명 안팎의 스님과 주민이 모였다. 그해 3월 1일 서울에서 일어난 독립만세운동에 호응하기 위해서다. 해인사 젊은 스님들은 군중과 "대한독립만세"를 소리 높여 외쳤다. 전국 각지로 퍼져나간 만세운동의 바람이 가야산 해인사까지 불어닥쳤다.

집회를 마친 군중은 대열을 지어 산문山門을 나섰다. 조선 독립에 대한 열기가 높았던 젊은 스님들은 합세한 주민들과 일본 경찰이 상주하고 있는 '해인사 주재소' 앞에 도달했다. '주재소'의 정확한 위치는 알려져 있지 않다. 일제가 팔만대장경 보호를 명분으로 주재소와 경비전화를 설치한 사실로 미루어볼 때 해인사 경내와 그리 멀지 않았던 것으로 보인다.

대장경 보호라는 미명 아래 항일抗日 의식을 지닌 스님들을 감시하려는 목적이 더 컸다. 시위대열에 깜짝 놀란 일경은 군중들에게 총을 겨누었다. 물러나지 않자 결국 총을 쐈다. 태극기를 흔들며 독립만세를 목청껏 외치던 '맨손의 군중'은 해산할 수밖에 없었다.

그러나 스님들과 주민들은 뜻을 접지 않았다. 그날 오후 11시 야심한 시간에 200여 명의 군중이 다시 모였다. 해인사 지방학림(지금의 강원에 해당)에 재학하는 홍태현洪泰賢, 백성원白聖元, 김경환金景煥, 김성구金聖九 스님 등이 주동해 해인사 앞 도로를 점거하고 만세를 불렀다. 일본 경찰은

일주문 안쪽에 걸려 있는 '홍하문' 현판.
1930년대 중반의 사진을 보면 지금 현판보다 큰 크기의 현판이 걸려 있다.

또다시 무력으로 해산시켰다.

이날 시위에서 검거된 홍태현 스님(23세)은 그해 6월 11일 부산지방법원 진주지청에서 6개월형을 언도 받았다. 황해도 해주군 석동면 신광리 출신이었다. 스님은 재심 청구를 했지만 대구복심법원에서 기각돼 대구형무소에서 옥고를 치렀다.

산중 깊숙이 자리한 고찰古刹 가운데 적지 않은 도량이 한국전쟁 당시 불타버렸지만 유엔 사령부의 폭격 명령을 거부한 김영환 장군의 결단으로 해인사는 옛 모습이 온전하게 보존되고 있다. 그런 까닭에 장경각을 비롯한 대부분의 전각이 그대로 남아 있다. 2018년 4월 23일 찾은 해인사는 '대한독립만세'를 소리 높여 외쳤던 젊은 스님들의 기개와 기꺼이 동

1935년 3월 20일 촬영된 해인사 홍하문. '가야산 해인사' 현판이 걸려 있다.
비슷한 시기에 '홍하문' 현판이 크게 걸려 있는 사진도 있다. 출처=『조선고적도보』.

참했던 주민들의 의지를 보여주듯 웅장한 사격寺格을 자랑하고 있었다.

특히 젊은 수행자들이 주민들과 독립만세의 사자후를 토하는 모습을 지켜본 홍하문은 여전히 그대로 있다. 지금은 일주문 역할을 하고 있다. 해강 김규진(1868~1933)이 쓴 '가야산 해인사' 현판 뒤쪽에 '홍하문'이란 편액이 걸려 있다. '홍하'는 해 주위에 보이는 붉은 노을이라는 의미로, 아침에 솟아오르는 해의 모습을 형상화한 것이다.

홍하천벽해紅霞穿碧海. '아침의 붉은 해가 푸른 바다를 뚫고 솟아오른다'는 의미이다. 부처님 가르침이 사바세계에 떠올라 불국정토佛國淨土로 장엄한다는 것이다. 99년 전 홍하문 앞에 집결한 해인사의 젊은 스님들은 외세에 뺏긴 조국을 되찾아 독립을 이루겠다는 의지를 유감없이 드러냈다. 침묵하지 않고 행동했다. 스님들의 기개는 새벽 바다 속에서 힘차게 올라와 어둠을 밝힌 태양과 다름 없었다.

해인사 스님들의 거사는 다른 사찰과 마찬가지로 1919년 3·1운동을 주도한 만해 스님 그리고 불교중앙학림 학생 스님들의 영향을 받았다. 전국 각지의 사찰을 거점으로 스님들이 주도적으로 독립만세운동에 참여한 것이다. 3·1운동 소식을 전해 들은 해인사 스님들은 '독립선언서'를 입수했다.

서울에 있는 도진호都鎭浩, 김봉신金奉信, 김용기金龍基, 최항형崔恒亨 스님은 각각 해인사에 있는 송복만宋福晩, 김봉률金奉律, 박근섭朴根燮, 최범술崔凡述 스님에게 독립선언서를 보내며 3·1운동 상황을 전했다. 이 가운데 김봉률 스님은 1897년 합천 출생으로 김천 직지사 주지를 지냈다. 1949년 5월 원적에 들었으며, 정부는 1996년 건국훈장 애족장을 추서했다.

직지사는 2017년 3·1절을 맞아 포월당 봉률 스님의 추모재를 봉행했다. 최범술 스님은 1904년 태어나 1979년 세상을 떠났다. 법호는 효당曉堂. 이후 만당卍黨을 통해 항일운동을 펼쳤다. 정부는 1990년 건국훈장 애족장을 추서했다.

일제강점기 해인보통학교와 지방학림에는 300여 명이 재학하고 있었다고 한다. 거사를 결행하기로 뜻을 모은 젊은 스님들은 사중寺中과 학교에 있는 등사판을 이용해 독립선언문 1만 장을 등사謄寫했다. 송복만, 강재호 스님 등은 친일 주지와 일본 경찰의 감시망을 피해 독립선언서 인쇄에 필요한 종이를 대구까지 가서 구해 왔다.

당시 해인사 주지는 친일파 승려 이회광李晦光이었기에 비밀리에 움직일

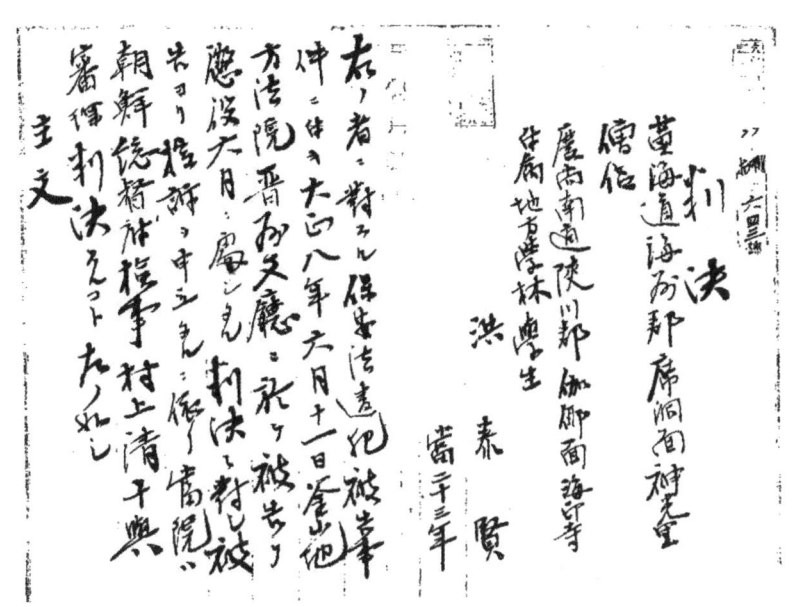

1919년 3월 1일 오후 11시 해인사 도반들과 함께 만세운동을 주도한 홍태현 스님의 '판결문'. 1919년 6월 28일 경성복심법원 판결문이다. '해인사 지방학림 학생'으로 '승려'라고 표기되어 있다.
출처=국가기록원.

수밖에 없었다. 또한 30명의 젊은 스님들은 장경각 뒤편 숲에서 구체적인 계획을 수립했다. 이런 과정을 거쳐 3월 31일 홍하문 앞에서 만세운동이 힘차게 일어났던 것이다.

경상남도가 작성해 총독부에 보고한 자료에 따르면 "30본산사本山寺인 해인사, 통도사, 범어사 등 세 개의 절은 모두 많은 승려가 있어, 불온한 언동으로 나오지 않는다고는 보장하기 어렵다"면서 "주의하고 있던 중, 마침 이태왕(고종) 전하의 흉거薨去에 즈음해 많은 독경을 하고 명복을 빌며 충심으로 애도의 뜻을 표하고 있었다"고 기록돼 있다.

이어 "해인사로부터 서울에 가 있는 승려 백용성白龍城 등이 이미 관계하고 있었으므로, 특히 일반 승려계에 대한 주의를 몇 배 더 기울였다"고 전하고 있다. 3월 31일 시위 후 군중이 해산한 뒤 "승려의 신발이 흩어져 남아 있던 사실로써, 이 절(해인사)의 불량 승려가 참가했다는 것을 족히 알 수 있다"고 기록된 점으로 보아, 해인사 스님들이 주도적으로 참여했음을 확인할 수 있다.

해인사 스님들의 독립만세운동은 단순히 합천 지역에 국한된 것이 아니라 전국 각지의 인연 있는 사찰들에까지 영향을 끼쳤다는 점에서 의미가 크다. 해인사 스님들은 비밀리에 '3개 그룹三隊'을 만들어 지역별로 독립선언서를 지닌 담당자를 파견했다.

이들은 일경의 검거망을 피해 다양한 활동을 펼쳤다. 일부는 체포되기도 했다. 이 가운데 박달준朴達俊 스님은 1894년 거창에서 태어나 1965년 입적했다. 그 뒤로 항일운동에 적극적으로 참여해 1990년 건국훈장 애족장을 추서 받았다. 비록 해인사 스님들의 거사가 당장 성공하지는 못했지만 상해임시정부, 독립군, 만당卍黨 등에 참여하며 구국의 정신을 이어 갔다. 만세운동에 참여한 스님들에 대한 정당한 평가와 보상이 이뤄져야 할 것이다. 항몽 정신이 깃든 팔만대장경과 임진왜란 당시 나라를 구한 사명대사의 뜻을 이은 젊은 스님들의 정신은 홍하문처럼 빛났다.

● 다른 지역도 파견

해인사 스님들이 1919년 3월 31일 거사를 기점으로 각 지역에 파견한 세 그룹은 다음과 같다.

△제1대 : 경주, 양산, 통도사, 범어사, 동래, 부산, 김해 = 강재호, 김봉률, 기상섭奇尙燮 △제2대 : 합천, 삼가, 초계, 의령, 진주, 사천, 곤양, 하동 = 송복만, 송복룡宋福龍, 최범술 △제3대 : 거창, 안의, 함양, 산청, 남원 = 박달준, 박덕윤朴德潤, 이덕진李德進, 김장윤金章允

이밖에도 △공주 마곡사 = 우경조禹敬祚, 나경화羅慶華 △보은 법주사 = 박윤성朴允成 △서산, 상주 = 김경환金景煥 등 △김천, 성주 = 김도운金道運, 이봉정李奉政, 남성엽南成葉 △거창 = 남광옥南光玉, 신경재愼慶宰, 김명수金明洙 △고령, 현풍, 대구 = 신철휴申喆休, 신난휴申蘭休, 이종직李從直 △달성, 영천 = 권청학權淸學 △쌍계사, 화엄사, 송광사, 선암사, 구례, 강진, 보성, 담양 = 박근섭, 박응천朴應天, 신문수申文守, 정봉윤丁鳳允

표충사 4·4 만세운동

1919년 4월 4일 경남 밀양군(지금의 밀양시) 단장면 태룡리. 단장면 태룡장이 서는 날이었다. 단장천 옆에 자리한 장터에 밀양 각지의 상인과 주민이 모여들었다. 3·1운동의 열기가 전국적으로 번져가는 시기였기에 일제 당국은 주민들을 예의주시했다. 장터에는 긴장감이 감돌았다. 이때 표충사 스님들이 앞장서 큰 목소리로 외쳤다. "조선독립만세, 조선독립만세, 조선독립만세…." 3·1운동의 불길이 밀양 단장면 태룡장터를 뒤흔들었다.

태룡리 장터 만세운동은 표충사의 이장옥李章玉, 이찰수李利修, 오학성吳學成, 김성흡金性洽, 구연운具蓮耘, 오응석吳應石 스님 등이 주도했다. 장석준張碩俊 등 표충학원 학생들도 주민들에게 태극기를 나눠 주며 동참했다. 임진왜란 당시 누란의 위기에 처한 나라를 구하고 백성의 생명을 지키기 위해 분연히 일어선 사명대사를 모신 표충사의 의연한 기개를 유감 없이 보여주었다.

스님들의 선창에 고무된 주민들도 소리 높여 "만세"를 부르며 함께했다. 표충사 스님들은 태룡리 장터 한복판에 태극기와 깃발을 높이 세웠다. 깃발에는 '조선독립만세'라고 적혀 있었다. 나라를 되찾고자 하는 스님들과 주민들의 열망이 봇물처럼 터진 것이다. 깜짝 놀란 일본 경찰이 부랴부랴 대응에 나섰다. 하지만 독립을 간절히 원하는 조선인들의 견고한 뜻을 꺾기에 그들의 힘은 부족했다. 대열을 이룬 군중이 일본 경찰을 압박했다. 한껏 고조된 군중은 나라를 빼앗은 일제의 첨병인 헌병들이 머무는 주재소를 무너뜨렸다. 시위 군중의 투석으로 유리창은 물론 지붕과 벽이 전파全破되었다고 한다.

총칼로 시위 대열을 위협한 일본 경찰은 얼마 지나지 않아 무기를 사용했다. 밀양읍에 머물던 헌병분견대憲兵分遺隊가 급히 도착해 무자비한 진압을 시작했다. 비무장 상태의 스님들과 주민들은 무력 앞에 행진을 멈추고 발길을 돌릴 수밖에 없었다. 일본 경찰은 닥치는 대로 스님과 주민들을 연행했다. 일경日警의 발포로 오후 1시 30분 종료됐다. 그들은 시위 참가자를 잡는다며 집집마다 들이닥쳐 군홧발로 짓밟았다. 연행자는 346명, 검찰에 송치된 이는 71명에 이르렀다. 시위 규모를 짐작할 수 있다. 일본 경찰을 피해 낮에는 재약산에 숨어야 했고, 밤이 돼서야 돌아오기를 반복했다고 한다. 이장옥 스님은 징역 5년, 오학성·손영식 스님은 징역 3년, 이찰수·김성흡 스님은 징역 2년형을 구형 받아 옥고를 치렀다.

스님과 주민들이 대거 참여한 태룡리 장터. 지금은 우사牛舍와 밭으로 변했다. 1959년 9월 사상 최대 규모의 사라호 태풍이 휩쓸 당시 단장천이 범람해 사라지고 만 것이다. 독립기념관 한국독립운동사연구소의 『국내독립운동, 국사수호 사적지』에 기록된 태룡장터의 주소는 '밀양시 단장면 용회길 52-38(태룡리 190)' 이다. 독립기념관은 "지적원도에 시장 표시가 되어 있어 이를 현재의 지적도와 상호 비교하여 위치를 확정했다"고 밝혔다.

표충사 스님들의 궐기는 서울에서 전개된 3·1운동 소식을 접한 통도사 스님들의 영향을 받은 것으로 보인다. 1919년 3월 20일 통도사 스님 50명

1960년대 표충사 모습.

이 표충사 스님들을 비밀리에 만나 만세운동을 벌이기로 결의했다. 거사 날짜는 주민이 많이 모이는 4월 4일 태룡리 장날로 정했던 것이다.

이에 앞서 밀양에서는 서울의 3·1운동에 참가하고 돌아온 윤세주, 윤치형이 3월 13일 밀양 장날에 맞춰 시위를 이끌었다. 3월 14일에는 밀양보통학교 학생들이 뒤를 이었고, 4월 2일에는 밀양소년단원들이 독립만세를 외쳤다. 또한 이장석 밀양군 부내면장, 김찬규 상남면장, 박병휘 하동면장, 손승창 단양면장을 비롯해 김명규·정인설 밀양군청 서기書記가 독립만세운동에 동조하는 뜻으로 사표를 던졌다.

밀양문화원이 발간한 『밀양의 독립운동사』에 따르면 "1919년 3월 13일부터 4월 10일까지 밀양에서 9차례에 걸쳐 만세운동이 벌어지는 등 당시 대부분의 밀양인들이 만세시위에 참여했다"고 한다.

일제 당국은 1919년 3월과 4월에 밀양 지역에서 벌어진 상황을 이렇게 기록하고 있다. 선량한 스님과 주민을 폭도로 매도하고, 정당한 만세운동을 '소요'로 왜곡하고 있지만 당시 상황을 확인하는 중요한 자료임에는 틀림없다. 일본 경찰의 기록은 다음과 같다.

> "3월 13일 읍내에서 1000의 군중이 시위운동을 개시하였다. 밀양군에 있어서 소요의 시초이다. 이튿날인 14일과 4월 2일에도 이곳에서 소요가 일어났다. 다음 4일에 단장면 태룡동(태룡리)에서 일어난 소요는 승려 및 농민으로 이루어진 약 1500명의 폭민暴民이 불온선언서를 살포하여 부민府民을 선동하고, 이곳 헌병주재소에 쇄도하여 투석하였으며, 곤봉을 휘둘러 주재소를 파괴하였으므로 마침내 발포하여 이를 해산시켰다. 동월 6일에는 부북면府北面, 동 10일에는 청도면淸道面에서 시위운동이 있었다. 이로써 초발初發이래 소요는 6회, 4개소에 이른다."

태룡리 장터 만세운동 참여 인원을 1500명으로 축소하고, 독립선언문을 불온선언서라 지칭하고, 스님들과 주민들을 '폭민'으로 기록했다.

일제의 탄압에도 불구하고 밀양 지역의 만세운동은 수그러들지 않았다. 표충사 스님들이 주도한 태룡리 장터 만세운동에 이어 4월 6일에는 부북면 계성학교 김내봉 교장이 독립선언서를 입수해 600여 명의 농민과 함께 시위를 전개했다.

경상북도독립운동기념관 홈페이지에는 4·4 만세운동에 참여한 표충사 스님 가운데 김성흡 스님의 자료가 기록되어 있다. 속명은 김기봉金奇鳳으로 1894년 12월 9일 경북 청도군 청도읍 내호리에서 출생했다. 2016년 건국훈장 애족장을 수여 받았는데 공적 사항은 다음과 같다.

> "김기봉은 이명이 김성흡金性洽. 그는 1919년 4월 4일 경남 밀양군 단양면 태룡동 시장에서 표충사 승려로 만세운동에 참여하여 1500여 명의 군중과 함께 독립만세를 고창하다 붙잡혀 징역 2년형을 받았다."

스님은 1939년 1월 16일 입적했다. 밀양읍에서 동쪽으로 약 28km 떨어진 재약산 기슭에 자리한 표충사表忠寺는 임진왜란 당시 나라를 구한 사명대사와 인연이 깊은 호국도량이다. 비록 불교를 홀대하던 조선시대였지만 밀양 지역의 관료와 주민들은 표충사를 '구국의 성지'로 여기는 자부심이 강했다. 이러한 역사적 의식을 지닌 표충사 스님들이 주민들과 함께 "조선독립만세"를 외치며 시위를 벌인 것은 당연한 일이다.

쌍계사 4·6, 4·11 만세운동

아름다운 십리 벚꽃길을 자랑하는 경남 하동군 화개면. 신라 성덕왕 22년(723) 삼법三法 스님이 육조혜능 선사의 정상頂上을 모신 이래 1300년의 세월을 이어오는 쌍계사가 있는 고장이다. 민족의 정기가 서린 지리산 쌍계사는 일제강점기에 빼앗긴 나라를 되찾기 위한 스님들의 충절이 깃든 도량이다. 백범 김구 선생이 마곡사에서 출가하기 전에 머문 인연도 있다.

"전라도와 경상도를 가로지르는, 섬진강 줄기 따라 화개장터엔, 아랫마을 하동사람 윗마을 구례사람, 닷새마다 어우러져 장을 펼치네…." '화개장터'라는 제목의 가수 조영남 노래다. 가사는 김한길 전 국회의원이 지었다. 쌍계사에서 약 10리 정도 떨어진 화개장터는 이 노래 가사처럼 섬진강을 두고 전라도와 경상도가 이웃해 있다.

조선 중기 이후 전국에서 열 손가락 안에 들 만큼 문전성시門前成市를 이룬 장터이다. 여수, 남해 등 바다에서 수확한 멸치와 김, 그리고 대구, 영천 등 육지에서 거둔 농산물을 가득 싣고 온 상인들이 인산인해人山人海를 이뤘다. 멀리 전라북도와 충청북도에서도 장꾼들이 오간 화개장터는 세상 소식이 오가는 소통의 중심지였다.

"막걸리 맛이 어찌나 좋은지 배가 부르당께." "사람 일을 누가 알간듸, 인연 있음 또 볼 터이지." 전라도와 경상도의 짙은 사투리가 자연스럽게

1919년 4월 6일 쌍계사 김주석 스님이 학생 청년들과 만세운동을 벌였던 화개장터의 현재 모습. 지금은 장터가 화개교 건너편으로 이동했다.

화개교 건너편으로 옮긴 지금의 화개장터.

교차하는 곳이다. 화개花開. 꽃이 피고 꽃 문이 열린다는 뜻을 지닌 아름다운 지명地名도 드물다.

1919년 서울에서 3·1운동이 일어난 후 하동에도 독립만세운동의 바람이 거세게 불어오고 있었다. 쌍계사와 화개장터 사이에 자리한 정금리井琴里 청년들을 중심으로 장날을 기해 만세운동을 벌이기로 의견을 모았다. 비밀리에 만나 거사를 모의했다. 일본 경찰의 눈을 피해 태극기도 만들었다.

쌍계사 김주석金周錫(23세) 스님과 학생 양봉원梁鳳源, 정상근鄭相根 또는 丁湘根을 비롯해 이강률李康律(17세), 이정수李汀秀(30세), 임만규林萬圭(27세), 이정철李正哲(22세) 등 청년들이 맨 앞에 서기로 했다. 양봉원과 정상근은 쌍계사 경내 사립보명학교私立普明學校에 다니는 학생으로 추정된다. 보명학교는 쌍계사가 1910년 근대교육을 위해 설립했다.

드디어 4월 6일. 녹음綠陰으로 우거진 지리산을 비추는 햇살이 거사를 격려하는 듯했다. 경남 하동과 전남 구례 등 원근 각지에서 많은 상인과 주민이 모여들었다. 이미 만세운동 준비를 마친 김주석 스님을 비롯한 학생과 청년들도 장터에 들어갔다. 지금은 화개면사무소 인근에 화개장터가 있지만, 본래 화개장터는 화개교 건너편 버스터미널 인근이었다. 1960년대 후반까지 이 자리에서 장이 열렸지만, 지금은 '화개면 탑리 662-7'로 화개장터를 옮겼다.

화개면에서 편의점을 운영하는 조정숙 씨(67세)는 "시집온 지 50년이 되었는데, 일제시대 화개장터에서 만세운동이 있었다는 이야기를 들었다"면서 "30년 전까지만 해도 매년 섬진강 물이 3~4번씩이나 들어와, 화개장터를 지금의 자리로 옮겼다"고 말했다. 현재 위치로 이전하기 전까지 버스터미널과 쌍계로 주위에서도 화개장터가 열렸다고 증언했다.

긴장된 시간이 흘러갔다. 드디어 만세운동을 결행해야 할 순간이 됐다. 김주석 스님 등 학생과 청년들은 장이 끝나갈 무렵인 오후 6시 태극기를 높이 쳐들며 힘차게 외쳤다. "대한독립만세, 대한독립만세…." 이어 군중들도 두 손을 들고 독립만세를 같이 소리쳤다. 깜짝 놀라 화개장터에 들이닥친 일본 경찰들이 만세를 외치는 청년과 주민을 닥치는 대로 연행했다. 김주석 스님을 비롯한 학생과 청년 등 주동자들이 검거됐다. 군중은 강제로 해산당했다. 그러나 경상도와 전라도를 잇는 요충지에 자리한 화개장터였기에 만세운동 소식은 빠른 속도로 번져갔다.

이날 시위에 참여한 인원은 200~300명이라고 전한다. 일제 당국의 기록이라는 사실을 감안할 때 실제 참석 인원은 300명을 웃돌았을 것으로 보인다. 비록 주동자들은 검거됐지만 화개장터 만세운동의 여파는 이어졌다. 이튿날인 4월 7일 하동보통학교 4학년 박문화 등 160여 명의 학생들

1950년대 쌍계사 전경.

이 소풍을 가는 길에 화개장터에서 만세를 불렀다.

4월 6일 거사에서 검거를 피한 이강률, 이정수, 이정철, 임만규 등이 4월 11일 제2차 만세운동을 준비했다. 화개면장과 면 직원들의 사직을 요구하는 권고문을 만들어 면사무소 앞에 게시하는 등 분위기 고조에 힘썼다. 하지만 안타깝게도 4월 11일 당일 화개장터에서 4명이 검거되면서 물거품이 되고 말았다.

4월 6일과 4월 11일 체포된 이들은 혹독한 고문을 당한 후 보안법 위반과 협박이란 죄목으로 부산지방법원 진주지청과 마산지청에서 재판을 받았다. 쌍계사 김주석 스님(징역 6월)을 비롯해 이정수(징역 10월), 이강률·이정철·임만규(징역 8월), 양봉원(집행유예 3년), 정상근(집행유예의 형)은 재판을 받았다. 해방 후 독립운동에 참여한 공을 인정받아 건국포장(이정수)과 대통령 표창(임만규, 이강률)이 추서됐지만 대다수가 아직까지 포상을 받지 못하고 있다.

1896년 2월 20일생으로 알려진 김주석 스님의 이후 행적은 정확히 알려져 있지 않다. 그나마 다행스럽게도 김주석 스님을 비롯해 당시 함께 만세운동에 나선 이정수, 이강률, 이정철, 임만규 등의 판결문이 전하고 있다. 향후 보다 구체적인 자료를 수집해 스님을 비롯한 항일투사들의 공을 기려야 할 것이다.

충절의 고장인 하동군은 화개장터 시위 외에도 3·1운동 직후 독립만세 운동이 수차례 일어났다. 1919년 3월 21일 횡천면 여의리에서 주민 8명이 시위를 벌였지만, 곧 진압됐다. 3월 23일 하동읍 시위에 이어 3월 24일에는 가종면 안계리에서 6000여 명이 참여한 대규모 시위가 일어났다. 군중이 흩어지지 않자, 일본 경찰이 총을 발포해 강제 해산시켰다고 한다.

이 밖에도 3월 29일 가종면 안계리 2차 시위, 고현면 주교 시위, 4월 3일 북천면 직전리 시위 등이 벌어

화개장터 삼일운동 기념비.

졌다. 600여 명이 참여한 주교 시위도 일본 경찰의 발포 후에야 군중이 해산됐다. 3·1운동 직후 하동에서는 8개 지역에서 12차례의 만세운동이 일어났다. 당시 교통과 통신 사정이 좋지 않아 서울에서 선포한 독립선언서를 구하지 못해, 독자적으로 독립선언서를 만들어 배포했다. 쌍계사 김주석 스님이 학생, 청년들과 주도한 화개장터 시위는 하동을 대표하는 만세운동이다.

화개장터에는 4·6, 4·11 만세운동을 기리는 비석이 있다. '화개장터 삼일운동 기념비'로 무궁화를 새긴 사각형의 화강암 기단과 비신 위에 지붕을 갖춘 양식이다. 2001년 2월에 건립한 비석의 내용 일부는 다음과 같다.

> "…쌍계사에서 화개장터까지 태극기를 흔들며 대한독립만세를 외치며 군중을 지도한 화개 청년들이 있었다. …김주석 스님 등 일곱 투사들이 사전에 태극기를 제작하여 상인들에게 나누어주면서 시위군중을 지도하니 전남지역에서 온 상인들, 전북, 충청도에서 상업 차 내려온 상인들까지 합세하여 대한독립만세를 고창하였다. …일곱 의사들은 조국과 민족을 구하고자 충의 정신과 항일독립 정신을 몸소 실천하신 훌륭하고 아름다운 청년들이었다."

한편 하동군 하동읍 읍내리 478번지에 자리한 하동독립공원의 '하동항일독립운동 약사' 비문에도 김주석 스님을 비롯한 화개 청년들의 항일투쟁을 기리는 문구가 선명하다.

"1919년 3·1운동에 즈음한 하동의 만세시위는 …김주석, 정상근, 양봉원, 이정수, 이정철, 이강율, 임만규, 김지준, 정재옥 등 많은 지사들이 관내 각지에서 만세시위를 주도, 비폭력 항거로 일제 경찰을 놀라게 했다."

● 화개면 직원 사직 '권고문'

쌍계사 김주석 스님 등이 주도한 4·6 화개장터 만세운동에 이어 4·11 제2차 만세운동을 준비한 이강률, 이정수, 이정철, 임만규 등이 화개면사무소 앞에 붙인 권고문 내용은 다음과 같다.

"20세기 문명의 목봉木棒을 완악頑惡한 화개면 직원의 머리에 맹하猛下하면서 고告한다. 너희 직원들이여! 오늘날 독립만세 함성이 지진천동地震天動하여 요괴은둔妖怪隱遁할 수 없고 완추진소頑醜盡消하고 야만적 사물을 휘곽쾌소揮廓快掃할 것이다. 만세의 함성을 듣고도 듣지 못하는 체하는 너의 괴물들이여! 추미醜美를 진솔眞率하여 영향을 반도로부터 영절永絶시켜라. 너희들이 만일萬一 명완무치冥頑無恥하여 아직 차피此彼 왜倭의 사무를 폐지하지 않고 유예猶豫 결決하지 않으면 드디어는 뇌정雷霆의 위력을 떨쳐 섬섬閃閃한 부월斧鉞을 휘둘러 반드시 오살巴殺할 것이다. 그런고로 후회하지 말라."

독립운동 지원한 옥천사

—

경남 고성에 자리한 옥천사玉泉寺. '옥처럼 귀한 샘물이 솟는 절' 이란 의미로 신라 문무왕 16년(676)에 의상대사가 창건했다는 설화를 간직한 고찰이다. 또한 구한말까지 100~200여 명의 스님이 주석했다고 전해지는 대찰大刹이다. 임진왜란 당시 의승병이 활동한 호국사찰로 임진왜란 후에도 옥천사 스님들은 수행과 국방을 병행했다.

대웅전 맞은편 자방루滋芳樓와 그 앞의 넓은 마당에선 고된 훈련을 감내한 승병들의 자취가 느껴진다. 호국의 전통은 일제강점기에도 변함없이 이어졌다. 1919년 서울에서 촉발된 독립만세운동의 불길이 전국 각지로 거세게 번지는 가운데 옥천사가 있는 경남 고성도 예외는 아니었다.

진흙에서도 꽃을 피워 불교를 상징하는 연꽃에서 유래한 연화산蓮花山 자락에 옥천사는 자리하고 있다. 어림잡아 100년은 넘을 법한 노송老松과 대나무를 비롯한 다양한 나무와 이름 모를 풀로 한여름 연화산은 밀림 같다. 옥천사는 지리적 환경과 사찰이라는 특수성 때문에 일본 경찰의 눈을 피해 애국지사들이 모이기에 적합한 장소였다. 나라와 백성을 구하는 호국의 전통을 계승한 옥천사 스님들은 일제의 강탈을 보고만 있을 수 없었다.

3·1운동의 기세가 경향 각지로 번지던 1919년 봄. 옥천사에 주석하고 있던 신화수申華秀·한봉진韓奉眞 스님도 바람 앞에 촛불처럼 꺼져가는 조

조선 영조 21년(1745) 건립된 옥천사 대웅전 내부.
신화수, 한봉진 등 옥천사 스님들이 조선독립을 발원했을 것이다.

국을 살리는 데 신명을 바쳤다. 우선 경남지역을 중심으로 활동하는 애국지사 변상태卞相泰와 이주현李周賢 등에게 잠자리와 음식을 제공했다. 비밀리에 거사를 논의하도록 옥천사에서 편의를 제공한 것이다. 자칫 이같은 사실이 일본 경찰의 귀에 들어가 발각이라도 되면 고초를 겪을 것은 불을 보듯 뻔했다.

하지만 신화수·한봉진 등 옥천사 스님들은 망설이지 않고 애국지사들에게 편의를 제공했다. 나라 찾는 일에 힘을 보탠 것이다. 두 스님 외에도 당시 옥천사에 주석하고 있던 대중 스님들이 암암리에 독립만세운동에 동조하지 않았으면 불가능한 일이었다.

옥천사에서 거사를 논의한 변상태(1889~1963)는 1910년 나라를 강제로 빼앗기자 최기백, 성학년 등과 대붕회大鵬會를 조직해 항일투쟁에 나섰다. 1915년 국내외의 독립운동세력이 연대한 조선국권회복단朝鮮國權恢復團을 결성한 데 이어, 1917년 비밀결사조직 대동청년단大同靑年團을 만들었다. 부산과 마산 등 경남지역을 중심으로 활동한 독립투사들이다.

1919년 3월 28일 고현 장場, 4월 2일 양촌리 토지 개간 장場에서의 만세운동에 이어 4월 3일에는 삼진(진전면, 진북면, 진동면) 의거를 주도했다. 당시 변상태는 주민들에게 "오늘부터 우리는 자유민족自由民族이며 자유국自由國의 국민國民이다. 일본의 간여는 추호라도 받아서는 안 된다"면서 "최후의 1인까지 최후의 1각까지 독립을 지키기 위해 우리는 싸워야 한다"고 강조했다.

일제강점기 경남지역 애국지사들이 비밀리에 모여 독립만세운동을 논의한 경남 고성 옥천사. 사진은 '연화산 옥천사' 편액이 걸린 일주문.

신화수 스님은 3·1운동 이후 보다 조직적이고 전국적인 독립운동을 펼치기 위해 동지들과 뜻을 모았다. 1921년 제2차 독립만세운동을 일으켜 "우리 손으로 독립을 만들겠다"고 각오했다. 하지만 안타깝게도 사전에 발각돼 경상남도 경찰부와 진주경찰서 합동수사대에 체포됐다. 1921년 〈동아일보〉 보도에 따르면 신화수 스님의 당시 나이는 25세였다.

이때 사건에 함께 연루됐지만 소재 불명으로 나온 통도사의 박치오朴致悟(26세) 스님은 한용운 스님의 지시를 받아 독립선언문을 배포하는 등 독립운동에 적극 나선 박민오朴玟悟 스님일 가능성이 있다. 박민오 스님은 중국 상해를 거쳐 미국으로 건너갔으며, 또 다른 이름은 박노영朴魯英이다.

신화수 스님. 1923년 3월 15일 〈동아일보〉가 종로경찰서에 폭탄 투척 후 순국한 김상옥 의사 사건을 보도한 기사에 실린 사진이다.

신화수 스님은 훗날 종로경찰서에 폭탄을 투척한 김상옥金相玉 의사를 비롯한 지사들과 혁신단革新團을 만들었으며 〈혁신공보革新公報〉를 발행해 독립정신을 고취시켜 나갔다. 미국 국회의원들이 1920년 8월 조선을 방문한다는 소식을 들은 신화수 스님은 김상옥, 김동순金東淳, 윤익중尹益重, 서대순徐大淳 등과 거사를 모의했다. 의원단이 서울에 도착하면 환영식장에서 사이토 조선총독을 비롯한 일본 고관을 한 번에 암살한다는 계획을 세웠다.

그해 5월부터 준비에 들어갔으나 사전에 들통 나고 말았다. 거사를 주도한 김상옥은 같은 해 10월 상해임시정부로 몸을 피했다가 1923년 압록강 철교를 넘어 서울에 잠입했다. 일본 총독을 암살하기에 앞서, 독립지사들을 체포해 갖은 고문을 자행한 종로경찰서를 폭파했다. 이때 김상옥 의사에게 군자금 1000원을 제공한 혐의로 신화수 스님은 또 다시 체포됐다.

신화수 스님은 일본 경찰에 붙잡혀 모진 고문을 당했다. 1923년 10월 10일 경성복심법원 판결문을 통해 신화수申華秀 스님의 행적을 다소나마 가늠할 수 있다. 당시 나이는 27세, 거주지는 '경성부 당주동 16번지'였다. 당주동 16번지는 서울시 종로구 세종문화회관 뒤편으로, 지하철 5호선 광화문역 8번 출구 건너편에 해당한다.

경성복심법원에서 '대정 8년 제령 제7호 위반, 강도' 혐의로 재판을 받았다. '강도'라는 죄목은 임시정부 군자금을 모아 김상옥 의사에게 전달했기 때문에 붙은 것이다. 일제는 나라를 되찾기 위해 자금을 모으는 조선인의 정당한 모금을 '강도'라고 폄훼했다.

당시 재판부는 "조선독립을 목적으로 조직된 의열단의 폭탄 은닉을 응하고 독립운동자금 제공, 독립선전문 배포 등 치안을 방해하는 데 방조했다"는 혐의를 적용했다.

이에 앞서 신화수 스님은 1921년 11월 15일 경성지방법원에서 '강도, 살인예비, 대정 8년 제령 제7호 위반, 출판법 위반, 총포화약류 취체령取締令 위반, 사기' 등의 혐의로 재판을 받았다. 이 또한 마찬가지다. 판결문에는 신화수 스님의 신분을 승려僧侶, 불교학원佛敎學院 학생學生, 무직無職 등으로 표기하고 있다.

한편 신화수 스님과 함께 옥천사에 주석하고 있던 한봉진 스님은 대한민국 임시정부의 군자금을 국내에서 모아 전달하는 책임을 맡아 활동했다. 1919년 대한독립단大韓獨立團에 가입해 임시정부의 명에 따라 국내에 들어온 윤영백尹永伯과 함께 옥천사를 중심으로 활약했다.

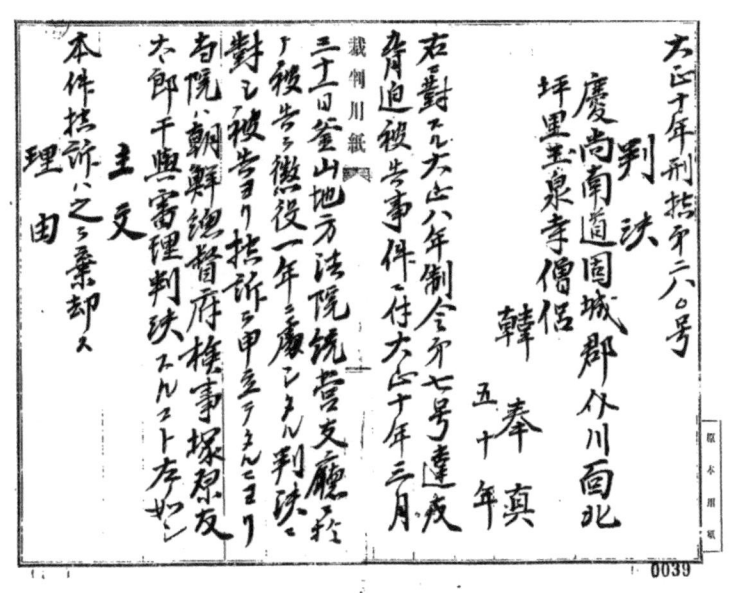

1921년 한봉진 스님 판결문. 오른쪽에 '경상남도 고성군 개천면 북평리 옥천사 승려 한봉진 50세'라고 적혀 있다. 출처=국가기록원.

1921년 5월 12일 일본 육군성陸軍省이 내각 총리에게 보낸 '1919년~1921년 조선소요사건관계서류'를 통해 신화수·한봉진 스님의 활약상을 가늠할 수 있다. 앞서 밝힌 대로 "변상태, 이주현, 곽인협, 이조협, 순우협 등 애국지사들에게 숙식을 제공하는 것은 물론 소식을 전하는 밀사密使도 자임했다"고 기록하고 있다.

비록 다른 지역처럼 군중이 참여한 만세운동을 전개하지는 못했지만 경남지역 항일운동의 후견인 역할에 이어 직접 투쟁의 전면에 나선 옥천사 신화수·한봉진 스님의 애국혼은 영원히 기억될 것이다.

● 진주 '이달의 현충시설'

진주보훈지청은 2015년 8월 고성 옥천사를 '이달의 현충시설'로 선정했다. 옥천사 스님들이 항일운동에 참여한 사실을 기록한 현충시설 안내판 내용은 다음과 같다.

"1920년대 경남지역 독립운동의 근거지 가운데 한 곳이다. 3·1운동 전후 경남 지역을 중심으로 활동하던 변상태와 이주현 등은 옥천사에 머물면서 독립운동 방안을 논의하였다. 옥천사 승려 신화수와 한봉진도 활발한 독립운동을 전개하였다. 신화수는 1919년 4월 독립사상을 고취하기 위한 비밀결사 혁신단을 조직하였고, 1920년 김상옥, 한훈 등과 의열투쟁을 전개하였다. 한봉진은 1920년 윤영백과 함께 옥천사를 거점으로 군자금 모집 활동을 벌였다."

백초월 스님과 진관사

매년 3·1절이 되면 서울시 은평구 거리에는 '오래된 낡은 태극기'가 내걸린다. 얼룩도 묻어 있고 지금과 다른 태극 문양이 낯설기만 하다. 길을 오가는 시민들 가운데 일부는 걸음을 멈추고 "무슨 사연을 간직한 태극기일까"라고 궁금해한다. 은평구에 자리한 진관사 칠성각을 보수하는 과정에서 나온 태극기로 선조들의 항일 정신이 깃들어 있다는 사연을 알고 나면 "의미가 크다"고 한목소리를 낸다.

폭염暴炎이 기승을 부리던 7월 중순. 천년고찰 서울 진관사는 한여름의 뜨거운 열기에도 불구하고 북한산 자락에서 내려온 시원한 바람이 휘감아 돌면서 명찰名刹임을 증명했다. 고려 현종 2년(1011) 창건된 진관사는 고려와 조선을 거쳐 한국전쟁 이전까지 '경기도 제1위 사찰'의 위상을 갖고 있던 대찰大刹이었다.

1927년 2월 7일자 〈동아일보〉는 '순회탐방巡廻探訪'이란 제목의 기사에서 진관사에 대해 "신도면神道面 진관외리에 재在하다"면서 "대웅전과 기타 전각이 웅대雄大하기로 기내畿內(경기도 내) 사찰 중 1위를 점할 만하다"고 보도했을 정도이다. 하지만 안타깝게도 한국전쟁으로 일부 전각만 남고 사실상 폐허가 되고 말았다. 그나마 다행스러운 것은 1963년 비구니 진관 스님이 주석하면서 중창불사를 이뤄 지금의 사격寺格을 갖춘 것이다.

한국전쟁의 전화戰禍를 피한 진관사는 2009년 5월 26일 칠성각을 보수

초월 스님 사진. 일제 당국이 작성한 감시인물 카드에 실린 것이다.

하는 과정에서 일제강점기 독립운동 자료들을 다수 발견했다. 전쟁의 상흔을 아슬아슬하게 피한 칠성각 벽에서 90여 년간 온전하게 보존된 자료들이 세상의 빛을 본 것이다. 오랜 침묵의 세월을 견딘 타임캡슐에 들어 있던 과거의 흔적이 현재와 만나는 역사적 순간이었다.

이날 칠성각에서는 1919년 3·1운동 직후의 〈조선독립신문朝鮮獨立新聞〉 32호·40호(5점)와 〈자유신종보自由晨鍾報〉(6점), 상해임시정부 기관지 〈독립신문獨立新聞〉(4점), 단재 신채호 선생이 상해에서 발행한 〈신대한新大韓〉 2·3호(3점) 등이 쏟아졌다. 일제강점기 민족을 배반하고 부역하는 친일파를 준엄하게 꾸짖는 경고문(2점) 등 모두 20여 점이 나왔다.

칠성각에서 발견된 역사적인 자료들은 대형 태극기에 정성스럽게 싸여 있었다. 크기는 가로 89cm, 세로 70cm, 그리고 태극의 지름은 32cm였다. 일장기 위에 태극기를 덧그려 '항일抗日'의 의지를 담았기에 의미가 더 컸다. 매년 3·1절에 은평구가 거리마다 게양하는 태극기는 이날 발견한 것을 그대로 재현한 것이다.

이날 나온 자료들은 3·1운동과 일제강점기에 진관사가 항일운동의 중요한 거점이었다는 사실을 확인시켜준다. 특히 〈독립신문〉과 〈신대한〉은 국내와 상해임시정부를 이어주는 창구 역할을 진관사가 담당했음을 짐작하게 한다.

그러면 누가 이러한 자료들을 진관사 칠성각 벽면에 비밀리에 숨겼을까? 주인공은 일제강점기 진관사를 중심으로 독립운동을 전개한 백초월白初月(1878~1944) 스님이다. 독립운동에 깊숙이 참여한 초월 스님이 1920년 초 일경日警의 감시가 바짝 조여오자 태극기를 비롯한 각종 독립운동자료들을 칠성각 벽 속에 비밀리에 숨긴 것이다.

경남 고성에서 태어나 지리산 영은사로 출가한 초월 스님은 일제강점기에 진관사 마포포교당 극락암을 근거지로 지하조직인 '전국불교도독립운동본부全國佛敎徒獨立運動本部'를 설립해 항일 투쟁을 전개했다. 지하신문 〈혁신공보革新公報〉를 제작해 배포한 것은 물론 독립자금과 군자금을 모아 상해임시정부와 독립군에 전달했다.

또한 초월 스님은 "2000만 조선 동포가 한마음으로 뭉치면 독립을 이룰 수 있다"는 원력으로 일심교一心敎를 만들어 활동했다. 일부 자료에는 일본 도쿄東京에서 일심교 운동을 하다 체포돼 압송당했다고 하는데 추가 확인이 필요하다.

이보다 앞서 1900년대 초기에 스님은 동래부산 범어사에 머문 것으로 보인다. 1909년 범어사에서 필사筆寫한 '석가여래성도기釋迦如來成道記'에 스님의 법명이 적혀 있기 때문이다. 필사본 말미에 '을유추칠월己酉秋七月 동래범어사東來梵魚寺 청농강당淸豊講堂 초월대화상初月大和尙 법하法下 동거록同居錄'이라고 적혀 있다. 을유년은 1909년이다. 이 자료는 당시 고양 원각사 주지였던 정각 스님(중앙승가대 교수)이 입수해 2009년 8월 〈불교신문〉을 통해 공개했다.

백초월 스님은 1916년 무렵 진관사 마포포교당을 거점으로 활동한 것으로 보인다. 1915년 4월 발간된 〈불교진흥회월보佛敎振興會月報〉에는 초월 스님을 30본산주지회의三十本山住持會議에서 중앙학림中央學林 강사講師로 결정한 기사가 나온다. 소속 사찰은 '함양군 영원사'로 표기됐다. 불교계에서 설립한 중앙학림 학생들은 1919년 3·1운동 당시 서울은 물론 전국 각지에서 만세운동을 주도했다.

1916년 12월 16일 함양 영원사 주지 소임을 맡은 내용이 1917년 3월 〈조선불교총보朝鮮佛敎叢報〉에 실려 있다. 하지만 스님은 주로 서울에서 활동했을 가능성이 크다. 1920년 초반 체포된 후 혹독한 고문으로 고초를 겪지만 민족정신과 독립의지를 결코 버리지 않았다. 1921년부터 1929년 사이에 진관사에서 학인을 가르친 데 이어, 동학사(1930년대 초반), 월정사(1935년), 봉원사(1936년)에서도 강사로 활동하며 후학을 길렀다.

진관사로 다시 돌아온 것은 1938년 초로 추정된다. 스님은 진관사 마포포교당에서 주석하며 전법과 동시에 비밀 독립운동에 나섰다. 1939년 10월 경성에서 만주 봉천으로 가는 일제의 군용열차에 '대한독립만세'라는 격문檄文을 쓴 사건을 주도한 혐의로 체포돼 2년 6개월간 옥고를 치렀다. 당시 마포포교당에 거주하던 박수남(용산철도국 작업부)이 격문 사건의 배후 주모자로 스님을 지목했기 때문이다. 이어 1944년에는 독립자금과 군자금을 모금한 사건을 빌미로 또다시 체포돼 가혹한 고문을 받고 투옥됐다.

진관사 대웅전 전경.

같은 해 6월 29일 해방을 불과 1년여 앞두고 청주교도소에서 세상을 떠났다. 일제 당국이 시신을 무성의하게 처리해 스님의 유해가 어디에 묻혔는지 지금까지도 분명하지 않다. 1986년 12월 16일 정부에서는 스님의 치열한 독립투쟁을 높이 평가해 건국포장을 추서하고, 2014년 6월에는 '6월의 독립운동가'로 선정했다.

진관사와 은평구는 항일운동의 선봉에서 결연히 싸우다 옥사獄死한 초월 스님의 구국정신을 기리기 위해 다양한 행사를 진행하고 있다. 진관사는 매년 6월 스님의 입적 기일에 즈음해 '백초월 스님 추모법회'를 봉행하고 있다. 은평구는 유명 만화가 이현세 작가가 그린 '초월'을 '다음웹툰'에서 연재하는 등 스님 선양 사업을 펼치기도 했다.

〈오마이뉴스〉는 인터넷을 통해 '독립운동가 백초월 스님의 삶'을 만화로 소개했다. 진관사 소장 태극기와 독립신문 등 일체 자료는 2010년 2월 25일 등록문화재 제458호로 지정됐다. 스님 고향인 경남 고성군 영오면 성곡리에는 1991년 6월 1일 제막한 '구국당인영백초월대선사순국비龜國堂 寅榮白初月大禪師殉國碑'가 있다.

독립기념관이 1989년 발행한 『항일 의열투쟁사』는 "불교계 승려들의 독립투쟁 가운데서도 백초월은 한용운, 백용성의 활동에 뒤지지 않는 존재"라면서 "항일독립운동에 걸출한 활동을 하다 옥사 순국한 세 사람의 의열사를 들 때 신채호, 김동삼과 함께 백초월을 넣는 이도 있다"고 높이 평가했다.

초월 스님은 "이 몸이 부서져 없어지는 한이 있어도 독립이 되도록 결심했다"고 결연한 의지를 밝힌 바 있다. 한 치 앞도 보이지 않는 일제 암흑기였지만 조선독립이란 대의명분을 실현하기 위해 간절하게 발원하고 온몸으로 실천한 초월 스님의 열정은 후대의 귀감이 되기에 모자람이 없다.

만해 한용운 스님 생가지

1919년 3·1운동 당시 민족대표 33인으로 참여한 만해萬海 한용운韓龍雲 스님. 출가 수행자이면서 시인이며 동시에 독립운동가였던 만해 스님은 칠흑같이 어두웠던 일제강점기에 한 줄기 빛이었다. 절망과 낙담의 망국亡國 시대를 살아야 했던 민초民草들의 의지처였다. 불교계의 어른을 넘어 대한민국, 나아가 세계의 등불로 존경받는 만해 스님의 생가가 있는 충남 홍성을 찾았다.

만해 스님 생가는 충남 홍성군 결성면 만해로318번길 83에 있다. 홍성군에서 관리하는데 정확한 명칭은 '만해 한용운 선생 생가지'이다. 1989년 12월 28일 충청남도 기념물 제75호로 지정됐다. 초가지붕에 방 2칸, 부엌 1칸으로 복원한 생가를 비롯해 만해사(사당), 만해문학기념관, 민족시비공원, 동상 등이 자리하고 있다. 1992년 없어진 생가 터를 중심으로 주변을 가

만해 스님 생가에 있는 동상.
'아아 님은 갔지마는 나는 님을 보내지 아니하였습니다'라는 '님의 침묵'의 한 구절이 적혀 있다.

충남 홍성군 결성면 만해로318번길 83에 있는 '만해 한용운 선생 생가지'.

꿔 역사교육의 장으로 삼고 있다. 충남서부보훈지청은 제73주년 광복절과 스님 탄신일(8월 29일)을 기념해 '8월의 우리고장 현충시설'로 만해 스님 생가를 선정했다.

고향을 떠나 불문佛門에 들기 전까지 스님이 머물던 생가를 찾았다. 먼저 '전법대륜傳法大輪'이란 편액이 눈에 들어왔다. '부처님 가르침을 전하기 위해 수레바퀴를 굴린다'는 의미다. 이는 스님 친필로, 힘이 넘치는 필체다. 전법대륜은 '세상에 진리를 구현하기 위해 흙길을 마다하지 않는다'는 뜻도 담겨 있다.

만해 스님은 1879년 8월 29일(음력 7월 12일) 아버지 한응준 선생과 어머니 온양 방 씨의 둘째 아들로 태어났다. 어려서 이름은 유천裕天, 자는 정옥貞玉이었다. 출가 후에는 봉완奉玩, 용운龍雲, 만해萬海를 이름(법명, 법호)

으로 삼았다. 선비 집안에서 자란 스님은 어려서부터 한학을 배웠다. 아홉 살에 문리文理를 통달해 신동이란 칭송을 들었을 정도로 총명했다.

평생 낮은 자리에서 중생과 고락苦樂을 같이한 만해 스님은 생전에는 친일 승려들처럼 광영光榮을 맞이하지 못했다. 그러나 입적 후에 나라를 되찾고 세월이 흘러 친일과 항일에 대한 새로운 평가가 이뤄지면서 스님의 가치가 더욱 분명히 드러나고 있다. 일본 제국주의 암흑의 시대에 정도正道를 걸었던 만해 스님은 겨레의 등대며 등불이었다.

생가에는 만해문학기념관이 자리 잡고 있다. 한글의 아름다움을 표현하면서 그 안에 민족과 불교의 정신을 가득 담았던 만해 스님의 문학세계를 만나는 공간이다. 병풍 앞에서 단정하게 앉아 붓을 든 만해 스님 조형물은 마치 시공간을 넘어 스님이 우리 곁으로 돌아온 것 같다. 일제강점기 신문기사를 전시한 공간에는 조선독립에 대한 열망을 담은 스님의 육성이 들리는 듯하다. "자유는 만물의 생명이요, 평화는 인생의 행복이라. 고故로 자유가 무無한 인人은 사해死骸와 같고 평화가 무無한 자者는 최고통最苦痛의 자者라…" 스님이 지은 '조선독립에 대한 감상'의 일부분이다.

1919년 3·1운동 당시 만해 스님은 용성 스님과 함께 민족대표 33인에 불교 대표로 참여했다. 전국의 주요 사찰을 직접 방문하여 동참을 호소했다. 탑골공원 만세운동 이후 통도사, 범어사, 해인사, 석왕사, 동화사 등 경향 각지 사찰들이 주민들과 합세하여 집회를 연 것도 만해 스님의 영향이 컸다.

만해 스님은 3·1운동 거사 전날 밤 중앙학교(현 중앙고)와 불교중앙학림

(현 동국대) 학생들을 유심사唯心社로 불러 만세운동에 적극적으로 참여할 것을 당부했다. 소식을 듣고 달려온 학생들은 신상완, 백성욱, 김상헌, 정병헌, 김대용, 오택언, 김봉신, 김법린, 박민오였다.

이날 만해 스님은 "여러 달을 두고 궁금히 여기던 제군에게 쾌快소식을 전하겠다"면서 "사전에 기밀이 탄로될까 하여 제군이 시국의 대책에 안타까운 마음을 가진 줄 알았지만 침묵을 지킨 것"이라고 말문을 열었다. 그동안의 과정을 상세히 설명한 스님은 "군君들은 여기 있는 1만 매의 독립선언서를 가지고 가서 경성과 지방에 배부하도록 하라"면서 "군들과 이제 분수分手(함께 있다 헤어짐)하면 언제 만날는지 알 수 없다. 조국의 광복을 위하여 결연히 나선 우리는 아무 애碍(거리낌)도 없고 포외怖畏(두렵고 무서움)도 없다"고 말했다. 이어 "군들도 우리의 뜻을 동포 제위에게 널리 알려 독립 완성에 매진邁進하라"면서 "특히 군들은 서산·사명의 법손임을 굳이 기억하여 불교 청년의 역량을 잘 발휘하라"고 격려했다.

3·1운동 참여로 옥고를 치른 뒤에도 신간회 서울지회장을 맡아 민족운동을 지원하는 등 독립운동을 지속적으로 전개했다. 민족대표 33인 가운데 상당수가 변절했지만 스님은 끝까지 절의節義를 지켰다. 1944년 6월 29일(음력 5월 9일) 서울 성북동 심우장에서 눈을 감았다. 안타깝게도 조국의 해방을 보지 못했지만, '조국'이며 '부처님'인 '님'에 대한 스님의 사랑은 영원히 기억될 것이다.

만해 스님 생가지는 매주 월요일, 1월 1일, 설날, 추석을 제외하고 오전 9시부터 오후 5시까지 관람이 가능하다. 월요일이 공휴일인 경우 화요일 휴관한다. 원할 경우 미리 신청하면 전시관람 해설을 들을 수 있다.

만해 스님은 해방을 한 해 앞두고 세상을 떠났다. 1946년 6월 7일 태고사(지금의 조계사)에서는 조선불교총무원 주최로 추도행사가 봉행됐다. 그해 6월 9일자 〈동아일보〉는 '고故 한용운 씨 법요法要 - 태고사太古寺에서 집행執行'이란 제목으로 소식을 전했다. 추도행사는 백범 김구 선생을 비롯한 다수의 유지가 참석한 가운데 성대하게 거행됐다.

● 일제가 기록한 만해 스님

1927년 경성복심법원 검사국에서 작성한 요시찰 문서를 정리한 『왜정시대인물사료倭政時代人物史料』에는 만해 스님에 대해 상세히 기술하고 있다. 일본 경찰이나 밀정이 주기적으로 감시한 내용이다. 일제 당국은 만해 스님을 "민족주의자로 다른 사람을 사주 선동하여 불온의 행동을 할 우려가 있다"고 기록해 스님이 적극적으로 항일운동에 나섰음을 증명한다. '왜정'이란 제목은 요시찰 문서가 1945년 해방 후 유출되어 '제3자(기관)'에서 붙인 것이기 때문이다.

다음은 만해 스님에 대한 기록이다. 다른 사료와 차이가 있지만 기록 내용 그대로 옮긴다.

△생년월일=1878년 7월 10일 △출신지=강원도 양양군 도천면 신흥사(원적) △현주소=강원도 양양군 강현면 낙산사 △가족관계=부인과 장남 △현 직업=승려 △학력=어렸을 때 서당에서 한문을 배움, 동경 조동종대학교曹洞宗大學校에서 약 6개월간 수학함 △경력 및 활동=17세 때 홍성군청 리역吏役이 되어

약 3년간 일함, 27세 때 린제군 백담사 승려가 됨, 37세 때쯤 신흥사로 옮겼으며, 그 후 낙산사 승려가 됨 △계통 소속단체=손병희계孫秉熙系 △재산=동산 부동산 견적 약 1만엔을 소유하고 있으며, 생계는 보통임. △인물평 외모=체격은 보통이며 피부색이 거무스름함, 눈썹 짙음, 특징이 없음, 건강은 허약, 민족주의자로 다른 사람을 사주 선동하여 불온의 행동을 할 우려가 있음. △사회관계=강도봉康道峯, 조학유曹學幼, 박선성朴善聖.

제주 법정사 항일운동과 봉려관 스님

—

　제주 한라산 오름 중 하나인 법정악(해발 660m)에 자리한 법정사 터를 찾았다. 가을바람이 절터를 휘감고 돌았다. 1918년 10월 7일(음력 9월 3일), 독립의 깃발을 올렸던 바로 그날도 이런 바람이 불었을 것이다. 때마침 내린 빗방울이 100년 전 스님과 신도들이 흘렸을 의분의 눈물 같았다.

　도량을 외호했던 현무암과 이름 모를 나무, 잡초만이 법정사 터를 쓸쓸히 지키고 있었다. '우진각' 모양의 초가집이었다는 법정사法井寺. 지금의 여느 사찰처럼 화려한 전각이 아니라, 평범한 제주 민가였을 것이다. 부처님을 모셨지만 법당이 별도로 존재하지 않고, 스님들이 머무는 요사와 같이 사용한 건물이었다. 현무암 무더기 한쪽에는 녹슨 무쇠 솥이 놓여 있었는데, 법정사에서 사용하던 것으로 전해진다.

　법정사는 1911년 봉려관蓬廬觀(1865~1938) 스님이 창건한 사찰이다. 근대 제주 불교 최초의 비구니 스님으로 속명은 안려관安廬觀, 법명은 봉려관, 법호는 해월海月이다. 스님은 법정사를 단순한 수행 공간이 아닌 항일 인사들의 은신처로 사용하기 위해 창건했다. 주민들의 왕래가 거의 없는 한라산 깊은 곳을 찾아 세운 사찰이 바로 법정사였다.

　봉려관 스님은 1913년(또는 1914년)에 영실 움막에 거주하던 강창규, 김연일, 방동화를 법정사로 이주시켜 식량을 지원하고 군자금을 전달했다. 이들이 법정사를 중심으로 항일운동을 준비할 수 있었던 것은 봉려관 스님의 전폭적인 지원 덕분이었다.

봉려관 스님은 1865년 제주 화북리에서 출생했다. 1899년 관음신앙을 접한 후 1907년 대흥사에서 수계하여 근대 제주불교 최초의 비구니가 되었다. 1908년 제주로 돌아온 스님은 1909년 한라산 관음사 창건을 시작으로 불탑사, 고관사, 법화사, 백련사, 월성사, 성내포교당, 소림사 등 다수의 사찰을 창건 또는 중창하며 '근대제주불교 중흥'을 이끌었다. 또한 1926년 제주불교소녀단과 제주불교부인회를 창설해 신여성 양성에 힘썼고, 제주중학강습원과 불교유치원 개교를 위해 제주불교협회와 함께 힘을 모으는 등 교육사업에도 크게 기여했다.

근대 제주불교를 중흥하고 독립, 여성, 교육 등에 헌신한 봉려관 스님.

봉려관불교문화연구원장 혜달 스님은 2024년 11월 '근대 제주불교 역사 그 진실을 찾다 IV' 학술세미나에서 '정구용 대구복심법원 판결문'을 새로 번역하고 교감해 분석한 논문을 발표했다. 송치자 66명 가운데 지금까지 공개된 유일한 판결문으로, 법정사 항일운동의 실체를 보여주는 중요한 자료다.

판결문에 따르면, 법정사 항일운동은 우발적 사건이 아닌 철저히 계획된 거사였다. "전라남도 제주도島 도순리 법정악 동남쪽 법정사 주지 김연일은 전부터 정부의 조선 통치에 대한 불평을 품어, 1918년 음력 6~7월경 이래 여러 명의 동지와 의논하여 불교도 및 농민을 모아 도당을 만들었다"는 기록이 이를 증명한다.

김연일, 강창규, 박하룡, 정구용 등 핵심 인물들은 음력 6월 말 이전부터 충분한 소통과 사전 논의를 거쳤다. 법회나 기도에 참여하기 위해 절을 찾은 신도들에게 항쟁 동참을 권유하고, 주민들에게도 은밀히 거사 계획을 알렸다. 화승총 3정, 곤봉, 깃발 등 거사에 필요한 무기도 사전에 준비했다.

9월에는 마을 이장들에게 전달할 격문을 작성했다. 정구용 재판 기록에 따르면 격문에는 이런 내용이 담겨 있었다. "일본의 강제에 의해 조선을 탈취당한 조국의 백성은 이 때문에 고통을 받고 있다. 각 면 각 이장은 바로 이민 장정을 모아 솔군하고 음력 9월 3일 오전 4시 하원리 안에 집합하라."

1918년 10월 7일 새벽, 법정사에는 팽팽한 긴장감이 돌았다. 스님과 신도 34명이 조그만 법당과 마당에 모였다. 거사에 앞서 경내에 깃발을 세우고 기도 의식을 거행했다. 김연일 스님이 큰 목소리로 외쳤다. "이번에 제주도에서 일본인을 쫓아내 원래의 한국 시대로 회복할 것이니 조력하라!"

선봉대장 강창규(서산사)가 맨 앞에 서고, 깃발을 든 대중이 뒤를 따랐다. 대열은 법정사를 출발해 영남리, 서호리를 거쳐 서귀포 중문으로 향

1919년 3·1운동보다 5개월 앞서 일어난 '제주 법정사 무장항쟁'의 중심지인 법정사. 지금은 터만 남았다.

했다. 1919년 3·1운동보다 5개월이나 앞서 일제에 맞선 '제주 법정사 항일운동'의 서막이 올랐다.

거사대는 몇 자루의 총과 나무 막대기로 무장했다. 초기 34명으로 시작한 대열은 마을을 거치며 급속히 불어났다. 혜달 스님의 연구에 따르면 구체적인 이동 경로는 상동, 영남리, 호근리, 서호리를 거쳐 중문리에 이르렀다. 마을에 들어설 때마다 격문을 배포하고 주민들을 직접 설득했다. 참가자는 400여 명까지 늘어났다. 당시 제주 인구가 약 20만 명이었던 것을 감안하면 실로 엄청난 규모였다.

거사대는 전략적으로 움직였다. 선봉대는 강정리와 도순리 사이에 있는 전선과 전주를 잘랐다. 제주읍과 서귀포의 통신을 막아 일본 경찰의 출동을 지연시키려는 목적에서다. 서귀포를 거쳐 제주읍까지 가려고 나선 스님과 주민들은 우연히 만난 일본인 고이즈미 키요미 일행을 구타했다. 이어 중문 주재소를 습격해 불태웠다. 항쟁의 불길은 거세게 타올랐다. 뒤늦게 소식을 접한 일본 경찰 기마순사대가 몰려왔다. 총을 쏘아 주민을 해산시킨 일본 경찰은 주모자를 체포하고, 항쟁의 구심점이자 출발지인 법정사를 불태웠다.

법정사 항쟁은 1910년대 전국 최대 규모의 무장 항일투쟁이었다. 참가자 가운데 66명이 연행되어 48명이 소요보안법으로 기소됐다. 이듬해 2월 31명이 징역형을 선고받고, 15명은 벌금형에 처해졌다. 잔인한 고문과 조사로 재판이 이뤄지기 전에 강수오, 강춘근이 옥사했고, 수감 중에 박주석, 김두삼, 김봉화가 세상을 떠났다. 궐석재판에서 김연일 스님이 징역 10년, 강창규가 징역 8년, 정구용이 징역 3년을 선고 받았다. 대석판결(피고인이 법정에 출석한 상태에서 내려진 판결)에서는 박주석이 징역 7년, 김상언, 방동화가 징역 6년, 최태유, 장임호, 김삼만, 양남구가 징역 4년을 받는 등 중형이 선고됐다. 선봉대장 강창규는 5년 11개월 동안 옥고를 치렀다.

혜달 스님은 "1918년 법정사 항일운동은 당시 주지 김연일 스님의 총지휘하에 기획된 400여 명의 제주도민 항일운동"이라면서 "법정사에서 사전에 산발적으로 분출되던 항일독립의지가 무장 항일투쟁

법정사 터를 지키고 있는 가마솥.
무심한 세월의 흐름을 상징적으로 보여준다.

형태로 터져 나온 것"이라고 평가했다. 제주 법정사 항일운동은 단순한 지역의 항쟁이 아니었다. 1910년대 전국 최대 규모의 무장 항일투쟁이자, 3·1운동을 견인한 선구적 독립운동이었다.

법정사 터 앞에는 '무오 법정사 항일운동 발상지'라는 안내판이 서 있다. 2003년 11월 제주도 지정문화재 기념물 제61-1호로 지정됐다. 한상봉 향토사학자, 윤봉택 탐라문화유산보존회 이사장, 강인호 보살(1918년 법정사를 실질적으로 관리했던 백인화의 외손녀) 등의 '법정이내' 개천 동쪽에 있었다는 증언과 일치한다.

법정사 터를 떠나며 녹슨 무쇠솥을 다시 한 번 바라봤다. 100년의 세월을 넘게 견뎌온 이 유물처럼, 봉려관 스님이 뿌린 항일의 씨앗이 김연일 스님과 제주도민들에 의해 거대한 투쟁으로 꽃 피었던 것이다. 평범한 제주도민들이 보여준 불굴의 독립 의지는 오늘날까지 면면히 이어지고 있다. 항일의 씨앗과 저항의 불꽃. 그 정신은 여전히 우리 곁에 살아 숨 쉬고 있다. 이제는 우리가 그들의 이야기를 기억하고 전해야 할 차례다.

정미의병 근거지 용문사

—

1907년 국권을 되찾기 위해 봉기한 양평지역 의병들이 주둔지로 삼았던 상원사의 현재 모습.
당시 일본군은 상원사를 비롯해 용문사와 사나사에 불을 질렀다.

1907년 8월 24일. 일본군 보병 제9중대 무장병력이 양평 용문산에 자리한 천년고찰 용문사龍門寺에 들이닥쳤다. 용문사에 근거지를 둔 의병義兵을 진압하기 위한 목적이었다. 고종황제가 일제의 조선 침략 부당성을 세계 각국에 호소하고자 헤이그에 밀사를 파견한 뒤 강제 퇴위당한 상황이었다. 앞서 7월 1일 일본은 대한제국 군대를 강제로 해산시켰다.

일제의 이러한 폭거暴擧에 분노한 조선인들이 자발적으로 조직한 의병의 무력항쟁이 전국적으로 확산됐다. 1907년 정미년丁未年에 발발해 '정미의병丁未義兵'이라고 한다. 양평도 의병들의 항일투쟁이 거세게 일어났다. 위기의식을 느낀 일제는 무장군대를 동원해 근거지 가운데 한 곳인 용문사를 습격해 불을 질렀다.

당시 양평에서 봉기한 권득수權得洙, 조인환曺仁煥을 비롯한 의병들은 용문사, 상원사, 사나사를 중심으로 강력한 투쟁을 전개했다. 일본군에 비해 열악한 조건의 의병들은 용문사에서 퇴각해 상원사와 사나사로 피한 후 맞서 싸웠다. 하지만 역부족이었다. 일본군은 상원사와 사나사까지 소각燒却하는 만행을 저질렀다.

항일의병의 근거지였던 양평 상원사를 찾은 2018년 10월 24일. 용문산은 단풍으로 옷을 갈아입고 있었다. 붉은색 노란색으로 화려하게 물든 산천은 구국救國의 깃발을 높이 올리고 목숨 바쳐 항거했던 의병들의 단심丹心을 증명하는 듯했다.

상원사 대웅전 오른편에 서 있는 '양평의병 전투지 - 상원사'라는 입간판이 111년 전의 일을 전하고 있었다. "1907년 후기의병 당시 양평의병의 근거지였던 곳이다. …용문산의 상원사를 비롯하여 용문사, 사나사를 근거지로 삼아 활동하였다. …양평의병은 1907년 8월 24일 일본군 보병 제52연대 제9중대가 용문사를 습격해오자 상원사로 후퇴하여 항쟁하였다. 이때 상원사는 일본군에 의해 소실되었다가 이후 여러 차례에 걸쳐 복원되었다."

사나사에서도 대한제국 의병들과 일본군 보병 제13사단 제51연대 제11중대 사이에 치열한 격전이 벌어졌다. 그러나 의병들은 우월한 무장력武裝

力을 갖춘 일본군을 상대하기에 힘이 모자랐다. 일부는 현장에서 숨을 거두고, 일부는 용문산으로 몸을 피했다. 일본군은 의병의 근거지였던 사나사에 불을 질렀다. 전각이 모두 불탔다.

고려를 건국한 태조 왕건의 자문 역할을 담당했던 대경국사大鏡國師가 제자인 융천融闡 스님과 함께 창건한 사나사가 임진왜란 때 왜군倭軍에 의해 불탄 이후 또다시 참혹한 아픔을 겪었다. 1907년 당시 사나사는 사명寺名이 유래한 비로자나불이 봉안돼 있었다. 조선총독부가 '국보급'이라고 한 철불鐵佛이었지만 일본군이 사찰을 소각하는 과정에서 크게 훼손됐다. 한국전쟁 이후 망실됐다.

같은 날 용문사에도 일본군이 쳐들어왔다. 아카시明石를 중심으로 한 일본군은 의병들의 양식으로 사용했을 식량과 주둔지였던 용문사에 불을 질렀다. 독립기념관 '국내 독립운동·국가수호 사적지' 홈페이지에는 용문사를 '국내항일운동사적지' 이며 '의병근거지' 라 밝히고 있다.

독립기념관은 "1907년 일본군의 보복으로 소실된 의병의 근거지"라면서 "1907년 8월 4일 포천 출신 조인환은 의병진을 이끌고 양평 관아, 세무서, 우편소, 일본인 가옥 등을 습격하여 파괴하고 용문산을 근거지로 삼아 활동을 벌였다"고 했다.

특히 지평砥平(양평의 옛 지명) 출신 의병장 이연년李延年이 의병을 모집해 용문사를 주둔지로 삼았다고 한다. 이연년 의병장은 군사를 매복시켜 기습하고 후퇴하는 '게릴라 전법'으로 일본군을 괴롭혔다.

권득수 의병장은 의병을 모집해 용문사에 식량과 무기를 비축했다. 조인환 의병장도 용문사를 근거지로 해서 인근 지역의 관아, 파출소, 우편소 등을 습격했다. 이러한 기록을 종합하면 용문사는 의병항쟁의 총사령부 역할을 수행했던 것으로 보인다.

의병들은 지리에 밝은 이점을 활용하여 일본군을 공격했다. 신속한 유격전을 거듭하며 깊은 산속에 자리한 용문사, 상원사, 사나사를 기지基地로 적극 활용했다. 전과戰果도 거두었다. 이에 일본군은 의병 근거지와 후원하는 세력을 방화, 살육하는 초토화 작전을 펼쳤다.

독립기념관은 "이러한 만행으로 민가民家는 물론 많은 고찰古刹들이 방화로 인해 잿더미가 되고 말았다"고 지적했다. 용문사 일주문 옆에 자리한 양평의병기념비와 용문항일투쟁기념비 등은 나라를 되찾기 위해 분연히 일어섰던 스님과 주민들의 애국심을 후대에 전하고 있다.

1907년 의병 투쟁 당시 스님들의 참여 상황은 기록으로 전하는 것이 없다. 다만 1919년 3·1운동에 참여했다가 구속된 이세춘李世春 스님의 재판 기록을 통해 가늠할 뿐이다. 1919년(대정 8) 6월 26일 경성지방법원에서 열린 재판에서 이세춘 스님은 본인의 신분을 다음과 같이 밝혔다. "25세, 1월 5일생. 직업은 중앙학림 1년생. 주소는 경성부 숭일동 2번지 중앙학림 기숙사. 본적지는 양평군 용문동 신점리 34번지. 출생지는 강화군 길상면 고두동." 신점리 34번지는 용문사에서 3.5km 떨어진 곳이다.

"피고는 승려인가"라는 판사永島雄藏의 질문에 "그렇다. 양평군 용문동 용문사의 승려로 그 절로부터 학비를 지급받고 있다"고 답한 것으로 보아 스님이 분명하다. 판사와 이세춘 스님의 질문과 답변이 이어졌다. "어떠한 목적으로 만세를 불렀는가." "만세를 부르면 조선이 독립된다고 하는 것이었으므로 만세를 불렀던 것이다." "어째서 조선의 독립을 희망한

1907년 용문사, 상원사, 사나사를 근거지로 활약한 양평 의병들의 모습. 영국 기자 프레들릭 맥켄지가 촬영한 것으로, 최근 막을 내린 '미스터 션샤인'에서 재현된 화면이 나왔다.

것인가." "그것은 다른 주권 밑에 압박을 받고 있는 것이기 때문에 조선 사람으로서 독립을 희망했던 것이다."

이세춘 스님의 재판기록을 통해 1907년 일본군에 의해 사찰이 소각되는 처참한 상황 속에서도 불교계가 독립에 대한 강력한 의지를 꺾지 않았다는 사실을 확인할 수 있다.

정미의병에 앞서 1895년~1896년에 일어난 을미의병乙未義兵 때도 스님들의 참전參戰 기록이 전한다. 유인석柳麟錫을 대장으로 한 의병들이 충청도, 강원도, 경기도에서 항쟁할 때 지평(양평의 옛지명) 인사들도 함께했다. "아무리 어렵고 위태한 곳이라도 뛰어들어 기어코 망해가는 나라와 천하의 도의를 다시 만들어 천일天日이 다시 밝도록 하라"며 봉기한 을미의병들은 세력을 확대해 충주에 집결했다. 이때 무총武總 스님이 의승장義僧將을 맡았다. 이 기록은 의병투쟁에 스님들이 다수 참여했음을 증명한다.

용문사, 상원사, 사나사를 주둔지로 삼아 활약한 양평지역 의병들의 모습을 담은 사진 한 장이 전하고 있다. 의병 사진으로는 유일하며 교과서에 실려 있다. 2018년 방영된 인기드라마 '미스터 션샤인'의 대미를 장식한 장면도 이 사진을 재현한 것이다. 1907년 양평에서 의병들을 직접 만나 취재한 영국 기자 프레들릭 맥켄지(Mackenzie, F.A)가 촬영한 것이다.

구식 총을 든 대한제국 군인과 농민, 상인들이 결연한 표정으로 카메라를 응시하고 있어 시청자들을 뭉클하게 했다. '미스터 션샤인' 마지막 회의 한 대사는 1907년 일제에 맞서 사찰을 근거지로 투쟁한 의병들의 마음을 대신 전한다. "알고 있소, 이렇게 싸우다 결국 죽겠지. 허나 일본의 노예가 되어 사느니 자유인으로 죽는 것이 훨씬 낫소."

1907년 용문산에 있는 사찰을 소각한 일본이 강탈했다가 돌아온 '상원사 동종'.

문경 김룡사 4·13 거사

1919년 4월 13일 일요일 문경 운달산 김룡사의 젊은 스님과 학생 30여 명이 산문山門을 나섰다. 중국 상해에서 대한민국 임시정부가 수립된 의미 있는 날이었다. 태극기를 몰래 숨긴 스님들은 운달계곡 옆으로 난 길을 따라 걸었다. 일본 경찰이 주둔한 대하주재소大下駐在所 근처에서 조선 독립을 외치기 위해서였다. 이날은 우곡리 장날로 시위하기에 안성맞춤이었다.

지금은 직지사 말사末寺이지만, 일제강점기 김룡사는 전국 31본산本山 가운데 하나였다. 50개 말사를 둔 큰절로 지방학림地方學林을 운영하며 젊은 스님과 학생들이 공부에 열중하고 있었다. 한 달여 앞서 서울에서 벌어진 3·1운동 소식을 접한 김룡사 지방학림 스님과 학생들은 "우리도 가만히 있을 수 없다"면서 의기투합했다.

그해 3월 25일 불교중앙학림에 다니던 전장헌錢藏憲 스님이 독립선언문 한 장을 구두 밑창에 몰래 숨겨 김룡사에 잠입했다. 지방학림 스님들에게 독립선언문이 전달되면서 만세운동을 도모하기 시작했다. 전장헌 스님은 김룡사에서 장학금을 받아 서울로 유학한 인물이다.

문경 김룡사 공비생公費生으로 김룡사의 젊은 스님들과 막역한 사이였던 전장헌 스님은 서울을 비롯한 전국 각지에서 일어나고 있는 만세운동 상황을 전했다. 독립만세운동이 전국적으로 확산되는 것을 경계한 일경日

일제강점기인 1937년 문경 김룡사 대웅전 앞에서 스님과 신도들이 기념촬영을 했다.

警이 김룡사 스님들의 움직임을 예의주시한 것은 당연했다. 때문에 전장헌 스님은 이튿날 급히 서울로 돌아갔다.

들불처럼 번지고 있는 3·1운동 소식을 알게 된 김룡사 지방학림 스님들과 학생들은 비밀을 유지하며 동지를 규합했다. 송인수, 성도환 스님이 주도했다. 4월 11일 오후 7시 기숙사寄宿舍로 사용하는 요사寮舍에 모인 송인수, 성도환, 최덕찰 스님 등 10여 명은 만세운동을 위한 구체적인 계획을 수립했다. 4월 13일 수업이 끝난 뒤 조선독립만세를 외치기로 의견을 모았다. 그날 사용할 태극기 4점을 비밀리에 만들었다. 주민들에게 나눠줄 독립선언문도 필사筆寫했다.

당시 2년제로 운영되던 김룡사 지방학림에는 말사에서 온 공비생 스님들과 일반 학생 등 80여 명이 재학하고 있었다. 일반 학생들은 신학문을 배우려는 불교 신도들의 자제였다. 문경은 물론 상주, 예천 등 주변 지역에서 온 젊은이들이었다.

산문을 나선 김룡사 지방학림 스님과 학생들은 대하리를 향해 걸었다. 절에서는 약 10km 정도 거리이다. 걸어서 1시간 30분 내지 2시간이면 갈 수 있다. 김룡사 지방학림에 다녔던 민동선閔東宣 스님은 훗날 "태극기, 독립선언문, 경고문警告文을 감춰 절을 나섰다" 면서 "30명이 1개의 단團을 구성했다" 고 증언했다. 지방학림 재학생이 80여 명이었으며, 1개단이 30명임을 감안하면 기존 18명이 참여했다는 기록과 달리 많은 인원이 참여했을 가능성이 크다.

하지만 이날 김룡사 지방학림 학생들의 행진은 중도에 멈추고 말았다. 스님과 학생들이 우곡리 석문石門 인근에 도달했을 때 뒤늦게 상황을 알게 된 김룡사 주지 김혜옹金慧翁 스님이 조랑말을 타고 급히 달려왔기 때문이다. 혜옹 스님은 김룡사 지방학림 교장을 겸직하고 있었다. 스님은 학생들을 가로막고 사찰로 돌아가라고 지시했다. 일부 기록에는 "학생들에게 윽박질렀다" 고 하지만, 젊은 스님과 학생들의 피해를 염려하여 귀사歸寺를 종용했을 가능성이 있다.

혜옹 스님의 간청을 받아들인 지방학림 스님과 학생들은 사찰로 돌아갔다. 그러나 시련이 기다리고 있었다. 스님과 학생들의 거사 정보를 확인한 일본 헌병이 다음날 김룡사에 들이닥쳤다. 수업 중이던 스님과 학생들을 한 곳으로 몰아놓은 뒤 가담자를 색출했다. 이날 27명이 밧줄로 손이

묶인 채 문경헌병대로 연행됐다. 10일간 모진 고초를 겪은 뒤에야 24명은 풀려났다. 하지만 송인수, 성도환, 김훈영 스님은 재판에 회부되어 형刑을 받았다.

이 가운데 김훈영 스님에 대한 흔적이 〈동아일보〉에 전한다. 1920년 7월 31일자 〈동아일보〉에는 '불교학생 설화舌禍 - 통일론統一論을 하다가 강연까지 못하고' 라는 제목의 기사가 실렸다. 기사에 따르면 김훈영 스님은 6월 26일 오후 9시 예천불교포교당에서 "우리 민족의 과거 력사(역사)가 광휘光輝(환하고 아름답게 빛남)할 때에는 우리가 잘 통일되었을 때요, 금일과 가치(같이) 조선 사람이 쇠퇴한 것은 사회가 통일되지 아니하고 반상班常(양반과 상인) 사색四色(조선시대 붕당) 등의 차별이 있기 때문" 이라고 강연했다. 강연 내용이 민족의식을 고취하는 것이라 판단한 일본 경찰에 체포됐다가 이튿날 석방됐다.

한편 1998년 향토사학자 최병식 씨(당시 70세, 문경문화원 연구위원)는 〈불교신문〉을 통해 김룡사 만세 사건에 대한 구술 자료 등을 공개했다. 최병식 씨는 1990년대 후반 별세한 김룡사 지방학림 출신의 김철 씨와 민동선 스님의 회고를 채집했다. 4월 13일을 거사일로 정한 것은 당시 산북면 사무소 소재지인 한두리 장날이기 때문이었다는 것이다.

전장헌 스님이 갖고 온 독립선언문을 필사筆寫하고 태극기를 만들었다는 증언도 청취했다. 또한 거사일에는 수업을 마치고 산문을 나선 것이 아니라 아침공양 직후라는 사실도 밝혔다. 이튿날 문경읍 헌병대에 체포된 지방학림 스님과 학생들이 석봉리 새목재를 넘을 때 동네 사람들이 나와 지켜보았으며, 먼발치에 있던 농민들이 만세를 외쳤다고 했다. 농민들은 헌병들에게 붙잡혀 구타를 심하게 당했다. 최병식 씨는 2002년 문경문화원에서 발간한 『문경문화』에 「김룡사 지방학림의 만세사건」이란 글을 발표했다.

비록 만세운동은 실패로 돌아갔지만 김룡사 스님들의 항일抗日정신은 퇴색하지 않았다. 1895년 10월 을미의병乙未義兵으로 봉기한 이강년李康秊(1858~1908) 부대가 주둔했던 사찰이 김룡사이다. 무과에 급제한 무관 출신의 이강년은 13년간 문경, 단양, 강릉, 백담사, 청풍 등에서 무장투쟁을 전개했다. 안타깝게도 1908년 7월 총알을 맞고 체포되어 그해 10월 경성감옥서대문형무소에서 교수형을 받고 순국했다.

김룡사 대웅전 앞에 자리한 정료대庭燎臺. 횃불을 피우기 위한 기둥 모양의 대臺이다. '○○십오년十五年 경진庚辰 시월일十月日'이라 적혀 있다. ○○은 일본 연호인 '소화昭和'를 없앤 자리이다. 소화 15년은 1940년이다.

『문경의 의병과 독립운동사 연구』(문경시, 2009)에는 김룡사 지방학림의 분위기를 이렇게 기록했다. "단순한 교육적인 기능 외에도 1919년 3·1운동 당시 이 지역의 만세운동을 주도하는 등 민족의식을 고취하기 위해 많은 노력을 기울였다. 지방학림이 얼마나 성황盛況이었는지는 당시 신문기사를 통해 확인할 수 있는데, 1921년 당시 입학생이 증가하여 일반학생을 받을 수 없어, 확장을 위해 고심한 흔적이 나타난다."

● 김룡사 만세 권유한 전장헌 스님

김룡사 만세 의거와 관련된 인물들의 자취는 거의 남아있지 않다. 서울에서 독립선언문을 가져와 김룡사 지방학림 학생들에게 전달한 불교중앙학림 전장헌 스님으로 추정되는 인물과 김훈영 스님의 신문기사가 전할 뿐이다. 1920년 6월 9일자 〈동아일보〉에는 '중앙학림中央學林 전장헌' 명의로 '동아일보군東亞日報君'이란 제목의 기고가 실려 있다. 소속 학교가 '불교중앙학림' 과 '중앙학림' 으로 차이를 보이고 있지만, 같은 인물일 가능성이 크다.

이 글에서 전장헌 스님은 "아! 동아군, 군은 진실眞實노(로) 우리 반도사회에 신서광新曙光을 배부背負(짊어진)한 군" 이라면서 "반도의 민족을 위하야 분투하고 노력치 아니하면 우리의 서광은 자연히 소각될 것이오" 라고 밝히고 있다. 일제강점기라는 상황을 감안할 때 '민족을 위해 분투하라' 는 전장헌 스님의 외침은 남다르게 다가온다. 1920년 9월 9일 조선불교청년회 김룡지회金龍支會와 동경유학생강연단東京留學生講演團이 김룡사 만세루에서 개최한 강연회 사회를 전장헌 스님이 봤다는 기록도 전한다.

조선 독립에 청춘 바친 신화수

    지금부터 100여 년 전인 1923년 1월 12일. 삭풍이 몰아치는 한겨울이었다. 어둠이 짙게 깔린 그날 저녁 8시 10분, 30대의 한 조선 청년이 종로경찰서, 지금의 종로1가 YMCA 인근에 폭탄을 투척했다. 갑작스러운 폭발음에 혼비백산한 일경日警들이 피를 흘리며 경찰서에서 뛰쳐나왔다. 영화 '밀정'과 '암살'의 모티브를 제공한 것이 이 사건이다. 이날 의거의 주인공은 의열단원 김상옥金相玉 의사다. 통도사 스님 출신의 신화수申華秀(1896~?)와 인연이 깊다.

    종로경찰서는 3·1운동 이전부터 애국운동 지사들을 검거해 무자비한 고문으로 목숨을 빼앗거나 몸을 망가뜨리는 악행을 저질렀다. 〈독립운동사〉에는 "일본인 고등계 형사부장 미와 와사부로三輪和三郎가 악마같이 날뛰며 독립운동을 방해했다"고 기록했을 정도다. 조선총독부에서 멀지 않은 종로경찰서를 폭파한 사건으로 일본은 간담이 서늘해졌다. 더구나 경성 한복판에서 벌어진 폭파 사건으로 자존심이 구겨진 일경은 범인 색출에 혈안이 되어 모든 수단을 동원했다. 일경의 추적을 피해 피신한 지 5일 만에 은신처가 발각된 김상옥 의사는 항복 권유를 단호히 거부했다. 은신처에서 나와 경성 시내에서 3시간 정도 쫓고 쫓기며 총격전을 벌였다. 하지만 혼자 일본 경찰에 맞서기는 중과부적이었다. 마지막 총알 한 발을 자신에게 쏘며 "대한독립 만세"를 외치고 순국했다. 이때 김상옥 의

1945년 광복 후에 다시 만난 의열단원들이 기념사진을 찍었다. 뒷줄 오른쪽 첫 번째가 신화수이다.

사의 나이는 34세에 불과했다.

일경은 김상옥 의사의 배후와 동조세력을 찾기 위해 대대적인 검거에 나섰다. 이때 통도사 스님 출신의 신화수를 비롯해 김우진, 안홍한, 김한, 이혜수, 서병두, 정설교, 윤익중 등 8명이 체포됐다. 1923년 3월 15일자 《동아일보》는 호외號外를 발행해 이 소식을 대대적으로 보도했다. 당시 신문에는 김상옥 의사와 연행된 이들의 사진을 실었는데, 신화수도 보인다. 머리를 단정하게 빗어 넘겨 이마가 보이고, 양복에 나비넥타이를 한 멋쟁이 모습이다.

신화수는 이보다 앞서 1919년 3월 13일 통도사 스님들이 마을 주민들과 함께 신평장터에서 전개한 만세운동에도 관련돼 있다. 만해 스님의 밀명을 받고 내려왔다가 체포된 통도사 스님 오택언이 경성에서 우편으로 보낸 독립선언서를 받아 전달하는 임무를 수행했다.

1921년 11월 경성지방법원 판결문에 따르면 신화수의 재적在籍(주소)은 경남 고성군 영오면 오서리 163번지이다. 1923년 10월 경성복심법원 판결문에도 본적 및 출생지가 경남 고성군 영오면 오서리 163번지로 기록돼 있다. 따라서 고향은 경남 고성군 영오면 오서리가 분명하다. 서울 주소는 1923년 재판 기록에 의하면 경성부 당주동唐珠洞 16번지로 돼 있다. 현재 주소는 '서울 종로구 세종대로23길 25(당주동 16-1번지)'이다. 세종문화회관 뒤 5호선 광화문역 8번 출구에서 서쪽으로 대각선 방향이다.

1921년 자료에는 신분이 승려僧侶로 나온다. 조선총독부 자료에는 고성 옥천사 승려로 나오는데, 옥천사는 당시 통도사 말사였다. 1923년 재판 기록에는 불교학원佛敎學院 학생으로 기재돼 있다. 불교학원은 동국대 전신인 불교중앙학림인 것으로 추정된다.

통도사 본말사의 청년 승려를 경성이나 일본에 유학 보내어 견문을 넓히게 한 구하九河 스님의 지원을 받은 것으로 보인다. 이러한 가능성을 높게 보게 하는 이유 가운데 하나는 박노영(1897~1976)과의 인연 때문이다. 통도사 말사인 옥천사 출신의 박노영은 구하 스님의 지원을 받아 서울중앙학교로 유학을 했고, 그 뒤에는 미국으로 건너가 하버드대에서 박사학위를 받았다. 옥천사에서 출가해 나이가 한 살밖에 차이가 나지 않고, 비슷한 행적을 보인 신화수와 박노영은 친분이 깊었다.

신화수와 박노영은 1919년 4월 만들어진 혁신단革新團과 기관지〈혁신공보革新公報〉제작에 같이 참여했다. 조선 총독을 비롯한 일본인 고위 관료와 민족의 반역자를 숙청해 독립을 성취하기 위해 만든 비밀결사조직이 혁신단이다. 종로경찰서를 폭파한 김상옥 의사가 선전과 배달을, 박노영이 편집·취재·사설·작성을, 윤익중이 재정을 담당했다. 신화수도 〈혁신공보〉의 원고를 작성하는 일을 담당했다. 지하조직의 특성상 비밀리에 활동한 혁신단에 박노영과 신화수가 친분이 깊지 않고서는 함께하기 어려웠을 것이다. 신화수와 윤익중을 비롯한 혁신단원들은 4년 뒤 김상옥 의사의 종로경찰서 폭파 사건으로 옥고를 치렀다.

1921년 7월 21일자 〈신한민보新韓民報〉에는 경상남도에서 독립자금을 모금하다 연행된 조선인 명단이 실렸는데 신화수와 박노영이 같이 등장한다. 〈신한민보〉는 "김두현 이하 제씨諸氏(여러 사람)가 상해와 연락하여 독립운동을 모획謀劃(모의)했다는 혐의로 왜경倭警의 손에 잡혔다" 면서 연행자 13명의 주소, 이름, 나이, 직업 등 인적사항을 자세히 보도했다. 이 명단에는 박민오가 '양산군 통도사 박치오 26세 승려' 로, 신화수는 '고성군 옥천사 25세 승려' 로 기록돼 있다. 당시 박노영은 미국에 머물고 있었는데 출국 이전에 발생한 사건이 뒤늦게 발각되면서 명단에 들어갔다. 〈신한민보〉는 주로 독립운동과 국권회복에 대한 국내외 기사 및 재외동포 소식을 게재했는데, 미국 샌프란시스코에 거주하는 교민들의 모임인 국민회의國民會議 기관지이다.

신화수는 독립을 성취하기 위해 온건한 방법보다는 주로 물리적 투쟁을 선호한 것으로 보인다. 김상옥 의사의 종로경찰서 폭파 사건의 배후인 의열단義烈團에 참여한 것이 대표적이다. 1919년 11월 9일 만주 지린성吉林省에서 "직접적인 무력을 통한 독립운동을 해야 한다" 는 취지에 공감한 독립운동가들이 결성한 비밀결사조직인 의열단에 신화수는 창단 이후에 가담했다.

수차례 옥고를 겪었지만 신화수는 독립운동을 멈추지 않았다. 1920년 9월에는 대동단大同團 소속 '육혈포 암살단 사건(대한군정서 암살단 사건)'으로 체포된다. 대동단은 중국 길림에 근거지를 두고 일본 고관이나 반민족 행위자를 처벌하는 무장독립투쟁단체다. 1919년 4월 15일 발생한 화성 제암리 학살사건 조사차 미국 국회의원단이 경성에 도착하는 1920년 8월 24일 사이토 총독 등을 저격해 국내외에 조선 독립의 여론을 확대하고자 했다. 총, 폭탄, 태극기, 성조기를 은밀히 준비하고 순사복으로 위장해 거사를 준비했지만 안타깝게도 무산되고 말았다. 예비검속을 받아 피신한 김상옥의 집 비밀 벽장에서 암살단 취지문과 권총 케이스 등이 발견돼 신화수를 비롯한 관련자들이 체포됐다. 신화수는 비밀결사를 조직하고, 취의서趣意書와 경고문을 작성 반포해 군자금을 모집하고, 정무총감 암살을 계획하는 등의 혐의로 경성지방법원에서 징역 2년을 선고 받았다.

육혈포 암살단 사건으로 재판을 받는 과정에서 제2차 독립운동 사건이 발각되면서 또다시 고초를 겪었다. 경남지역을 중심으로 제2차 3·1독립만세운동을 준비한 것이 드러나고 만 것이다. 또한 1926년 10월 8일과 9일자 〈동아일보〉에는 "조선혁명군대본영朝鮮革命軍大本營에서 특파한 개벽당원開闢黨員으로 최강崔綱(26), 신화수申華秀, 이일화李一化가 체포됐다"는 기사가 나온다. 권총 두 자루와 탄환 37발을 소지한 이들은 총포화약銃砲火藥 취체령取締令 위반 혐의를 받았지만 석방됐다. 그해 10월 9일자 〈동아일보〉는 개벽당원 사건에 연루된 신화수가 무죄 석방됐다는 기사를 싣고 있다. 그동안의 행적을 감안할 때 개벽당원으로 활동한 것은 분명해 보인다. 신화수와 박민오의 독립운동 참여는 구하, 만해, 초월 스님의 영향이 컸다. 만해 스님은 3·1운동 전날 박노영 등 청년들에게 거사 참여를 독려했다. 만해 스님은 구하 스님의 권유로 통도사에 머문 인연이 있다. 초월 스님은 일제강점기 통도사 말사인 옥천사에 주석했고, 〈혁신공보〉 발간 등에 참여했다. 구하 스님이 임시정부와 독립군에 비밀리에 자금을 전달했을 때 신화수가 역할을 담당했을 가능성이 크다는 점에서 향후 연구가 필요하다.

한편 1930년대 이후 신화수의 행적은 잘 드러나지 않는다. 일경의 감시를 피해 몸을 숨기거나, 아니면 대외 활동을 최대한 줄인 것으로 보인다. 광복 후에 활동한 흔적이 발견된다. 신화수는 1946년 3월 광복단 중앙 기구를 개편해 한성지부를 결성할 때 '비서과장부서' 소속이 됐다. 또한 1946년 5월 여운형 동생인 여운홍 등 106명이 '조선의 완전한 독립과 민주주의국가 건설'이란 취지로 조직한 사회민주당에 참여한다. 이듬해 사회민주당 훈교국장에 선임됐다. 또한 1948년 1월 29일 일제강점기 암살단에서 활동한 동지들과 함께 촬영한 사진이 전한다.

그 뒤로 신화수의 행방은 묘연하다. 해방 공간의 혼란 속에서 스스로 몸을 숨긴 것인지, 아니면 타의에 의해 사라진 것인지 알 수 없다. 하지만 그가 일제강점기에 청춘을 바치며 치열하게 독립투쟁에 나선 사실까지 묻혀선 안 될 것이다. 구하 스님의 후원과 도반 박노영과 돈독한 인연을 가졌던 통도사 스님 출신의 신화수를 역사의 수면 위로 나오게 해야 할 것이다.

오택언 독립운동

―

"조선독립을 희망하는가?"

"그렇다."

"어째서 조선의 독립을 희망하는가?"

"그것은 조선인이 모멸당하고 일본인과 너무나 차이가 컸으므로 독립을 희망하는 것이다."

"이번 운동에 의해 조선이 독립된다고 생각하는가?"

"독립이 된다고 생각한다."

1919년 6월 26일 경성지방법원에서 열린 재판에서 "통도사 승려"라고 당당하게 밝힌 오택언吳澤彦(1897~1970)이 판사와 주고받은 문답의 일부이다. 이날 재판에서 오택언은 일제의 강압적인 분위기에 굴하지 않고 조선 독립의 당위성을 거듭 천명했다.

"어떠한 목적으로 만세를 불렀나?"

"조선독립을 원하도록 고쳐시키기 위해 만세를 불렀다."

"독립선언서를 배부한 것도 같은 목적인가?"

"그렇다."

"선언서의 취지에 찬성해 배부하고 만세를 불렀나?"

"조선의 독립을 선언한 그 일에 찬성하여 배부하거나 만세를 부르거나 하였던 것이다."

오택언은 만해 스님이 통도사에 머문 사실과 시기를 재판에서 밝히기도 했다. "3년 전 통도사에 강사로 와서 1년가량 머물렀다"고 증언한 것이다.

앞서 1919년 3월 14일 보안법 위반(독립운동 사건)으로 체포돼 경성 경무총감부警務摠監部(지금의 경찰청)에서 야마자와사이치山澤佐一郎 검사에게 신문訊問받을 때도 입장은 변함이 없었다. 자료에 따르면 당시 오택언의 나이는 23세, 직업은 중앙학림中央學林(지금의 동국대) 2학년 학생이다. 본적지는 경남 양산군 하북면 지산리이다. 구하 스님 등 통도사 사중의 지원을 받아 서울에서 유학생활을 한 그는 이날 만해 스님이 통도사 사무원事務員으로 일한 적이 있다는 진술도 했다. 독립운동 사실을 당당하게 밝힌 오택언은 1919년 11월 출판법, 보안법, 형법 위반 혐의로 징역 8월을 선고받고 서대문형무소에서 옥고를 치르다 이듬해 4월 28일 출옥했다.

이 같은 고초를 겪은 것은 1919년 2월 28일 저녁 8~9시 만해 스님을 만나 3·1운동 참여를 권유받고, 경성 시내에 독립선언서를 배포하는 책임을 맡았기 때문이다. 3월 1일 파고다(탑골)공원과 종로, 대한문 앞에서 독립만세를 소리 높여 외쳤다. 그날 저녁 9시 종로구 청진동 일대에 100여 장의 독립선언서를 살포하고, 이 가운데 4장을 통도사에 우편으로 발송했다. 오택언이 보낸 독립선언서는 통도사 스님 신구담申九潭, 신화수申華秀가 받아 신평리 주민들과 함께 만세운동을 전개하는 기폭제가 됐다.

〈한국독립운동사〉에는 1919년 2월 28일과 3월 1일의 상황을 이렇게 기록하고 있다. "독립선언서 3만 매 가운데 불교 측에 배당된 1만 매를 가지고 불교계 청년 학생들은 두 방향으로 나누어, 우선 그 절반은 서울 북쪽에 해당하는 동북부 일대에, 나머지는 전국의 지방 각 사찰을 중심으로 살포하기로 했다." 오택언은 다른 스님, 불자들과 독립선언서를 배포하고, 출가 본사인 통도사에 선언서를 보낸 뒤 귀사歸寺해 만세운동의 봉화를 올렸다. 그러나 이미 수배령이 내려져 있어 3월 7일 체포돼 서울로 압송됐다. 그럼에도 통도사 스님들은 뜻을 접지 않고 3월 13일 신평장터에서 주민들과 만세운동을 전개했다. 경남 동부지역 최초의 만세운동으로 언양, 부산까지 영향을 끼쳤다.

오택언의 흔적이 처음 발견되는 것은 1910년 7월 17일자 〈대한매일신보〉이다. 이날 '명신시험明新試驗'이란 제목의 기사에 따르면 오택언은 병반丙班 우등생이었다. '명신시험'의 명신은 통도사에서 설립한 명신학교의 줄인 말이다. 즉 '명신학교의 시험 결과'에 대한 보도다. '양산 통도사립寺立 명신학교'라는 기사는 명신학교가 통도사에서 설립한 학교임을 분명히 하고 있다. 이 소식에 따르면 1910년 당시 명신학교는 갑을병정甲乙丙丁으로 반班을 나눠 운영했으며, 급제생及第生(급제한 학생)은 갑반 6인, 을반 7인, 병반 7인, 정반 5인이었다. 최소한 25인 이상이 명신학교에 재학하고 있었던 것이다.

한편 3·1운동에 참여해 옥고를 치른 오택언은 통도사로 돌아와 본말사에서 전법과 중생교화에 나섰다. 1931년 7월 24일자 〈매일신보〉기사에 의하면 통도사 마산포교소(지금의 마산 정법사)에서 부녀자들의 문맹퇴치 운동에 앞장섰다. 한글을 깨치지 못한 여성들에게 교육을 실시한 것이다. '문맹부녀文盲婦女에 조선문교수朝鮮文敎授'라는 제목의 보도가 증거이다.

〈매일신보〉는 "마산부府 내 조선인 부녀 간間에 조선 언문諺文(한글)을 해득解得(해독)치 못하는 수가 실로 반분半分(절반 이상)으로 한심한 상태에 달하였다"면서 "일생一生을 문맹의 신분으로 가련한 정도程途(절차)에 도세渡世(세상을 살아감)할 뿐 아니라 사회에 취就하야 비상非常한 손실이 막대하다"고 개탄했다. 이런 시대적 상황에서 '양산 통도사 마산포교소 주지' 오택언은 여성교육의 중요성을 인식하고 문맹퇴치 운동을 전개했다. 배달유치원 보모保姆, 교사 김신옥金信玉, 이형길李亨吉, 이점선李點善이 뜻을 같이했다. 15세 이상 부녀자들을 대상으로 마산포교소 법당에서 야간에 한글을 지도했다고 기사는 전한다.

〈매일신보〉는 "오씨吳氏(오택언)의 특선지도特善指導(특별한 지도)와 보모 제씨諸氏(여러 사람)의 열심 교수敎授(가르침)에 대하야 일반 사회에서 칭송 불이不已(그치지 않다)한다"고 호평했다. 배달유치원은 마산포교소가 1927년 4월 어린이 교육을 위해 설립한 교육기관으로 현재 마산포교당 정법사가 운영하는 대자유치원의 뿌리이다.

이에 앞서 1929년 7월 24일 〈매일신보〉는 오택언이 마산포교소 신임 포교사(지금의 주지에 해당)로 부임하는 기사를 게재하면서 "이미 마산포교사를 역임했고, 종교계는 물론 사회사업에 많이 활동하는 청년 포교사"라고 소개하고 있다. 즉 1929년 이전에 마산포교소 포교사를 지냈으며, 불교는 물론 대사회 활동을 적극적으로 펼친 사실을 가늠하게 한다.

오택언은 마산포교소 포교사로 재임하면서 배달학원倍達學院을 설립하고, 불교청년회와 불교소년회를 만들며 불교를 널리 알리는 한편 민족정신 구현을 위해 노력했다. 구하 스님의 후원으로 가능했다. 학원 명칭을 겨레의 시조인 단군檀君을 나타내는 '배달'로 삼은 것만 보더라도 민족

정신이 분명해 보인다. 즉 '배달학원'이란 이름은 '단군학원'과 같은 의미로 나라를 빼앗긴 일제강점기 오택언과 통도사 스님들의 민족정신을 짐작할 수 있다. 1933년 3월 마산포교사를 마치고 통도사 감사監司(지금의 총무)로 소임을 옮겨 본사에서 활동했다.

일제강점기 후반 오택언의 행적은 언론을 통해 확인 가능하다. 1928년 1월 조선불교승려대회 발기회, 1929년 3월 조선불교청년회 제2회 정기대회, 1931년 3월 조선불교청년회대회 자료에 이름이 등장한다. 1931년 3월 조선불교청년회대회에는 '진주불교청년회 오택언' 명의로 축문祝文을 보낸 사실도 전한다. 또한 마산수해구제회 결성 복구기금 회원 참여(1923년 8월), 수해구제 음악회 성금 기부(1923년 9월), 마산포교당 불교청년회 이재부장理財部長 선출(1923년 10월), 진주포교당 법사·진주불교진흥회 불교청년회 주관 석가탄신 기념법회 법문 및 극빈계층 식량 의복 시주(1928년 5월), 진주청년동맹 주도 경북기근 구제회 참가(1929년 5월) 등의 활동이 전한다.

1945년 광복 후에는 일부 기록이 발견된다. 1947년 5월 21일자 〈수산경제신문水産經濟新聞〉에 실린 조선불교총무원 주최의 부처님오신날 봉축행사 준비 기사가 그것이다. '석가세존탄생기념 - 다채한 행사를 준비'란 제목의 보도에서 오택언은 봉축행사 기구 구성원으로 나온다. 신문 상태가 양호하지 않아 부서 명칭은 정확히 알 수 없지만, 김법린金法麟(1899~1964)을 회장으로, 김잉석金芿石(1900~1964), 허영호許永鎬(1900~1952), 김적음金寂音(1900~1961), 최□술崔□述, 정봉모鄭奉謨, 박영희朴英熙(1893~1990) 등과 같은 부서원으로 등장한다. 이들은 당시 교계 중심에서 활약한 스님과 재가자들이다. 오택언은 해방 후 교단 설립의 중추적 역할을 담당했던 것이다.

한국전쟁 뒤에는 특별한 흔적이 보이지 않는다. 승려 생활을 마감하고 세속으로 돌아간 것으로 보인다. 그는 1970년 2월 20일 세상을 떠났다. 1990년 독립운동의 공을 인정받아 건국훈장 애국장을 수훈했다. 통도사에서 출가해 구하九河 스님 등의 후원으로 서울에서 유학하고, 그 과정에서 독립운동에 가담해 옥고를 치른 사실은 분명하다. 통도사로 돌아와 본말사에서 전법과 중생제도에 매진하고 해방공간에서 교단 설립에 적극 나섰던 오택언의 자취를 추적해 보완하는 것은 후인들의 몫이다.

김산의진 의병장 리기찬 지사

"국운이 쇠퇴하니 왜적의 침탈이 극에 달하여 강토와 겨레가 울부짖으며 고통스러워할 때, 분연히 떨치고 일어나 의를 주창하심이 횃불과 같이 자신을 사루어 나라의 앞날을 밝히려 하신 님은 한 줄기 빛이십니다. 증손자 이수만 합장." 국립대전현충원에 있는 '순국선열 리기찬의 묘'에 적혀 있는 추도의 글이다.

3·1운동 103주년을 10여 일 앞둔 2022년 2월 18일 대전 연화사 주지 종실 스님은 국립대전현충원 리기찬李起燦(1853~1908) 지사 묘역을 찾아 반야심경을 독송하고 극락왕생을 발원했다.

종실 스님은 세속의 증조할아버지인 리기찬 지사 묘역에 경상북도독립운동기념관 정진영 관장이 2021년 11월 발간한 『국역國譯 지산유고止山遺稿』를 봉정했다. 지산은 리기찬 지사의 호號이다. 늦겨울 차가운 바람이 현충원 묘역을 휘감고 돌았지만, 나라를 사랑하는 선열의 뜨거운 마음은 변함이 없었다.

종실 스님은 "출가하기 전, 어린 시절에 할머니와 아버지, 그리고 숙부가 증조할아버지가 남기신 원고를 정성을 다해 보존해왔다"면서 "이번에 전문가들이 심혈을 기울여 한글로 번역해 책으로 만들어 기쁘다"고 소회를 밝혔다. 이어 스님은 "구한말인 1896년 3월 24일 거병하여 의병장으로 추대된 증조할아버지는 이후 김천 직지사, 김천 구성면 도곡촌, 영동 황간면 등 경상북도와 충청북도에서 외세에 맞서 나라를 구하기 위해 헌신했다"고 회고했다.

경상북도독립운동기념관이 자료총서 10권으로 펴낸 『국역 지산유고』에는 리기찬 지사가 직접 저술한 한시漢詩, 서신書信, 일기日記, 잡저雜著, 제문祭文 등 다수가 실렸다. 구한말 격동기에 기울어가는 나라를 구하기 위해 분연히 나선 지식인이자 선비의 피 끓는 애국심을 느낄 수 있는 글들이다.

외적에 맞서 거병을 호소한 격고문檄告文은 애통하고 절박한 호소로 가득 찼다. "차라리 한 번 죽을 것을 잊고 복수를 도모하고 있으니, 이는 통곡할 만한 상황으로 하늘이 붙들어 주고 잡아주는 경우라 할 만하다. …임진년(1592)의 교활한 우두머리가 거듭 우리 영토에 쳐들어오고 갑신년(1884)의 흉당들이 다시 국권을 희롱하니 일의 조짐이라는 것은 본디 하루 저녁의 일로 말미암는 것이 아니며, 하늘을 머리에 인 자들과 8월 이후에는 어찌 함께 하겠는가?"

리기찬 지사는 명성황후가 일본인들에게 시해된 후 신변의 위협을 느낀 고종황제가 1896년 2월 11일 러시아공사관으로 피신한 아관파천俄館播遷 소식을 듣고 의병義兵을 일으켰다. 경상북도 지역의 유생들이 참여한 김산의진金山義陣의 의병장으로 추대돼 구국의 선봉에 섰다. 경북지역 유생들의 존경을 받고 탁월한 지도력을 갖추었기에 대장을 맡은 것이다. 김산은 지금의 경북 김천이다.

김산의진은 그해 3월 24일 김천향교에서 김천, 상주, 선산 등에서 온 의병들로 진용을 구성했다. 리기찬 대장 휘하에 중군, 찬획贊劃, 군관, 종사,

대전 연화사 주지 종실 스님은 3·1운동 103주년을 10여 일 앞둔 2022년 2월 18일 국립대전현충원의 순국선열 리기찬 지사의 묘소를 참배하고 극락왕생을 발원했다. 이날 종실 스님은 경상북도독립기념관에서 발간한 리기찬 지사의 『국역 지산유고』를 봉정했다. 출처=이시영 충청지사장.

참모, 군량도감, 장재관으로 부대를 편성했다. 3월 25일 김천향교를 출발한 김산의진은 지례, 구성(구미)을 지나 대구로 진격했다.

하지만 월등한 무기를 구비한 수백 명의 관군이 김천에 방어선을 펼쳐 발길을 돌려야 했다. 리기찬 대장은 4월 7일 김천 직지사에서 참모인 여영소呂永韶를 만나 통문을 돌리고 다시 의병을 창의倡義했다. 같은 해 4월 21일 구성면 도곡촌에서 관군과 전투를 벌였지만 패배하여 영동, 황간, 보은, 괴산, 문경을 거쳐 상주 화서면 청계사에 도착했다.

리기찬 지사는 고종황제의 의병해산 명을 받아 5월에 대장직을 사임해 김산의진은 해산할 수밖에 없었다. 그 당시 비통한 심정을 '승유석병후承諭釋兵後 청토부언사소請討復言事疏'에 담았다. '명을 받들어 군대를 해산한 후, 토벌과 복수를 청하는 언사소'인데 일부 내용은 다음과 같다.

> "신 등은 변고를 듣고 놀랍고 두려워 곧장 북쪽을 바라보며 길이 울부짖어 천하 모든 사람의 애통함을 만에 하나라도 풀어보려 하였으나, 감히 할 수 없는 점이 있었습니다. …우리나라의 신민된 자들은 싸우지 않고 망하길 기다리기보다는 차라리 성을 등지고 끝까지 싸워서 나라를 위해 죽는 것이 낫습니다. …우리 말이 동쪽으로 가서 섬 오랑캐를 순식간에 쳐서 그들의 우두머리로 하여금 머리를 조아리고 명을 듣게 하고 도망간 자들을 데리고 돌아와 모조리 복수하여 신과 인간의 분함을 푼다면, 신 등은 죽어도 한이 없겠습니다."

의병이 해산된 후 리기찬 지사는 충북 청주 문의에 은거하며 광거정廣居亭을 짓고 후학 양성에 매진하다 1908년 1월 13일(음력) 55세로 별세했다. 소식을 접한 조문객이 400여 명에 이르렀고, 만사輓詞와 뇌문誄文을 올린 이가 100여 명에 이르렀다.

정진영 경상북도독립운동기념관장은 『국역 지산유고』 발간사에서 "의병으로 구국운동을 펼쳤던 이들은 시국의 위기를 자신의 책임으로 돌려 부끄럽게 여기고, 우리를 무단으로 강제한 일제日帝의 불의不義를 미워했기 때문에 이를 바로잡고자 '의로운 군사'를 일으켜 죽음을 무릅쓴 대응을 했다"면서 "이른바 '천붕지괴天崩地壞'의 위기에 봉착해도 끝까지 의롭고자 했던 지산 선생의 의로운 정신이 이 책을 통해 만분의 일이라도

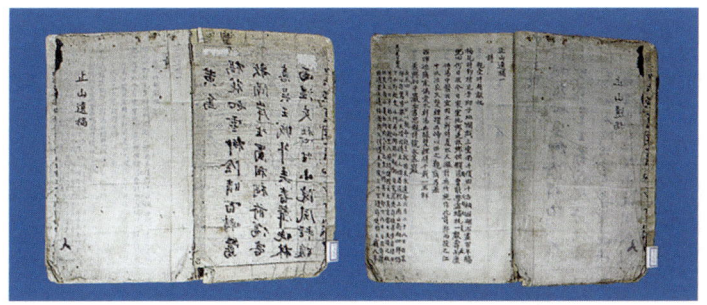

리기찬 지사가 생전에 직접 저술한 『지산유고』 원본.
반듯한 글씨가 굳은 절개의 리기찬 지사를 나타내는 듯하다.

전달되었으면 하는 바람"이라고 밝혔다.

● **종실 스님의 원력과 기도**

리기찬 지사의 『지산유고』가 세상의 빛을 본 것은 속가로 증손주에 해당하는 종실 스님의 간절한 원력과 기도가 있었기에 가능했다. 스님은 "출가 사문이 세속의 인연에 너무 연연해서는 안 되겠지만, 나라를 위해 헌신한 지사의 뜻을 기리고 널리 알리는 것은 당연한 도리"라면서 "국립대전현충원에 안장한 데 이어, 유고집까지 출간하여 이제는 마음이 홀가분하다"고 소회를 밝혔다.

종실 스님은 1995년부터 대전 연화사 법당에 리기찬 지사와 팔백의병의 위패를 모시고 지극정성으로 천도의례를 봉행하고 있다. 아버님이 젊은 나이에 별세하고, 8형제 가운데 여섯 명이 어려서 세상을 떠나는 비운悲運을 겪은 것이 계기가 됐다.

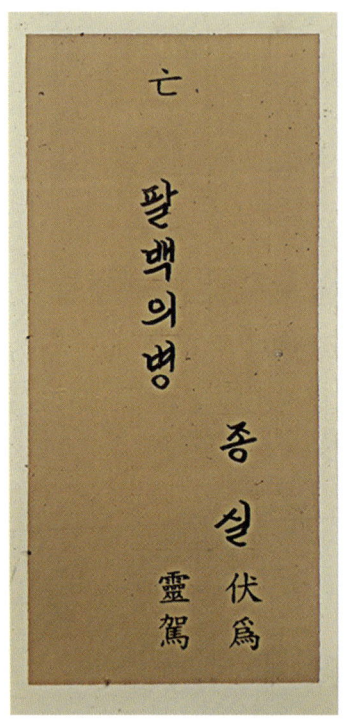

종실 스님은 1995년부터 대전 연화사 법당에 리기찬 지사와 팔백의병의 위패를 모시고 정성을 다해 천도의례를 봉행하고 있다. 사진은 팔백의병 위패.

고등학교에 다닐 때는 선친이 너무 그리워 사진을 붙잡고 엉엉 울음을 터트렸던 기억도 선명하다. "아버님과 형제가 너무 이른 나이에 세상을 떠나 집안 어른들이 '우리는 돈을 벌거나 권력을 잡는 것이 아니라 무병장수無病長壽하는 것이 출세'이니 건강을 잘 살펴야 한다는 말씀을 늘 하셨습니다." 출가 이후에도 세속 가족의 단명短命은 화두나 다름없었다. 1993년 교통사고로 조카가 운명하면서 의구심은 더욱 깊어졌다.

종실 스님은 "한 명만 출가해도 구족九族이 승천한다는데 단명이 이어지는 속가 집안의 현실을 극복하기 위해 많은 고민을 했다"면서 "그래서 집안 내력을 담은 족보族譜를 살펴보고, 증조부인 리기찬 지사에게 관심을 갖게 되었다"고 회고했다.

"증조부가 나라를 위해 사셨지만 부처님 제자가 아니니 아상我相이 있을 수도 있고, 함께 거병한 의병들도 목숨을 잃은 분들이 많았기에 그분들을 천도하는 기도를 하게 되었습니다." 기도는 1993년 2월부터 시작했으니, 어느덧 강산이 세 번이나 바뀐 30년 가까운 시간이 흘렀다.

기도를 입재한 그해 8월 15일 광복절을 맞아 리기찬 지사는 독립유공자로 선정되어 건국훈장 애국장이 추서됐다. 불보살의 가피를 체험한 종실 스님은 그 뒤로 증조부의 흔적을 찾기 위해 백방으로 수소문하고, 어린 시절 할머니와 숙부 등 집안 어른들에게 들은 기억도 꼼꼼히 정리했다.

종실 스님의 할머니는 "잦은 이사로 시아버님의 다른 서책은 버렸어도 『지산유고』 원고만은 허투루 버리지 않고 소중하게 간직했다"면서 "의병들의 밥을 해주었는데, 누룽지로 몇 리나 되는 담을 쌓을 수 있을 정도였다"고 회고했다고 한다. 리기찬 지사 휘하에 800명이나 되는 의병이 있었기에 식사를 마련하는 일은 녹록지 않았던 것이다.

대전에서 초등학교 교사를 지낸 종실 스님의 숙부는 생전에 "가난한 것을 부끄러워하지 마라. 왜냐면 나라를 위해서 재산과 목숨을 다 바쳤기에 대한민국이 부흥해지면 우리도 반드시 잘살 것이다"라고 위로했다고 한다.

종실 스님은 증조부 행적을 복원하고 유훈을 기리는 일에 나서는 동시에 수행과 전법을 소홀히 하지 않았다. 출가사문이 되어 중생구제 원력을 실천하는 것이 증조부를 비롯한 선대先代의 뜻을 바르게 계승하는 것이라 확신했기 때문이다.

대전맹학교 아나율불교학생회 지도법사로 있으면서 한국불교 역사상 처음으로 시각장애인을 위해 점자點字 경전을 제작한 것도 그 때문이다. 또한 법동종합사회복지관장, 보문종합사회복지관장, 대한불교청소년교화연합회 대전지부장, 맑고향기롭게 대전모임 본부장, 대전광역시청소년활동진흥센터 소장 등을 지내며 어려운 이웃과 청소년을 위해 자비행을 펼쳤다.

 종실 스님의 기도와 원력으로 리기찬 지사는 2012년 4월 8일 국립대전현충원에 안장되고, 2021년 말에는 경상북도독립운동기념관이 『국역 지산유고』를 발간하기에 이르렀다.

 종실 스님은 "할머니와 어머니가 증조부 책을 지켜왔고, 어려운 집안 형편에도 학교에 보내주신 은혜를 조금이나마 갚게 되어 한결 마음이 편하다"면서 "비록 할머니와 어머니가 이번에 나온 책을 직접 보지 못하셨지만 부처님 가피로 큰 은혜를 입었으니, 저승에서 마음 편히 계시길 지극 정성으로 기도드린다"고 합장했다.

 기도를 시작한 지 30년이 되는 지금, 종실 스님의 기도는 일곱 가지 가피로 나타났다. 무엇보다 신심이 증장되고, 부모님 등 조상들의 은혜에 보답하고, 집안에서 처음으로 60세를 넘기는 장수를 하고, 가난을 보상받은 느낌이 든 것이다. 또한 증조부인 리기찬 지사가 1993년 광복절을 기해 유공자로 선정되어 포상을 받고, 2012년에는 국립현충원에 안장되었으며, 2021년에는 유고집인 『지산유고』의 국역본이 발간되었으니, 기도의 가피를 말하지 않을 수 없다.

 종실 스님은 "『국역 지산유고』 발간으로 이제 내가 할 일은 모두 다 했다는 생각이 든다"면서 "연구자들이 책의 내용을 면밀히 살펴 좋은 논문들이 나와 역사를 정립할 수 있기를 바란다"고 밝혔다.

 이어 스님은 "이제 부처님 가피력으로 많은 일을 성취했으니 앞으로는 세세생생世世生生 보살도菩薩道의 원력을 세우고 더욱 열심히 정진하겠다"

면서 "3·1절 103주년을 맞아 나라를 위해 몸과 마음을 바친 선열들의 값진 은혜에 감사하는 마음을 가졌으면 한다"고 말했다.

세간과 출세간은 둘이 아니다. 출가수행자로 정진하면서 지극한 기도로 부처님 가피를 받아 나라를 사랑하는 증조부를 선양한 종실 스님의 원력은 계속 이어질 것이다.

● 사명대사 기리며 지은 한시

나라를 구하기 위해 의병을 일으킨 리기찬 지사는 김천 직지사에서 재차 거병을 도모했다. 직지사는 임진왜란 당시 승병장僧兵將으로 활약한 사명대사四溟大師 유정惟政 스님이 출가한 유서 깊은 도량이다.

리기찬 지사가 구국의 등불을 밝힌 사명대사를 떠올리며 지은 한시가 『지산유고』에 실려 있다. 제목은 억송운상인憶松雲上人으로, '송운 스님을 생각하다'는 뜻이다. 송운은 사명대사의 법호이며, 상인은 스님을 가리키는 단어이다. 내용은 다음과 같다.

객관향회좌전등	客館鄉懷坐剪燈
아심비주취성능	我心非酒醉醒能
한천백옥간서반	寒天白屋看書伴
만지청산결사승	滿地青山結社僧
수도한관금부견	誰道漢官今復見
인언주실석중흥	人言周室昔中興
사군야야무유도	思君夜夜無由到

거근봉래제기층　　居近蓬萊第幾層

객관에서 고향 그리며 심지 돋우고 마주 앉았을 제
이내 마음 술 없이도 그대에게 취하였지
엄동설한 초가집에서 글 같이 읽던 동반자요
땅에 가득한 청산에서 결사를 맺은 승려로다
누가 한관의 위의를 이제 다시 볼 것이라 하는가
사람들은 주나라 왕실 예전에도 중흥했다 말하네
밤마다 그대 그리워해도 이를 길이 없으니
가까운 봉래산 그 어느 봉우리에 계시는가

● 리기찬 지사가 걸어온 길

1853년　10월 12일 경북 청송부府 서덕동에서 출생.
　　　　본관은 전주. 자는 경능敬能. 호는 지산止山

1862년　남서楠西 박춘립朴春立 문하에 들어감

1873년　아들 강하 출생

1880년　부친상을 당함

1884년　고을에 기근이 들자 마을 주민 돕기에 나섬

1889년　겨울 경북 상주 금천으로 이사

1894년　동학이 일어나자 〈금천동약〉을 완성함

1896년　3월 24일 의병 김산의진 창의, 의병장에 추대
　　　　4월 7일 직지사에서 여영소 등과 조우

	4월 21일 구성면 도곡촌 전투
	4월 28일 충북 영동을 거쳐 황간으로 이동
	5월 의병장 사임, 의진 해산
1897년	청주시 문의면에 은거
1899년	광거정 짓고 후진 양성, 서울 봉화 안동 유람
1904년	일본과 조약 소식 듣고 통곡
1908년	1월 13일(음력) 후곡리 정침에서 서세逝世(별세)
1993년	건국훈장 애국장 추서
2012년	국립대전현충원 안장
2021년	유고집 『국역 지산유고』 발간

민족정체성 확립한 해동역경원

―

일제강점기에 한글(조선어)을 사용하는 것은 민족의 정체성을 지키는 의미 있는 일이었다. 1937년 중일전쟁 이후 한글 사용을 제한하는 정책을 노골적으로 펼친 일제는 1939년 11월 '조선민사령朝鮮民事令'을 개정해 창씨개명創氏改名까지 강요했다.

이러한 시대적 상황에서 불교 경전을 한글로 옮기는 역경譯經 사업을 펼쳤는데, 그 중심에 통도사와 구하九河(1872~1965) 스님이 있었다. 통도사는 1935년 해인사, 범어사와 함께 해동역경원海東譯經院을 설립하여 부처님 가르침을 한글로 옮기는 불사에 나섰다. 해동역경원장에는 구하 스님이 추대됐고, 실무는 허영호許永鎬(1900~1952), 강유문姜裕文(?~1940) 스님이 맡았다. 역경원 설립 당시 3본산 주지는 이고경(해인사), 김경봉(통도사), 차상명(범어사) 스님이다.

1935년 1월 6일자 〈조선일보〉는 '경남삼대본산연합慶南三大本山聯合 해동역경원 창립'이라는 제목으로 주요하게 보도했다. '금년 중 제일회분第一回分은 출판할 터이라고'라는 부제가 붙은 기사에서 〈조선일보〉는 해동역경원의 출범을 '조선불교의 획기적 사업'이라고 높이 평가했다.

〈조선일보〉 기사는 다음과 같다.

"고구려 소수림왕 때에 들어온 조선불교를 통해서 남긴 바

1937년 해동역경원 책자를 발간한 한성도서주식회사가 있었던 서울 종로구 수송동 44 일대. 조계사와 한국불교역사문화기념관 등이 있다.

그 문화 업적은 새삼스러히 말할 깃도 업스나 불교문화의 최고봉을 이루워 잇는 해인사 장경은 지금도 오히려 세계불교의 우에 찬연히 빗나고 잇다. 그러나 알기 어려운 한역 장경인 까닭에 일반 민중에게 뿐 아니라 불교계 자체에 대해서도 알기 어려운 수수걱기로 다못 아름다운 장식으로 남어 잇섯슬 뿐이엇다. 이것을 일즉부터 애석히 녀기든 경남 3본산은 이것의 조선어화를 꾀하여 작년부터 준비를 거듭하는 중 원대한 계획을 세우고 해동역경원을 창설하고 사계 학자들에게 위탁하야 역경에 착수하엿다 한다."

이 기사에 따르면 한문으로 된 경전이 일반 민중이나 불자들이 '수수

께끼'처럼 이해하기 힘들어 '장식'으로 남아 있음을 안타까워한 경남지역 3본산이 한글화에 나섰음을 알 수 있다. 경남 3본산은 앞서 밝힌 듯이 통도사, 해인사, 범어사이다. 1934년 준비 작업에 착수하여 1935년 해동역경원을 설립하고 번역 작업을 위해 학자들을 위촉했던 것이다.

〈조선일보〉 기사에는 역경원 담당자의 인터뷰 내용도 실려 있다. "작년부터 이 일을 시작하엿습니다. 일 자체가 원악(워낙) 큰일일 뿐 아니라 막대한 경비를 요하게 되므로 일조일석一朝一夕에 될 일은 결코 아닙니다. 그러므로 일반 사회의 만흔 후원이 잇슨 뒤에야 비로소 성공할 수 잇는 것으로 생각합니다. 귀지 일일호에 중앙에서도 이런 계획 잇는 것을 보앗습니다. 일천 오륙백년 동안 말업든 일이 각종에 두 곳에서나 그런 계획이 잇는 것을 보면 이번에는 확실히 성공할 것 갓습니다. 이미 어느 정도까지 역경도 되여 금년 중으로 제일회는 긔어코 출판코저 합니다 운운."

앞서 밝힌 대로 해동역경원 원장은 김구하 스님이다. 〈신불교〉 1호(1937년 3월호)에 실린 축하 광고에도 이 같은 사실이 나온다. 구하 스님을 역경원장으로 추대한 것은 경전 한글화에 대한 스님의 식견과 의지가 확고하고 경남 3본산 모든 스님들에게 존경을 받는 어른이었기 때문이다.

만해 스님은 〈신불교〉 1호에 실린 '불교 속간續刊에 대하야'라는 글에서 해동역경원을 언급하고 있다. "3본산이 합력合力하야 불교지를 공동 경영하는대 기성旣成 사업으로는 역경원이 잇서서 착착 실행 중이오. … 경남 3본산 회의의 결과로 역경원이 생기고… 남상濫觴, 사물의 맨 처음의 원천으로 강해江海의 원도遠圖를 꾀하다가 만일 완성되지 못한다 할지라도 다시 말하면 삼본산의 미충微衷(변변하지 못한 작은 성의)으로 전조선불교의 합력合力을 도모하다가 만일 여의치 못하다 할지라도 원만치는 못하나마 역경譯經 사업과 불교 속간을 다만 3본산의 힘만으로 영원히 지속하겠다는 각오와 준비를 가지고 하는 것인즉 그들의 장도壯圖도 또한 경복敬服할 만한 것이다. 그러나 조선불교 전체의 급선무 중의 급무急務가 되는 역경 사업이나 불교지誌의 속간을 어찌 경남 3본산에만 일임一任하리오…"

일제강점기에 통도사, 해인사, 범어사가 불교지誌와 해동역경원을 공동 운영하였음을 만해 스님 글을 통해 확인할 수 있다. 만해 스님은 1910년대 중반 통도사에 머물며 『화엄경』을 강의하고 학인을 지도한 인연이 있다. 상경한 뒤에도 구하 스님과 연락을 주고 받으며 교분을 이어 왔다. 통도사가 불교지 운영에 참여하고 해동역경원 설립에 동참한 배경에는 구하 스님과 만해 스님의 돈독한 인연과 두 분의 뜻이 반영된 것으로 보인다.

1937년 9월 27일 해인사 궁현당窮弦堂에서 열린 제4회 경남 3본산 종무협회 제4회 정기총회에서 '역경원'에 대한 논의가 이뤄졌다. 이날 회의에는 통도사에서 장로長老 구하 스님과 주지 경봉 스님 등 16명, 범어사에서 경산擎山, 용봉蓉峰 스님 등 7명, 해인사에서 주지 제월霽月, 고경古鏡 스님 등 10명이 참석했다. 불교사佛敎社 고문인 한용운 스님과 조선불교중앙교무원 서무이사 김상호金尙昊 스님도 자리를 같이해 해동역경원이 경남 사찰들만의 원력이 아니었음을 상징적으로 보여준다.

해동역경원의 실무를 맡은 허영호 스님과 강유문 스님은 일본에서 유학한 학승學僧이다. 〈신불교〉 제8호에는 1937년 9월 3본사 종무협회 회의에서의 '역경원에 관한 건'이 다뤄졌는데, "△경비는 전년도와 동일계상計上(예산 편성에 넣음)하고 3본산이 동일 부담할 사事 △경리비經理費를 교정

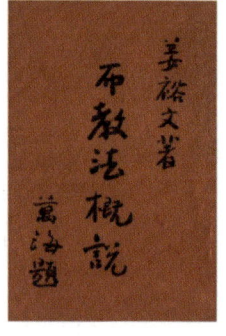

위) 1936년 해동역경원 발행
『불교성전』 초간본 표지

아래) 해동역경원에서 발간한
『포교법 개설』 표지.
저자는 강유문 스님이고,
글씨는 만해 스님이 썼다.

비校正費에 충당할 사事"로 기록하고 있다. 해동역경원 예산을 통도사 등 사찰 3곳이 부담했음을 알 수 있다. 이날 회의에서 허영호 스님이 역경원 사업에 대해 수지收支(수입과 지출) 보고를 하자 통도사 구연운具蓮耘 스님이 "역경원 사업에 대하여는 그 내용을 잘 모르니 대략 설명하여 달라"고 요청했다. 이에 허영호 스님은 "불교사社와 역경원 일을 겸임하는 관계상 역경 사업이 소홀해진 것은 사실"이라면서 "그러나 방금 『불교성전』 중권中卷을 인쇄 중이니 미구未久(오래지 않아)에 발행될 것"이라고 답변했다.

1936년 12월에 나온 〈경북불교〉 제6호에 실린 기사도 해동역경원의 활동을 확인할 수 있는 자료이다. "경남 양산군 통도사, 동래군 범어사, 합천군 해인사의 삼본산은 작년부터 해동역경원을 창립하야 허영호許永鎬 씨 주간主幹하에 포교총서布敎叢書 제1집 불타의 의의 제2집 사종의 원리 2책冊을 간행한 우에 최근 순純 조선문朝鮮文 불교성전 상권이 허사許師 편역編譯으로 출판되었다. 차등 사업은 오늘 조선불교에 있어 가장 필요한 것인 만큼 3본산은 진실로 성업聖業을 이르킨 것이라 하겠다더라." 여기서 '허사'는 허영호 스님이다. 이 기사에 의하면 해동역경원은 1935년에 『불타의 의의』와 『사종四種의 원리』를 발간하고, 1936년에 『불교성전』 상권을 출판했음을 알 수 있다. 사종은 고, 집, 멸, 도 사성제를 이른다. 1938년 『포교법 개설槪說』에 이어 『구사론대강俱舍論大綱』도 번역하여 펴냈다.

해동역경원은 처음에는 부산 범어사에 있다가 이후에 서울로 옮겨 운영했다. 1937년 9월 인쇄한 『불교성전』 상권의 판권에는 해동역경원 주소가 '경남 동래군 북면 청룡리 범어사', 이듬해 2월에 나온 『포교법 개설』 판권에는 '경성부府 안국정安國町'으로 되어 있다. 인쇄소 역시 처음에는 범어사 인근의 동래에서, 이후에는 서울 중심으로 옮겼다. 『불교성전』은 경남 동래군 동래읍 수안동壽安洞 585번지로, 『포교법 개설』은 경성부 견지정堅志町 32번지 한성도서주식회사로 인쇄소 주소가 기록되어 있다. 1937년 7월에 나온 〈신불교〉 제5호에 실린 해동역경원 광고에는 인쇄소가 '경성부 수송정壽松町 불교사佛敎社'로 되어 있다. 수송정 44는 서울 조계사, 한국불교역사문화기념관, 우정국이 자리한 곳이다.

구하 스님을 중심으로 경남지역 3대 사찰이 참여한 해동역경원은 경전 번역의 원대한 꿈을 갖고 출범했지만 1940년대 일제의 강압통치로 제대로 뜻을 펴지는 못했다. 하지만 나라를 빼앗긴 암흑기에 우리말로 경전을 번역하려는 스님과 불자들의 노력은 높이 평가받을 만하다.

청담 대종사의 독립운동 발자취

―

청담 대종사 열반 52주기를 앞두고 뜻깊은 발견이 있었다. 경상국립대 청담연구소(소장 김봉규)가 2023년 11월 8일 칠암캠퍼스 백주년 기념관 1층 아트홀에서 개최한 제16회 청담학술세미나에서 발표한 연구 결과가 그것이다. 일제강점기 청담 스님의 독립운동 참여를 입증하는 구체적 자료가 마침내 발굴된 것이다.

그동안 청담 대종사의 독립운동은 구전으로만 전해지거나 후대의 증언에 의존해왔다. 스님의 항일투쟁은 제자들의 기억 속에만 남아 있었고, 문헌적 증거는 찾기 어려웠다. 그러나 이번에 1920년 7월 17일자 〈조선일보〉 기사를 통해 역사적 사실로 확인됐다. '조선독립을 목적한 진주학생단 해산'이라는 제목의 이 기사는 청담 스님의 항일투쟁을 생생히 전하고 있다.

3·1운동의 열기가 채 식지 않은 1920년 여름, 진주의 젊은 학생들이 다시 일어섰다. 제일보통학교, 농업학교, 광림학교 학생들이 진주학생단을 결성해 독립의 열망을 외쳤다. 이들은 겉으로는 친목과 지식 교환을 내세웠지만, 진짜 목적은 "일본의 압박을 부숴버리고 조선의 독립을 철저하게 달성하는 것"이었다.

그날의 집회는 뜨거웠다. 제일농학교 정재완, 광림학교 장의직, 제일보통학교 리찬호, 농업학교 박학두, 광림학교 김상수 등이 차례로 연단에 올

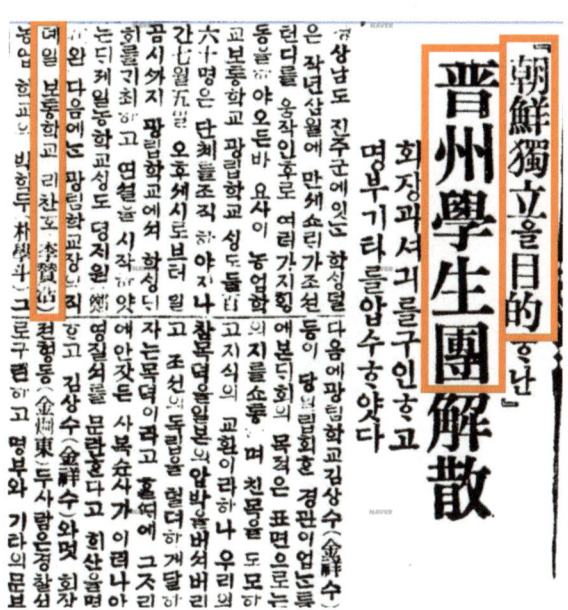

청담 스님이 독립운동을 주도한 사실을 보도한 1920년 7월 17일자 〈조선일보〉 기사 내용 중 '데일보통학교 리찬호'가 청담 스님이다.

라 독립의 당위성을 역설했다. 학생들의 함성이 진주 시내를 뒤흔들었다. 그러나 현장에 잠입한 사복 순사들이 "안녕질서를 문란케 한다"며 해산을 명령했다. 주동자들은 체포되고 관련 명부는 압수됐다.

시위를 주도한 인물 중 '데일보통학교 리찬호'가 바로 청담 스님이다. 스님의 속명 이찬호李讚浩와 동일 인물임이 여러 정황으로 확인된다. 한자 '찬'의 표기가 贊·讚·賛으로 조금씩 다르지만, 당시에는 같은 음의 한자를 혼용하는 일이 흔했다. 김무봉 동국대 국문과 명예교수는 "한글을 한자로 표기할 때 음이 같을 경우 비슷한 한자를 일반적으로 사용하는 경

청담 대종사는 1919년 3·1운동에 이어 '진주학생단' 주최의 학생대회를 주도하며 독립운동에 참여했다.

우가 있다"며 "贊, 賛, 讚을 함께 사용한 것으로 보는 것이 타당하다"고 설명했다.

이찬호라는 이름은 1920년대 진주지역 신문에 자주 등장한다. 1923년 1월 13일자 〈조선일보〉, 1924년 7월 8일자 〈동아일보〉, 1925년 2월 5일자 〈동아일보〉, 그리고 1925년 3월호 불교잡지 『불교』에서 '진주불교진흥회 서기 겸 간사'로 활동했다. 1926년 옥천사 출가 전까지 진주에서 불교 포교와 독립운동에 헌신한 것이다.

진주 초등학교구 제일보통학교 홈페이지는 『중안백년청사中安百年靑史』에 근거해 이찬호李贊浩를 졸업생으로 기록하고 있다. 1926년 6월 29일자 〈시대일보〉, 1972년 서울 도선사 비문, 1981년 고성 옥천사 비문, 그리고 도선사와 옥천사 홈페이지에도 청담 스님의 속명이 이찬호李讚浩로 명시되어 있다.

특히 주목할 점은 이찬호가 등장하는 기사들의 보도 시기가 청담 스님의 행장과 정확히 일치한다는 사실이다. 모든 기록이 1926년 고성 옥천사 출가 이전 시기에 집중되어 있다. 출가 후인 1928년 2월 2일자 〈동아일보〉

는 진주불교진흥회 주최 강연회에서 '석찬호釋贊浩 씨'가 '현대과학과 불교'를 주제로 강연했다고 보도했다. 승려의 성씨를 뜻하는 '석釋' 자가 붙은 것으로 보아 출가 후의 활동임이 분명하다.

청담 스님은 1969년 8월 7일자 〈매일경제신문〉에 기고한 '나의 편력'에서 독립운동 경험을 직접 회고했다. 3·1운동에 가담했다가 일경에 연행돼 혹독한 고문을 받았고, 이후 진주농림학교에 입학해 동료들에게 "강철같이 단결하여 싸우는 힘을 나라의 독립을 찾는 데 쓰자고 열변을 토했다"고 회고했다.

스님은 "즉석에서 전교생의 화목단결을 목적으로 하는 '학우단學友團' 단체를 만들어 교우, 서로 서로가 학교를 사랑하고 나아가서 동족을 아끼자고 했다"고 회상했다. 1920년 〈조선일보〉에 등장하는 '학생단學生團'과 스님이 언급한 '학우단學友團'의 연관성은 앞으로 더 연구해볼 과제이지만 사실상 같은 단체로 보인다.

청담 스님의 독립운동은 단순한 일회성 참여가 아니었다. 1920년 진주 학생단 사건 이후에도 진주불교진흥회를 통해 민족의식을 고취하는 활동을 계속했다. 불교 포교라는 외형 속에서 독립의 씨앗을 뿌린 것이다. 출가 후에도 '현대과학과 불교' 같은 주제로 강연하며 민중 계몽에 앞장섰다.

청담 스님을 비롯해 박노영(박민오), 이종천 스님 등 항일운동 사실이 분명하지만 독립유공자로 인정받지 못하고 있는 것은 안타까운 일이다. 구체적인 자료가 확인된 만큼 독립유공자 포상이 이뤄져야 할 것이다.

실제로 불교계의 독립운동사는 여전히 베일에 가려진 부분이 많다. 일제는 불교를 통제하기 위해 사찰령을 제정하고 주지 임명권을 장악했다. 이런 상황에서도 많은 스님들이 목숨을 걸고 독립운동에 투신했다. 그러나 사찰 내부 문서가 소실되고, 일제의 감시를 피해 활동했던 탓에 기록이 남아있지 않은 경우가 대부분이다.

청담 대종사의 경우도 마찬가지였다. 구전과 제자들의 증언만 있을 뿐, 문헌적 증거는 찾기 어려웠다. 그런데 이번에 100년 전 신문 기사에서 스님의 이름을 발견한 것이다. 역사의 퍼즐 조각이 하나씩 맞춰지고 있다.

이번 발견은 단순히 청담 대종사 개인의 독립운동을 입증하는 데 그치지 않는다. 서부경남 지역 불교계의 항일투쟁사를 재조명하는 계기가 될 것이다. 진주, 사천, 고성, 통영 일대 사찰과 스님들이 어떻게 일제에 저항했는지, 그 숨겨진 역사가 드러날 가능성이 열렸다.

청담 대종사는 해방 후 한국불교 중흥의 주역이 됐다. 조계종 초대 종정을 역임하며 불교 현대화에 앞장섰다. 그러나 스님의 일생에서 가장 빛나는 시기는 어쩌면 20대 청년 시절, 진주 거리에서 독립을 외치던 그때가 아니었을까. 나라가 위기에 처했을 때 종교인으로서 안주하지 않고 거리로 나선 청년 이찬호. 그가 훗날 한국불교를 이끄는 큰 스승이 된 것은 우연이 아니다. 독립운동의 정신이 불교 중흥의 원동력이 됐다.

이제 우리가 할 일은 분명하다. 청담 대종사를 비롯한 불교계 독립운동가들의 발자취를 더욱 면밀히 추적해야 한다. 숨겨진 자료를 발굴하고, 흩어진 기록을 모아야 한다. 그리고 이들이 마땅히 받아야 할 역사적 평가와 명예를 되찾아주어야 한다.

청담 대종사의 독립운동 기록 발굴은 시작에 불과하다. 앞으로 더 많은 연구가 이어지기를 기대한다. 그것이 나라를 위해 헌신한 스님들의 정신을 기리는 길이며, 후대가 마땅히 해야 할 책무다. 역사를 잊은 민족에게 미래는 없다. 청담 대종사가 보여준 독립정신과 불교정신의 결합은 오늘날에도 여전히 유효한 가르침이다.

2

해방 80주년 특집
꽁꽁 싸맨 보따리

문화

자연과 인간, 공동체가 조화를 이루며 자비와 연기,
공존의 가치를 삶과 예술, 풍습 속에 실천해 왔다.

야구 시구 처음 한 '조계사 마당'

국민 스포츠로 자리 잡은 프로야구. 한국야구위원회KBO는 관중 800만 명을 목표로 삼고 있다. 한국야구의 기원은 1904년으로 보고 있다. 초창기 야구 자료가 드문 가운데 1920년 제1회 전조선야구대회에서 월남月南 이상재 선생이 최초의 시구始球를 한 것으로 알려져 있다. 하지만 이보다 앞서 지금의 조계사 마당에서 한국 야구 최초의 시구가 있었다는 사실은 많이 알려져 있지 않다.

1917년에 나온 보성고 제8회 졸업앨범에는 여러 장의 야구 사진이 실려 있다. 오영식 보성고 교사가 공개한 자료에 따르면 1916년과 1917년 졸업앨범에서 8장의 야구 사진을 확인할 수 있다. 특히 1917년 앨범에는 당시 보성고 최린 교장으로 추정되는 인물이 시구를 하는 모습이 실려 있다. 연미복을 입고 중절모를 쓴 인물 뒤에는 한복을 입은 심판이 서 있다. 포

1917년 보성고 앨범에 실린 최초의 야구 시구 사진(왼쪽)과 지금의 서울 조계사.

지선별로 자리한 흰색 옷 입은 선수들이 타석을 응시하고 있다.

최초의 야구 시구가 있었던 곳이 바로 지금의 서울 조계사였다. 1917년 당시 조계사에는 보성학교普成學校(지금의 보성고등학교)가 있었다. 보성고 앨범에 실린 야구 사진에는 조계사 이전에 있었던 각황사覺皇寺의 모습이 선명하다.

각황사는 1910년에 창건됐다. 팔작지붕 모양으로 전형적인 일본 사찰의 형식을 지닌 각황사 옆에는 교사와 학생으로 보이는 관중들이 선 채로 경기를 관람하고 있다. 초창기 한국 야구의 민낯을 생생하게 증언하는 귀한 자료이다. 사진 속 각황사 법당 앞에는 오래된 나무가 서 있다. 운동장 뒤쪽으로는 한옥이 줄 지어 있고, 북악산北岳山이 또렷하게 보여 당시 서울 도심의 모습을 생생하게 증명하고 있다.

오영식 보성고 교사는 "당시 학교 교정은 지금의 조계사 자리에 있었다"면서 "사진의 각황사 옆에 보이는 나무가 지금의 조계사 대웅전 앞에 있다"고 밝혔다. 사진 속 시구자를 최린 교장으로 추정하는 이유에 대해 "연미복 차림의 최린 교장 사진이 당시 학교 자료에 자주 등장한다"면서 "그 무렵에 10년간 최린 교장이 근무했다"고 설명했다.

보성고 제1회 졸업생 전익영 씨는 생전에 "내가 보성에 입교한 것이 1906년으로 졸업한 해가 1911년이 되니 꽤 오랜 세월 전의 이야기"라면서 "아시는 바와 같이 지금 조계사 자리가 교사校舍였으며, 백여 칸이나 되는 한옥을 적당히 개조해서 교실로 썼다"고 회고한 바 있다. 지금의 서울 조계사에 학교 건물이 있었음을 증언하고 있는 것이다.

보성고 제1회 졸업생 변영태 씨도 생전에 "학교 위치가 조계사 자리로 그 동네를 박동磚洞이라 불렀다" 면서 "전동典洞, 지금의 인사동에 실골목으로 통하는 운동장은 동쪽 돈대 위에 있었다"고 회고했다. 이와 함께 "운동장 한쪽 담이 바로 민충정공閔忠正公, 민영환이 망국한을 품고 자결한 이완식 집의 담이기도 했다"면서 "의혈義血 젖은 옷을 간직했던 장판 마루방의 틈을 비집고 의죽義竹이 났다 해서, 구경꾼들이 경향 각지에서 모여드는 틈에 끼여 나도 여러 차례 가본 기억이 아직 생생하다"고 했다. 현재 조계사 옆과 우정공원에는 민영환의 생가 터라는 표지석과 충정공의 동상이 서 있다. 변영태 씨의 증언에 의하면 민영환이 자결한 곳은 자택이 아니라 이완식이라는 인물의 집으로 여겨진다.

지금의 조계사 자리에 있던 사립 보성학교는 1906년 한성 중서 박동 10통 1호에서 개교식을 거행했다. 고종 황제는 "널리 사람다움을 열어 이루게 한다"는 의미의 보성을 교명校名으로 하사했다. 당시 교사는 7인, 신입생은 246명이었다. 개교 두 달 전에 예조참의를 지낸 김교헌金敎獻 소유의 가옥 200여 간을 매입해 수리를 거쳐 교실로 만들었다. 김교헌은 나중에 대종교 2대 교주로 추대되었으며 독립운동에 참여한 인물이다. 설립자는 대한제국에서 내장원경內藏院卿, 탁지부대신度支部大臣, 강원도관찰사를 지낸 이용익李容翊이었다. 친일파의 견제를 받으며 일제에 저항한 그는 러시아로 망명해 블라디보스토크에서 54세를 일기로 세상을 떠났다.

보성학교는 보성소학교, 보성중학교, 보성전문학교, 보성사普成社 등이 함께 건물을 사용했다. 이 가운데 보성사는 1919년 3·1운동 독립선언서를 전량 인쇄한 역사적 공간이다. 당시 재판 과정에서는 2만1,000여 장을 인쇄한 것으로 알려졌지만, 사실은 3만5,000장을 제작했다. 조계사 뒤 수송공원으로 바뀐 보성사 자리에는 기념비가 역사를 전하고 있다.

보성고 제19회 졸업생 홍봉진 씨는 "1926년 가을에 보성고등보통학교 4학년에 입학했는데, 그때 보성학교는 지금 중동학교(현재 수송공원 건너편)에 몇백 년 된 느티나무 한 개가 남아있는 1000평 남짓한 자리에 회색빛 목조 2층 건물로 그리 크지 않으나 … 5학년 되는 봄에 학교는 불교 계통의 동광학교와 합해가지고 혜화동 학교로 옮겨왔다"고 회고했다.

홍봉진 씨의 증언처럼 보성학교는 불교와 인연을 맺었다. 1924년 천도교에서 조선불교중앙총무원으로 경영권이 넘어갔기 때문이다. 이용익에 이어 13년간 보성학교를 운영한 천도교의 뒤를 이어 불교계가 인수한 것이다. 『보성백년사』에는 "불교계가 보성고보를 책임지겠다며 나서게 되었다. 그것은 민족 사학인 보성고보가 쓰러지는 것을 두고 볼 수만은 없다는 대승적 불교정신에서 나온 것이기도 하다"고 평가했다. 석주昔珠 스님의 생전 증언에 따르면 "당시 불교계는 조선불교총무원과 조선불교중앙교무원으로 나뉘어져 있었는데, 처음에는 조선불교총무원이 인수했다가 경영이 어렵자 교무원이 인수했다"고 한다. 이 과정에서 조선불교중앙교무원이 운영하는 동광학교東光學校를 병합했는데, 천재 시인으로 유명한 이상李箱(본명 김해경)도 이때 보성학교로 편입했다.

1924년 보성고보의 새로운 설립자가 된 조선불교중앙교무원의 이사 7인은 곽법경(위봉사), 김일운(유점사), 김구하(통도사), 오이산(범어사), 김월재(동화사), 유호암(법주사), 나청호(봉은사) 스님이었다. 『보성백년사』에는 조선불교중앙교무원 이사 강대련姜大蓮 스님과 이혼성李混惺 스님이 설립자 명단에 수록돼 있다. 혜화동 1번지로 학교를 옮긴 뒤에는 불교전문학교(지금의 동

일제강점기 보성고 운동장에서 열린 야구 경기. 지금의 조계사 자리이다. 사진출처=보성백년사.

국대)를 설립해 함께 운영했다.

보성고보를 인수한 불교계는 1935년 9월 11일 재단법인 고계학원高啓學院으로 경영권을 넘겼다. 재정이 넉넉하지 않은 상황에서 불교전문학교를 설립하여 두 학교를 운영하기 어려웠기 때문으로 보인다. 조선불교중앙교무원은 학교 건물 등 일체 재산을 한 푼도 받지 않고 고계학원에 기부했다. 친일 성향이 강한 고계학원이 운영한 보성의 시기는 암흑기로 평가받고 있다. 1934년 3월 〈동아일보〉는 "보성고보가 문을 닫는 것은 불교 한 단체만의 일이 아니라 2300만 조선 민중 전체의 중대사"라면서 "따라서 불교는 조선 민족 앞에 일대 과오를 범하는 것이 되고 말 것이며, 일개 책임 문제다. 다른 무엇을 희생하더라도 보성고보는 살려야 한다"고 호소했다.

고계학원이 인수한 보성고보는 이후 동성학원東成學園이 이어받아 지금까지 운영하고 있다. 동성학원의 초대 이사장은 사비私費를 들여 불교 성보를 비롯한 민족문화재를 수호한 간송澗松 전형필全鎣弼이다. 보성고등학교는 1989년 종로구 혜화동 시대를 마감하고 송파구 방이동으로 이전했다.

이세용 조계사 종무실장은 "보성고 앨범에 있는 사진은 각황사의 위치를 정확하게 확인할 수 있는 귀한 자료"라면서 "백송과 회화나무 등의 자리를 근거로 연구를 진행해 조계사의 역사를 정립할 필요가 있다"고 밝혔다.

한편 한국 야구 태동기의 자취를 간직한 각황사와 그 일대는 이후 숙명여고, 중동학교 등이 자리 잡아 인재를 양성했다. 일제강점기 전국의 주요 사찰과 불교단체는 야구단을 조직해 대회에 참여하는 등 체육에 큰 관심을 보였다.

조선불교계는 1938년 총본산으로 지금의 조계사 대웅전을 건립했다. 전통과 역사를 계승하는 의미에서 북한산 태고사太古寺를 이전하는 형식을 취했으며, 1954년 불교정화운동 이후 조계사曹溪寺라고 명명했다. 각황사로 출발해 조계사로 거듭난 이후 한국불교총본산의 위상을 이어오고 있다.

불교소년야구단

—

"결국 우승의 월계관月桂冠은 불교군佛敎軍의 두상頭上(머리 위)으로 귀歸하얏다. 일로써 대회의 종終(끝)을 고告(알림)하얏는바 2일간 관중이 무려 1000명의 성황을…." 대구청년회가 주최해 11월 19일부터 이틀간 칠성정七星町(지금의 대구 북구 칠성동 대구 철도국 운동장)에서 열린 대구소년야구대회에서 불교군이 우승을 차지했다는 내용이다. 1921년 11월 29일자 〈동아일보〉에 실린 기사이다.

군軍은 지금으로 치면 팀team에 해당하는 용어로, 대구조선불교청년회 소년야구부(이하 불교소년야구단)가 일제강점기에 활약했음을 확인할 수 있다. 불교소년야구부는 지금의 리틀야구단으로 당시 대구불교계의 체육 활동 상황을 가늠하게 한다.

당시 대구소년야구대회에는 불교군 외에도 해성체육단海星體育團, 광진단光進團, 해성학교海星學校, 희원학교喜媛學校, 무광단武光團 등 6팀이 출전해 자웅을 겨뤘다. 대회 첫날 불교소년야구단은 해성학교와 대결해 승리한 후 이튿날 희원학교와 결승전을 치렀다. 1시간 30분 소요된 결승전에 대해 당시 언론에서는 용전勇戰, 용감하게 싸움을 펼쳤다고 보도해 치열한 승부가 이어졌던 것으로 보인다.

대구소년야구대회에서 우승을 거머쥔 불교소년야구단은 우승기를 앞세우고 자동차 2대에 나눠 탄 채 시내(대구부大邱府)를 일주하며 카 퍼레이드를 펼쳤다. 이후 낙천식당樂天食堂에서 만찬을 갖고 우승의 기쁨을 누렸다고 한다.

이에 앞서 같은 해 8월 대구청년회 주최로 계성학교 운동장에서 열린 '연합야구대회'에서 불교야구단은 2연패의 아픔을 겪었다. 불교소년야구단과 해성체육단海星體育團, 체진단體進團 등 3개 팀이 참여한 대회에서 첫날 해성체육단과 3시간가량 용전勇戰을 펼쳤지만 대패大敗를 당했다. 다음날에는 체진단과 무려 4시간의 열전을 벌였지만 무릎을 꿇어야 했다. 우승을 차지한 체진단 야구팀이 13세 이상, 18세 이하의 선수로 구성된 것으로 보아 소년야구대회였을 가능성이 크다.

불교소년야구단은 이보다 앞서 원정경기에 나서기도 했다. 1920년 8월 11일 경남 밀양에서 밀양소년야구단과 시합한 결과 대승을 거두었던 것이다. 따라서 불교소년야구단은 늦어도 1920년대 초반, 빠르면 1910년대 후반에 결성된 것으로 보인다. 당시 언론은 밀양 경기에서 "대승첩大勝捷, 크게 이김을 득得하고 … 의기양양이 개선가凱旋歌를 부르면서 귀구歸邱, 대구로 돌아옴 하였는데…"라고 보도하고 있다. 점수를 얼마나 주고 받았는지는 알 수 없다. 다만 이 기사를 통해 당시 불교소년야구단의 선수 구성과 주장은 확인 가능하다. 이에 따르면 불교소년야구단은 연령 10세 이상, 15세 이하의 소학교小學校 학생으로 조직했다. 즉 대구 지역 소학교 학생 가운데 야구에 소질있는 선수를 선발해 팀을 구성했던 것이다. 또한 지금의 주장에 해당하는 단장團長은 서수명徐壽命(14세)이었으며, 원정경기에 나선 불교소년야구단 선수는 모두 9명이었다. 이에 비해 밀양소년야구단 선수들은 15세에서 22세 이하의 청소년들로 만들어졌다. 당시 언론은

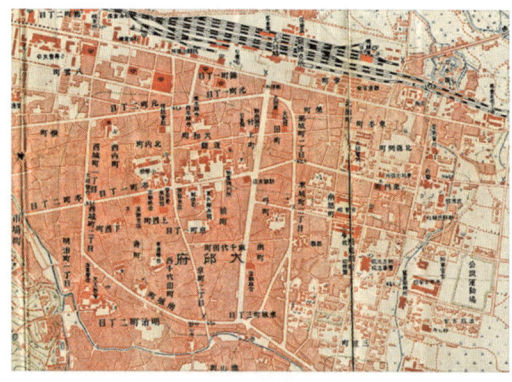

(왼쪽 위) 일제강점기 야구대회 시상식 모습. 사진제공=동국사.
(오른쪽 위) 일제강점기 대구부대구시 진도. 오른쪽에 공설운동장이 보인다. 사진제공=대구근대역사관.
(왼쪽 아래) 불교소년야구단의 활동을 보도한 일제강점기 〈동아일보〉 기사.
(오른쪽 아래) 구도球都로 불리는 대구는 경기장이 여러 곳일 정도로 야구의 전통이 오래됐다.
사진은 대구 두류야구장에서 열린 불교행사.

"15세 이내의 아동으로 야구를 원정遠征한 일은 우리 운동계를 위하여 기뻐할 일이며, 대구로서는 처음 되는 일이라 하겠다"고 의미를 부여했다. 이날 불교소년야구단은 오전 7시 기차로 출발해 경기를 치르고 당일 오후 10시 대구로 돌아왔다.

불교소년야구단의 정확한 창단 시기를 확인하기는 어렵다. 그러나 1921년 여름에 두 차례 경기를 모두 졌지만, 그해 가을 대회에서는 우승을 차지한 것으로 보아 상당한 전력을 갖추고 있었던 것으로 보인다. 불교소년야구단의 정식 명칭은 '조선불교청년회 소년야구부'였다. 하지만 중앙 전국 단위의 팀은 아니고, 대구지역 조선불교청년회가 조직한 야구단이다. 당시 대구불교청년회장은 백석기白奭基라는 재가불자로 야구단 운영을 주도할 만큼 상당한 재력을 지닌 유지였던 것으로 추정된다. 1920년대 초반에 자동차를 두 대나 전세 내어 카 퍼레이드를 한다는 것은 재력과 사회적 영향력이 충분하지 않고는 어려운 일이었다.

대구지역 청년불자들은 1920년 6월 27일 경북지역 조선불교청년회를 출범한다. 대구부大邱府 덕산정德山町 선종禪宗 경북포교당에서 100여 명이 참석한 가운데 발기총회를 갖고 임원을 구성했다. 비가 내리는 궂은 날씨에도 오후 8시부터 11시까지 열띤 분위기에서 회의가 진행됐다. 이때 선출된 임원은 다음과 같다.

> 회장 백석기白奭基, 부회장 김내명金乃明, 총무 이관우李觀雨, 종교부장 김재규金在奎, 교육부장 서병길徐丙吉, 체육부장 곽병학郭秉鶴, 서기 차운車運, 회계 백덕기白德基, 간사 이갑동李甲東, 김태인金泰仁, 정종식鄭宗植, 의사장議事長 김내명金乃明, 의사원議事員 김재규, 곽병학, 서병길, 홍종두洪鍾斗, 이봉우李奉雨, 김정규金呈奎, 박의조朴儀祚, 김태인, 백련기白鍊基.

이날 총회에서는 청년회 사업 내용도 선정했는데, 소년야구단 운영도 논의한 것으로 보인다. 특히 임원으로 체육부장을 선출한 것은 불교청년회가 체육활동을 활발하게 하겠다는 의지로 읽힌다. 또한 임원 명단을 살펴보면 백석기 회장과 인척으로 보이는 백덕기 회계와 백련기 의사원이 들어있는 것을 볼 때 백 회장이 불교청년운동에 적극적이었던 것으로 추정된다.

대구조선불교청년회는 1912년 5월 경북포교당에서 총회를 개최해 임원을 일부 보완했다. 회장은 유임하고 부회장은 서병룡徐丙龍, 총무는 김재달, 종교부장은 서병길, 교육부장 백련기, 체육부장 곽병학을 선임했다. 한편 백석기 회장은 1937년 9월(음력)에 작성된 '조선불교총본산 대웅전 상량문'에 이름이 등장한다. 상량문 연화질緣化秩에 남주희南周熙, 이룡경李龍景과 함께 수록된 것으로 보아 대구 불교계는 물론 경성까지 영향력을 미친 전국적인 인물이었을 가능성이 크다.

앞서 밝혔듯이 불교소년단 운영의 주체이자 후원자는 백석기 회장으로 추정된다. 일제강점기에 체육팀을 만들어 운영하려면 재정을 안정직으로 확보할 수 있어야 했기 때문이다. 하지만 아쉽게도 백석기 회장에 대한 자료는 전하는 것이 많지 않다. 그가 누구인지, 어떤 사회적 활동을 했는지 가늠하기는 쉽지 않다. 다만 일제강점기 자료를 통해 짐작할 뿐이다. 1920년 9월 대구지역에 수해가 발생했을 당시 그는 대구지역 인사들과 함께 경북지역의 수재민 구호활동에 참여한다. 경북지역을 강타한 '악우惡雨'로 막대한 재산과 인명피해가 발생했다. 이때 수재민 구호활동에 나선 대구경북지역 유지들은 '수해구제취지서水害救濟趣旨書'를 발표하고 동참을 호소했다. 이 호소문은 백석기 회장의 사회적 인식을 추정할 수 있는 자료이다. 수해구제취지서의 일부는 다음과 같다.

"…생명을 근보僅保(겨우 유지)한 수천 남녀 노유老幼(노인과 어린이)는 무의무식無衣無食하며 …부모를 통곡하며 행위불명行衛不明(행방이 묘연)의 자녀를 애호哀呼(슬프게 부름)하야 풍찬노숙風餐露宿에 …본本 발기인發起人 등은 동정同情의 누淚(눈물)를 금치 못하야 …동포에게 구제의 성誠(정성)을 표表코저 본 구제회를 조직하고 급곤중의急困重義하시는 인인군자仁人君子(어질고 덕행이 있는 이)에게 근고謹告(삼가 알림)하오니 행사자비幸賜慈悲(자비를 베풀어 주기 바람)하야…"

백석기 회장은 대구지역에서 사회적 활동을 활발하게 했다. 1920년 7월 달성기독교회와 〈동아일보〉 대구지국이 대구청년회관에서 개최한 강연에 참석하기도 했다. 이날 백석기 불교청년회장을 비롯해 김구金坵 달성기독교회장, 최종철 대구청년회장, 한익동 〈동아일보〉 대구지국장 등이 연사로 나와 강연을 했다. 당시 신문은 "일반 방청자에게 무한한 흥분을 여與(주어)하야 만장갈채滿場喝采" 했다고 보도했다.

또한 그는 상업강습소야학부商業講習所夜學部를 수창학교壽昌學校 또는 보통학교普通學校에 설치할 것을 추진했다. 불교청년회 서병길 교육부장과 함께 대구지역 은행의 직원들을 강사로 참여시킬 계획을 세웠으며, 첫 강사로 대구고등보통학교장인 다카하시 토오루高橋亨를 초빙했다. 다카하시는 훗날 혜화전문학교(동국대 전신) 교장을 역임한 일본인 사학자이다.

한편 백석기 회장은 대구지역 독립운동에도 관여한 것으로 보인다. 1920년 대구 부근에서 활동한 독립운동결사대獨立運動決死隊의 김석주 외

7명이 체포된다. 이들은 "일찍이 백석기에게 결사대 단장이 되어주기를 간청했다가 마침내 거절당한 일도 있다"고 밝혔다. 추후 정밀한 확인이 필요하지만, 독립운동결사대 단장 요청을 받은 것만을 보면 백석기 회장이 독립지사들과 연결되어 있었고, 그러한 의식을 갖고 있었음을 추정할 수 있다.

대구불교청년회의 불교소년야구단 운영은 그동안 조명을 받지 못했다. 한국 최초의 야구사 서적으로 1932년 일본인 오시마 가쓰타로大島勝太郎가 지은 『조선야구사朝鮮野球史』에도 기록되어 있지 않다. 일제강점기 대구지역사를 연구하는 김일수 금오공대 교수는 "백석기라는 인물에 대해서는 처음 들어본다"면서 "하지만 일제강점기에 지방도시인 대구에서 소년야구단을 운영한 것으로 보아, 연구할 가치가 있다"고 평했다.

통도사 축구

—

세계인이 가장 사랑하는 스포츠를 꼽으라면 축구다. 둥근 모양의 볼 하나를 놓고 갖은 기량을 뽐내고 각축을 벌이며 상대편 망을 누가 더 많이 흔드느냐에 따라 승패가 갈린다. 20세기 초반 격동의 세월에 근대화 물결이 한반도를 강타하는 가운데 신문명을 앞장서 받아들인 통도사는 축구에서도 두각을 나타냈다. 나라를 빼앗긴 설움을 축구공에 담아 멀리 차버리며 심신心身을 증장시킨 통도사 스님들이었다. 일제강점기 통도사 정구대회와 더불어 축구는 당시 젊은 스님과 청년들이 조국을 잃은 분심憤心을 해소하는 하나의 창구였다.

디지털양산문화대전에 있는 한 장의 흑백사진은 통도사 축구팀의 존재를 확인할 수 있는 귀중한 자료이다. 스님을 포함해 28명이 촬영한 이 사진에는 '통범양사학교대항전通梵兩寺學校對抗戰'이라는 메모와 함께 괄호 안에 '2965. 5. 14.'라 적혀 있다. '통범'은 통도사와 범어사를 가리키는 것으로 두 사찰에서 운영하는 학교의 축구팀이 대항전을 펼쳤음을 보여준다. '2965'는 불기佛紀로 서기 1938년이다. 불기 2965년으로 표기한 것은 BC 1027년 4월 8일 부처님 탄생을 기준으로 한 대승불교 전통을 따랐기 때문이다. 1956년 11월 네팔에서 열린 제4차 세계불교도대회에서 1956년을 불기 2500년으로 통일하면서 우리나라도 지금의 불기를 사용하고 있다. 사진 배경에 보이는 산은 금정산 계명봉鷄鳴峰이며, 선수들이 서 있는 자리

1938년 5월 14일 열린 통도사와 범어사 학교의 축구 대항전 기념 사진.

는 현재 범어사 성보박물관 위치이다. 유니폼이 다른 통도사와 범어사 선수들이 어깨를 걸고 있는 모습이 인상적이다.

이보다 두 해 앞선 1936년 8월 5일자 〈동아일보〉에도 통도사 축구팀이 대회에 출전한 사실이 발견된다. '울산 전全조선축구 성황'이란 제목의 이 기사에 따르면 통도사에서는 A팀과 B팀이 출전해 다른 팀들과 자웅을 겨루었다. 〈동아일보〉는 "오랫동안 침체상태에 빠져 있던 울산 체육계의 재출발을 알린 축구대회"라고 소식을 전했다. 대회가 열릴 무렵 울산지방에는 큰비가 내렸다. 이때의 〈동아일보〉 기사이다. "울산지방에도 근래 희유한 대우大雨로 개최 당일은 마침 수란水亂으로 울산 '그라운드'의 사용 불가능으로 구역전舊驛前을 사용케 되어 많은 불편을 보았으나…."

울산체육회가 주최하고 〈동아일보〉 울산지국 외 삼三신문이 후원한 제

1회 전조선축구대회는 8월 1일부터 이틀간 열렸다. 호우가 쏟아지는 가운데 열린 이 대회에는 부산과 울산에서 모두 9팀이 참가했다. 일대 성황을 이룬 전조선축구대회의 우승은 동래군東萊軍이 차지했다. 동래군의 '군'은 현대어로 옮기면 팀(team)으로 해석 가능하다. 우리나라도 1980년대까지 운동회를 할 때 청군靑軍, 백군白軍이란 용어를 사용했다. 이 기사에는 당시 대회에 참가한 선수들의 흑백사진이 실려 있다. 사진 왼쪽에는 대회 우승기를 세워 놓고 심판으로 보이는 이들이 선수들을 바라보고 있다. 또한 대회장으로 추정되는 인물이 운동복을 입고 줄지어 서 있는 선수들에게 인사말을 하고 있다. 이 선수들 가운데 통도사 A팀과 B팀이 있었을 것이다.

이듬해인 1937년 6월 5일자 〈동아일보〉에서도 통도사 팀이 축구대회에 출전한 기록을 찾아볼 수 있다. 부산 철도운동장에서 열린 '제2회 전조선축구대회'에 통도사중학中學팀이 참가했다. 대회 하루 전날 추첨을 통해 대진표를 작성하면서 통도사중학은 부전승不戰勝의 행운을 안았다. 당시 중학단中學團, 중학부에는 통도사중학 외에도 범어사중학, 부산제2상업, 진주농업, 동래고보 등 5팀이 참가해 승부를 겨루었다.

통도사 축구 흔적은 1930년대 초반에도 확인된다. 1932년 8월 5일부터 7일까지 3일간 〈동아일보〉에 실린 '경남축구대회' 광고가 그것이다. 이 광고에 따르면 경남축구대회는 통도사학생연맹通度寺學生聯盟이 주최하고 후원은 〈동아일보〉 양산지국이 했다. 참가비는 1원圓이며, 대회 장소는 통도사운동장이다. 8월 13일 대회가 열렸는데 비가 오면 순연順延한다는 내용이 광고에 실렸다. 통도사가 축구와 정구 등 스포츠에 개방적이었고, 젊은 스님과 학생들이 사중寺中의 협조 아래 건강 증진을 위해 체육 활동을 적극 펼쳤음을 짐작할 수 있다.

사실 통도사의 축구 역사는 지금부터 100년 전까지 올라간다. 1920년 8월 15일 오전 9시 양산청년회 체육부 주최로 통도사운동장에서 축구대회가 열렸기 때문이다. 통도사불교청년회와 양산청년회가 대결한 이날 경기에 대해 당시 〈동아일보〉는 "양군兩軍은 공共히 용기충천勇氣衝天하야 오전 9시 반半부터 상호相互 진력분투盡力奮鬪 중中 동同 10시 45분에 지至(이르러) 1 대 0으로 양산청년회가 득승得勝(승리)하얏더라" 고 보도했다.

아쉽게도 통도사불교청년회가 졌지만, 통도사가 100년 전부터 도량 안에서 축구대회를 개최할 만큼 근대 체육에 관심과 지원을 아끼지 않았다는 사실을 증명한다. 당시 통도사 주지인 구하九河(1872~1965) 스님이 격동의 시대에 젊은 스님과 학생들에게 스포츠를 권장했기에 가능한 일이었다. 특히 1920년은 3·1운동이 일어나고 1년 정도 지난 시기로 청년들이 패배감에 사로잡힐 수 있는 때였다. 이런 상황에서 구하 스님은 축구 등 체육 활동과 더불어 우리나라 최초의 사찰 잡지인 〈축산보림〉을 발간하는 등 희망의 불씨를 피웠다. 문무文武를 겸한 조선의 동량을 키워 내기 위해 노력했던 것이다. 이후 1930년대 통도사 축구 소식에 등장하는 통도사학림과 통도사중학은 구하 스님을 비롯한 통도사 대중이 혼연일체가 되어 설립한 근대교육기관인 명신학교明新學校의 후신이다.

1924년 8월 7일자 〈조선일보〉에는 창원에서 열린 경남소년축구대회 소식이 실렸는데, 참가단체 명단 가운데 '양산통도소년군梁山通度少年軍' 이 보인다. 이 대회에서 첫날 남면소년군과 대결한 통도소년군은 2 대 0으로

1936년 8월 5일자 〈동아일보〉에 실린, 울산에서 열린 '전조선축구대회' 관련 사진.
이 대회에는 통도사에서 A팀과 B팀이 참가했다.

승리하며 1차 예선을 통과했다. 2차 예선에서는 창원주일군昌原主日軍(교회소년팀)과 대결에서 전반전에 3점을 득점하며 앞섰다. 하지만 주일군에 부정선수가 있다는 논란으로 대회가 중단된 후 다음 날 경기를 재개했지만 흐름이 끊긴 상황에서 4점을 내주며 아깝게 패했다. 결승전에 마산불교소년군馬山佛敎少年軍이 올랐지만 주최 측이 편파적으로 주일군에 유리하게 경기를 이끌었다. 결국 경찰이 출동하는 소동이 일어났고 조선체육협회에 보고되는 등 파란을 일으켰다. 양산통도소년군은 통도사의 지원을 받은 팀으로 지금의 '어린이법회'에서 구성했을 가능성이 크다. 이 부분에 대해선 추가로 자료를 확인해 규명할 필요가 있다. 사실이 확인될 경우 통도사의 어린이포교 역사도 100년 전까지 올라갈 수 있다.

1937년 11월 12일부터 이틀간 영남체육회가 주최하고 〈조선일보〉 대구지국이 후원한 제9회 전조선축구대회가 대구 동운정운동장東雲町運動場에서 열렸다. 이 대회 중학단중학부에도 양산 통도중학교가 참가했다. 통도중학교는 결승전에 진출해 계성중학교와 맞섰지만 전반전에 1점, 후반전에 2점을 내주며 아깝게 우승을 놓쳤다. 1937년 11월 25일자 〈조선일보〉에 당시 통도중학교 선수 이름이 포지션과 함께 기록돼 있다. 서갑수徐甲洙, GK, 최미도崔未道, LF, 박준현朴準鉉, RF, 김성달金成達, LH, 장경조張敬祚, CH, 정갑출鄭甲出, RH, 최치봉崔致鳳, LW, 홍복수洪福守, LI, 김삼윤金三潤, CF, 홍봉수洪鳳壽, RI, 정판세鄭判世, RW.

우리나라에 축구가 들어온 것은 1882년 6월 고종 19년 인천항에 상륙한 영국 군함 플라잉피쉬호 승무원들에 의해서이고, 정식으로 보급된 것은 1904년 관립한성외국어학교가 축구를 체육 과목으로 채택하면서다. 최초의 축구 경기는 1905년 6월 10일 서울 훈련원(동대문운동장)에서 열린 대한체육구락부와 황성기독청년회의 시합이다. 대한축구협회의 전신인 조선축구협회는 1933년 설립됐다. 그 이전에는 조선체육협회가 축구 경기를 관정했다.

1921년 조선체육협회가 주최한 제1회 전조선축구대회가 열린 사실

좌) 1932년 8월 통도사학생연맹이 주최한 경남축구대회 광고.
대회 장소가 통도사운동장이다.
우) 1927년 8월 10일 '전양산소년축구회' 소식을 보도한 〈동아일보〉 기사.

을 감안할 때 이보다 빠른 통도사 축구 역사가 지닌 의미는 남다르다. 한편 조선불교청년회는 1917년 축구팀을 창단해 전국대회와 지역대회를 석권했다. 통도사·해인사 스님들과 인연 있는 선수들이 참여한 불교청년회 축구단은 전조선축구대회(현 FA컵 전신)에서 우승 두 차례, 준우승 세 차례를 거머쥐는 등 명성을 떨쳤다. 특히 평양 무오축구단과 팽팽한 대결로 라이벌전을 펼쳐 이후 경평전京平戰의 기반을 닦았다. 아쉽게도 창단 8년 만인 1925년 4월 재정 문제로 해체되지만, 선수들은 경성을 연고로 창단한 조선축구단이 인수하면서 명문구단으로 활동했다.

정구대회

―

1938년 8월 7일 일요일, 여름 더위가 대지를 뜨겁게 달구고 있었다. 따가운 햇볕이 내리쬐는 영축산 통도사 정구장에는 젊은 선수들이 비지땀을 흘리며 공을 주고받으며 라켓을 휘둘렀다. 통도사 불교전수학교佛敎傳授學校가 주최한 제2회 남조선南朝鮮개인정구대회가 열리는 날이었다. 통도팀의 김재웅金在雄, 김삼도金三道 스님과 언양팀의 한재관韓在觀, 이동계李東桂 선수의 준결승전이 펼쳐졌다. 당시 〈동아일보〉는 "1만 관중을 도취게 하든바"라며 통도사 스님뿐 아니라 마을 주민과 전국에서 온 선수, 임원들로 열기가 가득했다고 전했다. 통도팀과 언양팀의 준결승전은 양 팀이 3 대 3 동점에서 먼저 2점을 연속 득점해야 승리하는 '듀스 어게인deuce again'이 12회나 반복되는 명승부였다. 〈동아일보〉는 '백열전白熱戰'을 연출했다고 당시 분위기를 보도했다. 준결승전은 세트스코어 3 : 4로 통도팀이 아깝게 졌다.

일제강점기에 통도사가 수행과 전법이라는 기본 역할 외에도 스포츠를 통해 민족의 단합과 청년의 건강을 도모하는 역할을 담당했다는 증거 가운데 하나이다. 나라를 빼앗긴 식민지 상황에서 미래를 열어 가는 하나의 방편으로 삼은 것이 정구대회庭球大會였다. 언론보도에 따르면 이보다 10년 앞선 1928년 8월 5일 통도사에서 제1회 남조선개인정구대회가 열렸다. 이 대회는 축산교우회鷲山校友會가 주최하고 양산청년동맹과 〈동아일보〉

남조선개인정구대회가 통도사에서 열린다는 소식을
전한 1928년 7월 13일자 〈동아일보〉.

경남지국이 후원했다. 그해 7월 13일자 〈동아일보〉는 '남도南道 개인정구 통도사서 개최'라는 제목의 예고 기사에서 "각 방各方(여러 방면 또는 각각의 편)이 노력하야 모든 설비設備를 특히 완전히 하며 선수와 타처他處로부터 오는 관람자에게는 될 수 있는 대로 편리를 도圖(도모)하야 줄 것"이라고 보도했다. 통도사와 청년동맹 등 지역 기관이 협력하고 다른 지역에서 오는 손님들을 맞이하기 위해 만반의 준비를 했던 것이다. 성공적인 정구대회 개최를 위해 통도사가 다양한 방법으로 협조한 사실도 기사에 드러난다. "서염暑炎(타는 듯한 더위)에 서늘하기 위하여서 전全 통도사를 개방한다"고 보도한 〈동아일보〉는 그 무렵 통도사의 풍광을 '수림청계樹林淸溪'라는 단어로 기술하고 있다. '숲이 울창하고 계곡이 맑고 깨끗하다'는 의미로 아름다운 통도사의 전경을 표현했다.

1928년 7월 19일자 〈매일신보每日申報〉도 통도사 정구대회가 열린다는 소식을 자세히 전하고 있다. 정구대회가 끝난 후에는 통도사의 12암자를 순례하는 탐승단探勝團을 구성한다는 내용도 있다. 탐승단 명칭은 '12암 탐승단'으로 "거룩한 건축미술의 극치와 고적탑파古蹟塔婆를 모조리 답사하리라"고 〈매일신보〉는 소개했다. 단순한 체육행사로 그치지 않고, 전국 각지에서 찾아온 선수와 관람객이 조선 제일의 사찰인 통도사를 참배하는 문화행사로 승화시켰던 것이다.

통도사 정구대회는 1940년 7월 28일에도 열린다. 통도사학교학우회通度寺學校學友會가 주최한 제3회 남조선개인정구대회로 통도사청년동맹, 〈동아일보〉양산지국, 〈매일신보〉양산지국이 후원했다. 그해 7월 24일자 〈동아일보〉에 게재된 광고에는 정구대회 장소가 '통도사 학교 코트'로 나오고, 상품으로는 우승기, 부상, 여비旅費보조라고 전하고 있다.

일제강점기 통도사는 전국 단위의 정구대회를 개최할 수 있는 공간을 갖추고 있었다. 정구장의 정확한 위치를 알 수 없지만, 구하 스님을 비롯한 통도사 스님들이 교육불사를 위해 설립한 명신학교明新學校의 맥을 이은 통도중학교의 정구장을 사용했던 것으로 보인다. 지금의 통도사 도서관 앞 공간 또는 성보박물관 건너편 운동장(지금은 주차장)으로 추정하고 있다. 성보박물관은 통도중학교가 있던 자리이고, 삼성반월교 건너 노서관 앞 공간은 통도중학교 운동장으로 사용했기 때문이다. 다만 통도중학교 운동장은 광복 후에 조성된 점을 감안하면 성보박물관 앞 주차장일 가능성이 크다.

일제강점기 통도사 정구대회 모습은 1938년 제2회 남조선정구대회에서 통도팀과 준결승전을 벌인 언양팀의 이동계 선수 아들인 이건욱 선생이 소장하고 있는 사진으로 만날 수 있다. '남조선정구대회南朝鮮庭球大會 입장식入場式 기념촬영記念撮影'이란 메모가 적힌 사진에는 50여 명의 선수와 심판들이 정구장 네트 뒤에서 카메라를 바라보고 있다. 그 뒤쪽으로 나무와 기와지붕, 그리고 대회를 위해 설치한 천막이 생생하게 보인다. '1928. 8. 5.'라는 메모는 이건욱 선생이 적은 것으로 신문에 보도된 대

일제강점기 통도사에서 열린 '남조선정구대회 입장식 기념촬영' 사진.
선수와 심판 등 50여 명이 카메라를 바라보고 있다. 뒤편으로 나무와 기와지붕, 그리고
대회를 위해 설치한 천막이 생생하다. '1928. 8. 5.'라는 메모는 이건욱 선생이 적은 것으로
신문에 보도된 대회 날짜와 차이가 있지만 1938년 8월 7일 열린
제2회 남조선개인정구대회 사진으로 보인다. 사진제공=이건욱

회 날짜와 차이가 있는데, 부친인 이동계 선수가 참여한 1938년 8월 제2회 남조선개인정구대회 사진으로 보인다. 이동개李同介, 李東介라고도 불린 이동계(1910~1955) 선수는 언양소년회 불온문서 사건으로 일제에 항거해 투옥되는 등 고초를 겪은 독립운동가로 2005년 건국훈장 애족장이 추서됐다.

한편 1930년 7월 31일자 〈조선일보〉에는 '제3회 남선南鮮개인정구대회'가 8월 1일 하북보통학교에서 열린다는 광고가 실렸는데, 주최는 축산교우회鷲山校友會, 후원은 〈조선일보〉 양산지국이며, 참가 신청은 7월 30일까지 '통도사 내內 김삼도 씨氏'라고 소개하고 있다. 대회 횟수에서 차이를

보이지만, 일제강점기 통도사에서 정구대회가 지속적으로 열렸음을 보여주는 자료이다.

제2회 남조선개인정구대회에 통도팀으로 출전한 김재웅, 김삼도 선수는 통도사와 옥천사에서 일본에 유학을 보낸 청년 승려였다. 통도사 출신의 김삼도 스님은 경성제일고보(지금의 경기고)와 중앙불교전문학교(지금의 동국대)를 졸업하고 1936년 일본 동양대 철학부에 진학했다. 옥천사 출신의 김재웅 스님은 진주고보와 중앙불교전문학교를 졸업하고 1936년 일본 대정대 종교학부에 입학했다.

'조선불교에 있는 민간신앙의 요소'라는 제목으로 졸업논문을 발표한 김재웅 스님은 안타깝게도 젊은 나이에 세상을 떠났다. 조선불교동경유학생 회원들은 1940년 〈금강저〉에 게재한 추도문에서 '우리 교계의 보물'이라면서 "군君(김재웅 스님)이 일시一時라도 못 잊고 사랑하던 근역槿域(조선)의 청공靑空에 영달永達한 미련을 가슴에 안고 방황하는가?"라고 애도했다.

김삼도 스님은 중앙불전 재학시절인 1932년 조선체육회가 주최한 제12회 전全조선정구대회에도 출전한 경험이 있고, 유학시절에는 동양대 정구부 주장으로 활약한 '스포츠 스타'였다. 제일고보에 다닐 때는 축구선수로도 활약했는데, 1926년 9월 22일자 〈동아일보〉에는 배재고보와의 경기에 나선 기록이 전한다.

김삼도 스님은 유학시절 재일在日 불교유학생들이 펴낸 잡지인 〈금강저金剛杵〉 제22호의 편집 겸 발행인을 맡기도 했다. 1924년 5월 첫 호를 펴낸 〈금강저〉는 1932년 12월 제21호를 발간한 후 휴간되었다가 4년이 지난

'통도사 정구 성황'이란 제목의 1938년 8월 13일자 〈동아일보〉.

1940년 7월 24일자 〈동아일보〉에 실린 제3회 남조선개인정구 대회 광고이다. 광고에 나오는 장소의 '通道寺學校 코-트'에서 道는 度의 오자이다.

1937년 1월 제22호를 속간하는데, 그 책임을 김삼도 스님이 맡았던 것이다.

1933년 중앙불전 재학 당시에는 불교청년총동맹 서기장書記長으로 있으면서 강대련 등 일부 친일 승려들이 윤덕영尹德榮(1873~1940)을 교주敎主로 추대하려는 시도를 저지했다. 윤덕영은 1917년 순종에게 일본 왕실 참배를 종용하고, 한일강제병합 당시 자작子爵 작위를 받은 친일파이다. 김삼도 스님은 "그들의 행동은 과도한 망동으로 천부당만부당하다. 우리 불교의 진리는 석가여래 이외에는 세상에 어떠한 사람이라도 교주가 될 수 없다"면서 "만일 그들이 량심 잇게 개전改悛(개선)한다면 모르거니와 그렇지 않으면 총동맹으로서는 적극적으로 응징할 작정"이라는 강력한 입장을 천명했다.

유학 후 귀국하여 한동안 통도사에서 머물다 마을로 돌아가 경남과 울산지역의 주요 중고등학교 교장을 역임했다. 통도사가 〈동아일보〉, 〈조선일보〉 등 당시 언론과 양산청년동맹, 통도사청년동맹 등 청년단체와 정구대회를 함께 한 사실은 주목할 부분이다. 민족 언론으로 출발한 신문사와 신간회新幹會 양산지회 설립 등 민족 자립을 추진한 청년들과 유대 관계를 지속했기 때문이다.

일제강점기 통도사는 구하 스님을 비롯한 대중들이 수행과 전법 외에도 정구대회라는 체육활동을 통해 청년들에게 희망을 심어주기 위해 적극 노력했다. 이러한 통도사의 역할은 100년 가까운 세월이 흘렀지만 지금의 한국불교가 나아갈 또 하나의 방향을 제시하기에 충분하다.

나라 뺏긴 암흑기의 부처님오신날

—

　지금부터 100여 년 전. 일제에 나라를 빼앗긴 암흑의 시대였지만, 부처님오신날을 맞이하는 조선인들의 신심은 변함이 없었다. 오히려 망국의 설움을 딛고, 만민평등萬民平等의 불교 가르침에 의지해 고통스러운 조국의 현실을 극복하고자 했다. 전全 조선인이 궐기했지만, 미완의 혁명에 그친 3·1운동 이듬해인 1920년부터 10년간 이른바 문화통치 상황에서도 조선 불교계는 부처님오신날 봉축행사를 성대하게 봉행했다. 당시 간행된 언론 보도 내용을 중심으로 살펴본다.

　● 1920년 5월 25일자 〈동아일보〉에는 깃대와 등간燈竿 등 봉축상징물을 촬영한 흑백 사진과 함께 '금일今日은 사월초파일' 이라는 제목의 기사가 실렸다. '석가세존의 2947회 탄생일' 에 즈음해 종로에는 '오색괘불' 과 아름다운 꼬리를 단 '수박등' 이 곳곳에 걸렸다. 〈동아일보〉는 "자손 둔 부모네의 마음을 끌었으며 거리거리를 들고 다니는 수박등의 오색 빛은 어여쁜 애기네의 아리따운 초파일 밤과 함께" 라고 당시 풍광을 전했다. 수박등을 밝힌 것은 씨앗이 많은 수박이 장수長壽를 상징했기 때문이다.

　각황사에서는 강연회와 봉축 모임이 열렸다. 1920년 초파일 풍광을 상세하게 소개한 〈동아일보〉 기사의 일부는 다음과 같다. "석가세존의 영광을 찬미하는 듯할 것이며 본래 우리 조선은 아직까지도 일반 가정에서

1925년 5월 1일자 〈조선일보〉에 실린 사월초파일 남묘 앞 봉축행사 모습(왼쪽). 각황사가 있는 서울 종로에는 등간이 설치됐다. 오른쪽 사진은 1925년 4월 30일자 〈시대일보〉에 보도된 것이다.

불교에 대한 관념이 두터움으로 오늘 밤에는 수박등을 집집이 밝혀 석가여래의 탄생일을 축하함과 함께 사랑하는 자손과 공경하는 부모의 행복을 빌 것이라. (중략) 전 같으면 종로 네거리에 불야성을 이루는 등대도 세울 것이요, 남한산성에서는 장쾌한 줄불도 놓겠지만 세태가 변하고 인심이 달라져서 그러한 축하식은 없겠으나 각 문밖 크고 적은 모든 절에서는 다 각기 상당한 축하식이 있을 것이며." 이 기사에 따르면 사찰과 가정에도 수박등을 밝히는데, 이는 오래전부터 이어진 풍습이었다. 또한 이전에는 한양 중심가인 종로에 연등으로 장식한 등대燈臺를 세우고, 남한산성에서는 '줄불'로 불야성不夜城을 이뤘다. '줄불'이 무엇을 의미하는지 정확하지는 않지만, 지금으로 치면 '불꽃놀이'에 해당한다고 볼 수 있다.

● 1923년 5월 23일자 〈동아일보〉도 초파일 분위기를 상세하고 보도하고 있다. '색등色燈의 명절名節'이란 제목의 기사에서 "불교와는 특이한 인연이 깊어 온 조선에서는 아직도 구습을 저버리지 않고 집집이 등을 사서 걸어 귀여운 손들의 '수명장수'를 빌었다"고 보도하고 있다. 각황사에서는 낮에는 이능화李能和, 밤에는 한용운韓龍雲, 기석호奇石虎 스님이 강연했다. 또한 이 기사에 의하면 초파일에는 사찰뿐 아니라, 남대문(숭례문) 밖 길야정吉野町에 있는 남묘南廟는 물론 선원전璿源殿, 유릉裕陵에도 불을 밝혔음을 확인할 수 있다. 사월초파일은 불교인의 축제라기보다는 누구나 함께한 '민족의 명절'이었던 것이다.

같은 날짜의 〈조선일보〉는 "서울 시내 장곡천정長谷川町 17번지 회관에서 석존강탄축하식釋尊降誕祝賀式을 거행하고 '활동사진'을 무료로 상영했다"고 보도했다. 활동사진은 지금의 영화에 해당한다. 최초의 한국 영화가 1919년에 나온 '의리적 구토'임을 감안하면 당시 불교계가 최첨단 문화를 빠르게 수용해 포교에 활용했음을 알 수 있다.

● 1924년 5월 11일자 〈동아일보〉는 '금일은 사월팔일, 가뎡에는 복등을 달고, 사찰에서는 인등을 한다'는 제목으로 초파일 분위기를 보도했다. 〈동아일보〉 기사 내용을 소개하면 다음과 같다. "금 11일은 음력으로 4월 8일이니 석가세존이 탄생된지 제2950회의 탄신일이다. 해마다 팔일이 되면 불교와 인연이 깊은 조선 각 가정에서는 어린 아기들에게 고운 옷을 지어 입히며 각 상점에서는 복등을 지어 팔고 자녀들 둔 가정에서는 어린 자녀의 수명장수를 빌기 위하여 인등을 하는데, (중략) 개운사, 신흥사, 봉

원사, 화계사, 흥국사 등 각 사찰에서는 낮과 밤을 이어서 인등과 불공이 있으리라 하며 창덕궁에서도 특히 유릉裕陵에는 인등을 하신다더라."

1920년대 부처님오신날 봉축행사는 서울뿐 아니라 지방에서도 성대하게 진행됐다. 이 같은 사실은 당시 언론보도를 통해 어렵지 않게 확인할 수 있다. 전국 각지에서도 다양한 봉축행사가 이어져 조선을 대표하는 축제였다.

- 1920년 5월 29일자 〈동아일보〉는 평양의 봉축 분위기를 전했다. "지난 25일 구舊 4월 8일 석가세존의 탄강일誕降日이라 당일 오후 4시부터 유점사 평양포교당에서는 성대히 기념식을 거행하였다더라." 함경도 원산에서도 초파일 행사가 거행됐는데, 1920년 5월 30일자 〈동아일보〉는 "대본산 석왕사 원산포교소에서는 지난 25일 '음사월팔일' 오전 8시 30분부터 불교의 교주이신 석가세존의 탄생 제2947주년 기념예식을 해該(해당)교당 내에서 성대히 거행하였는데, 영산靈山의 고법회古法會를 엄연히 연상코자 하였으며…"라고 보도했다.

- 함경도 역시 성대한 축제가 진행됐다. 〈불교〉 제36호는 '나남羅南에도 인산인해, 곳곳마다 불타佛陀의 광명'이란 기사를 통해 관북불교회 주최로 열린 봉축행사에 2000여 명의 신도가 참여했다고 보도했다. 초파일 전날인 4월 7일(음력) 저녁 2000여 명의 신도가 참여해 시내에서 제등행렬을 하고자 했는데, 일본 경찰 당국의 금지로 부득이하게 포교당 주위에서만 '법성게法性偈'를 도는 형식의 제등행렬을 했다.

- 1923년 5월 13일자 〈조선일보〉는 "공주 마곡사에서 초파일 당일 청년회가 주최하는 '불교선전 및 관불타식灌佛他式'이 거행됐다"고 보도했

다. 관불타식은 아기 부처님에게 청정수를 뿌리는 지금의 관욕식에 해당한다. 1923년 5월 15일자 〈조선일보〉는 경남 산청 대원사의 '석가여래탄생기념예식'이 1만여 명이 동참한 가운데 성대히 거행됐다고 보도했다. 또한 1923년 5월 16일자 〈조선일보〉는 경북 영주불교포교당에서 초파일 당일 300여 명이 신도들이 참여해 기념식을 거행하고 제등행렬을 했다고 전했다. 제등행렬이 10여 리에 이어지고, 구경하는 사람으로 '인산인해山人海'를 이루었다고 한다.

● 사월초파일을 맞이해 사찰을 참배하는 신자와 관광객이 폭증해 총독부와 철도국에서는 임시열차를 운행했다. 1921년 5월 17일자 〈조선일보〉는 "안변 석왕사에서는 '강탄제降誕祭'가 성황리에 열렸다. 사찰에 가는 '손님'들의 편의를 위해 기차요금을 할인해주기도. 원산역부터 석왕사역까지 2, 3등 열차에 한해 할인왕복승차권을 발행했다"고 보도했다. 1925년 4월에도 임시열차 운영을 당국과 논의할 정도로 많은 인파가 석왕사를 찾았다. 1926년 5월 19일 초파일을 맞이해 대구, 충북 황간, 대전역에서 직지사역까지 운행하는 열차의 왕복요금을 할인해줬다는 보도도 있다.

● 1920년대 사월초파일은 불교 행사를 넘어 문화축제의 형식으로 진행됐다. 각종 연극과 합창 등 공연이 이뤄졌다. 불자만의 축제가 아니라 민족이 함께한 잔치였던 것이다. 1921년 5월 19일자 〈동아일보〉는 "동래 범어사에서는 불교청년회 범어지회 주최로 '고진감래苦盡甘來'라는 주제의 소인극素人劇(연극)을 진행했다"고 보도했다. 소인은 '아마추어'라는 의미로, 전문 배우가 아닌 청년불자들이 공연했던 것이다. 연극 주제는 위생, 교육, 종교 등의 의미를 담고 있었다.

1927년 5월 12일자 〈동아일보〉는 장성 백양사 소년단 주최로 연극 공연이 이뤄졌다고 보도했다. 기사 내용은 다음과 같다. "초파일 당일 오전 9시부터 11시까지 '석가탄생 2954회 기념식'을 거행했는데 운집한 관중이 '인산인해'를 이뤘으며, 신도들에게 점심공양을 제공했다. 이날 저녁에는 백양사 소년단少年團 주최로 부처님 일대기를 다룬 '팔상극八相劇'이 성황리에 공연됐다."

● 1927년 6월에 간행된 〈불교〉 제36호에는 남쪽 끝 제주도와 북쪽 지방 함경도의 초파일 소식을 전하고 있다. 제주 성내포교당에서는 음력 4월 1일부터 7일까지 제주불교협회, 불교부인회, 불교소녀단 정기총회를 차례대로 한 후 '불탄축하식佛誕祝賀式'을 거행했다. 1000여 개에 이르는 등을 달고, 갖가지 색의 전깃불을 밝혀 화려함의 극치를 보여주었다. 또한 설법, 강연과 함께 불교부인회의 헌다식獻茶式, 불교소녀단의 찬불창가讚佛唱歌, 무도舞蹈, 유희遊戱, 소인극素人劇 등 다양한 문화행사가 이뤄졌다.

한편 대승사 주지를 역임한 권상로權相老 스님은 1929년 5월 16일자 〈조선일보〉에 게재한 '석가탄신에 제際하야'에서 부처님 생애와 교리를 언급한 후 불교가 우리 민족과 오랜 기간 함께해왔음을 강조했다. 일부 내용은 다음과 같다. "관불灌佛과 연등燃燈이 모두 4월 8일에 국한 자가 아니였으나, 고려 중엽 이후로 차차 4월 8일 행사로 되어서 수遂(마침내)히 관불절灌佛節이니 관등회觀燈會이니 하면 아무라도 묻지 아니하고 의례히 4월 8일로 인증하게 되었도다."

최초의 초파일 컬러 사진

―

　1800년대 말 또는 1900년대 초 외국인이 촬영한 것으로 추정되는 부처님오신날 컬러 엽서가 공개됐다. 군산 동국사가 일본 고문헌 옥션을 통해 구입한 엽서이다. 주목받는 이유는 흑백 사진이 아닌 컬러 사진이라는 점이다. 유리원판에 일일이 색을 입힌 후에 인쇄한 엽서이다. 지금까지 알려진 같은 사진은 흑백이었다.

　사찰 경내에서 촬영한 것으로 추정되는 사진에는 수십 개의 연등이 건물 처마 밑과 마당에 걸려 있어 부처님오신날 잔치 분위기를 짐작할 수 있다. 건물 안팎에 갓을 쓴 어른들과 댕기머리를 한 아이들이 카메라를 보는 모습이 이채롭다. 사진 속에는 60여 명의 인물이 등장한다. 모두 카메라를 응시하는데, 앞부분에는 남자들이, 오른쪽 뒷부분에는 여성들의 모습이 확인된다.

　부처님오신날 사진을 입증하는 것은 '사월팔일四月八日 석가여래경축회釋迦如來慶祝會 교회敎會○○○교회○○○'라 적힌 현수막 때문이다. '음력 4월 8일을 경축하는 모임', 즉 지금의 부처님오신날임을 알 수 있다.

　1800년대 말 또는 1900년대 초반에는 사월초파일을 '석가여래경축회'라 불렀던 것이다. '교회敎會○○○교회○○○'는 행사를 주관한 단체로 보이는데 뒷부분 글씨가 명확하지 않다. '나무아미南無阿彌'라고 쓴 설치물도 보인다. 사진에 나타나지는 않지만 '나무아미타불'임이 분명해 보

1800년대 말 또는 1900년대 초 외국인이 촬영한 것으로 추정되는 부처님오신날 컬러 엽서.

인다.

사진 주위에는 일본어로 쓴 메모가 보이는데 정확한 내용을 알기는 어렵다. 다만 '인천仁川, 일람一覽, 다나카신이田中新一, 낭군郎君' 등의 단어로 짐작할 뿐이다. 이 부분에 대해선 연구가 더 필요하다.

종걸 스님은 "그동안 이 사진은 개성 시내의 초파일 모습으로 알려졌는데 그렇지 않을 가능성이 있다"면서 "현수막은 물론 제단과 향로로 보이는 것도 사진에 있어 사찰에서 촬영한 것으로 보인다"고 추정했다. 대한제국 수립 후 정부 차원에서 1899년 1월 창건한 동대문 밖 원흥사元興寺일 가능성이 있다는 것이다.

이 무렵 부처님오신날은 중요한 '명절'이었다. 1920년 5월 22일자 〈조선일보)의 '욕불절浴佛節의 각사各寺 모든 준비에 분망'이란 제목의 기사를 통해 확인 가능하다. 이 기사는 석가여래탄일誕日을 맞아 성대한 법회와 스님들의 강설講說이 있고, 환등幻燈과 팔상연극八相演劇이 진행될 예정이라고 보도하고 있다. 부처님오신날을 맞아 대법회가 봉행되고 스님들의 법문과 더불어 유리 슬라이드를 통한 영상 상영과 부처님 일대기를 다룬 연극 공연 등 다채로운 문화행사가 열렸던 것이다.

한편 지난 2005년 이지누 전 디새집 편집장은 일본 게이오대慶應大 노무라신이치野村伸一 교수에게 입수한 같은 내용의 흑백 사진을 〈불교신문〉을 통해 공개한 바 있다.

일제강점기 불교 관련 사진

1904년 화재 이전에 촬영된 것으로 추정되는 북한산 중흥사 사진.
대웅전 편액이 생생하고, 법당 앞에 서 있는 조선인들의 모습이 새롭다.

종걸 스님이 공개한 북한산 중흥사 사진은 1904년 9월 이전에 촬영한 것으로 116년의 세월이 흘렀다. 고려시대 창건된 중흥사는 태고보우 스님이 주석한 도량으로, 조선시대에는 팔도도총섭八道都摠攝이 머물면서 승군과 더불어 북한산성을 수호하며 정진한 곳이다. 18세기 성능性能 스님이 주지로 부임한 이후 136칸의 대가람이었지만, 1904년 9월 화재로 폐사된 것으로 알려졌다. 지난 2007년부터 복원불사를 추진하면서 사격寺格을

일제강점기 서울 진관사를 방문한 학생들. 군복과 다름없는
교복을 입은 학생들의 모습에서 망국의 설움이 묻어난다.

갖추어 가고 있다.

1904년 9월 폐사 이전에 촬영한 중흥사로 짐작된다. 법당 중앙에는 '漢北重興寺大雄寶殿'이란 편액이 선명하며, 외부에 걸린 주련도 카메라에 담겼다. 대웅전 앞 계단에는 도포를 차려입고 갓을 쓴 인물이 카메라를 응시하고 있는데, 그 앞에는 하인으로 보이는 노인이 쭈그려 앉아 있다. 사진 오른쪽에는 한글, 아래쪽에는 프랑스어로 관련 내용을 메모해 놓았다.

프랑스 출신으로 개항기에 조선에 들어와 48점의 사진엽서를 남긴 알레베크 선교사가 촬영했다는 사실이 적혀 있다. 김남수 북한산 중흥사 종무실장은 "1904년 네덜란드인들이 중흥사를 방문했을 때 서양인 4명과

금강산 신계사를 방문한 학생들. 지팡이로 보이는 막대기를 하나씩 들고 있다.

조선인 2명이 대웅전 앞에서 촬영한 사진을 본 적이 있다"면서 "아마 비슷한 시기에 찍은 것으로 추정되는데, 화재 이전의 중흥사를 조명하는 귀한 자료"라고 말했다.

동국사는 나라를 빼앗긴 망국의 설움을 떠올리게 하는 불교 사진 2장도 공개했다. 일제강점기에 서울 진관사와 금강산 신계사를 찾은 조선 학생들의 모습을 담은 사진이다. 사진 속 학생들은 군복과 다름 없는 교복을 입고 있어 일제강점기의 단면을 보여준다.

진관사 사진은 40여 명의 앳된 학생들이 교사와 함께 대웅전 앞에서 기념촬영을 했다. 학생들 뒤로 주련이 보이는데, 오른쪽은 '삼천정토三千淨土', 왼쪽은 '오유보五有寶'라는 글자를 확인할 수 있다. 지금의 진관사

일제강점기 문경 김룡사 사진. 도량 전체를 한눈에 볼 수 있는 사진이다.

대웅전 주련과는 다르다.

신계사 대웅전 앞에서 촬영한 사진은 학생들이 등산에 사용한 것으로 추정되는 지팡이를 들고 계단 위에서 기념촬영을 했다. 교사로 보이는 인물들도 사진에 나타난다. 하단에는 '금강산 탐승기념金剛山探勝記念'이라는 글씨가 적혀 있다.

문경 운달산에 있는 김룡사 전경 사진도 선보였다. 두 장의 사진을 이어 붙인 것으로 일제강점기 김룡사 전체 모습을 한눈에 생생하게 확인할 수 있다는 점에서 의미가 있다. 그동안 나온 김룡사 사진들은 사찰의 일부분을 촬영한 것이 대부분으로 도량 전체를 볼 수 있는 사진은 드물다.

사진을 확대해 보면 흰옷을 입은 인물들이 누각이나 요사채 마루에 앉아 있는 정경을 볼 수 있다. 김룡사는 신라 진평왕 10년(588) 운달雲達 스님이 창건한 사찰로 일제강점기에는 31본사의 하나였다.

부처님 진신사리를 모신 5대 적멸보궁寂滅寶宮 가운데 하나인 봉정암의 옛날 사진도 무상한 세월의 흐름을 보여준다. 봉정암은 신라 선덕여왕 12년(643)에 자장율사가 당나라에서 모셔온 진신사리眞身舍利를 봉안한 도량으로 성지이다. 이번에 동국사가 공개한 사진 속 봉정암은 너와집으로 된 건물인데, 어려운 시절 사찰의 현실을 돌아보게 한다.

사진에는 3명의 인물이 카메라를 바라보고 있다. '봉정암鳳頂庵 급及 (및) 봉정鳳頂' '인제麟蹄 설악雪岳 명승名勝'이라는 글씨가 선명하다. 웅장한 설악산 봉우리인 봉정鳳頂을 배경으로 자리한 암자는 불교성지임을 새삼 느끼게 하는 사진이다.

너와집 형태의 설악산 봉정암으로 일제강점기에 촬영된 사진이다. 웅장한 봉정과 더불어 있는 봉정암의 모습은 허름하지만 불교성지의 기운이 느껴진다.

종걸 스님은 "비록 정지된 순간을 촬영하는 것이 사진이지만, 그 안에는 당시 상황을 함축적으로 담고 있다"면서 "근대기 불교 사진을 통해 어려운 시기에 부처님 가르침을 전하고자 했던 불교인과 당시 조선의 현실을 가늠할 수 있다"고 밝혔다.

한국 도서관의 아버지 '박봉석'

국립중앙도서관에 있는 박봉석 부조.

1945년 8월 15일 일제의 35년 식민통치에서 벗어나 광복을 맞이했다. 나라를 되찾은 기쁨에 환호했지만 혼란을 피할 수 없었다. 조선총독부도서관도 우왕좌왕하기는 마찬가지였다. 이때 도서관 소장 도서의 일본 유출 및 분실을 막기 위해 앞장선 직원이 있었으니, 통도사(표충사) 출신의 박봉석朴奉石(1905~?) 사서였다. '한국 도서관의 아버지', '한국 도서관의 개척자', '한국의 멜빌 듀이(Melvil Daewey)' 라 불릴 정도로 큰 업적을 남긴 인물이다. 2003년 은관문화훈장을 수훈했다.

태평양전쟁에서 일제의 패색이 짙어지면서 조선총독부도서관장 오기야마 히데오荻山秀雄는 개성도서관, 아현동 서고, 해인사 등으로 도서를 소개疏開하라는 명령을 내렸다. 미군의 공습에 대비해 일반 도서는 아현동 서고, 귀중 도서는 개성도서관과 해인사로 분산해 보관한다고 명분을 내세웠지만 눈속임에 불과했다. 또한 일본인 직원들에게 1만여 권에 이르는 귀중 도서를 일본행 화물로 바꿔 반출하기 위해 창고에 쌓아 놓게 하였다.

1945년 8월 15일 히로히토裕仁 일왕日王이 항복했다는 소식이 전해지자 오기야마 히데오 관장은 일본인 직원 10여 명과 자취를 감추었다. 조국의 광복을 맞이했지만 해방 공간이라는 특수한 사회적 상황에서 도서관 책들은 유실 위험에 직면했다. 이때 사서司書 박봉석이 한국인 직원들에게 "도서관을 우리가 지키자"고 호소하며 수습에 나섰다. 일본인 직원에게 서고書庫 열쇠를 인수 받아 고서古書의 일본 반출을 봉쇄하고, 한국인 직원 3명이 매일 철야근무를 하며 도서관을 지켰다. 박봉석은 '도서수호문헌수집위원회'를 조직해 위원장을 맡아 혼란기의 도서관을 지키는 한편, '문헌수집대'를 만들어 해방 공간에서 봇물 터지듯 나오는 유인물과 포스터 등 각종 자료를 수집했다. 박봉석을 비롯한 한국인 직원들의 이러한 노력이 없었으면 조선총독부도서관에 보관되어 있던 수많은 고서와 책이 사라졌을지도 모른다.

일제강점기 조선총독부도서관은 서울시 소공동에 자리해 있었다. 지금의 서울 롯데호텔 주차장 자리이다. 3·1운동 이후 식민지배 정책을 문화통치로 바꾼 일제는 1923년 11월 '조선총독부 직할도서관'을 개관했다. 이것이 바로 조선총독부도서관이다. 광복 후에 국립중앙도서관으로 이름을 바꾸었고, 1974년 남산 어린이회관 자리를 거쳐 1988년 반포동으로 옮겨 지금에 이르고 있다.

박봉석은 통도사와 인연이 깊다. 1905년 8월 22일 경남 밀양군(지금의 밀양시 밀양읍 삼문동 342번지)에서 태어난 그의 어린 시절에 대해선 잘 알려져 있지 않다. 다만 1921년 밀양공립보통학교 졸업, 1922년 경성 중앙고등보통학교 입학, 1927년 중앙불교전문학교 입학 등이 알려져 있다. 유년 시절 그는 밀양 표충사에서 스님들에게 공부를 하고, 통도사 학림學林에서 수학했다. 그의 장남인 박기홍은 〈아버님을 사모하면서〉라는 글에서 "아버님께서는 12세 되던 해 스스로 느낀 바 있어 40리나 되는 산길을 넘어 표충사에 왕래하면서 스님에게 글을 배웠다"면서 "18세 되던 해에 스님의 경제적 주선으로 중앙고보에 입학하게 되자 대단히 기뻐하셨다"고 회고하기도 했다.

하지만 밀양공립보통학교에 다닌 기록은 전하지 않아 10대 시절에 통도사에서 공부한 것으로 보인다. 원종린元鍾麟(1923~2011) 공주교육대 교수는 1980년 「박봉석의 도서관 사상 연구」라는 논문에서 "박봉석의 초등교육의 수학 과정은 통도사학림의 사집과四集科가 가장 확실한 것으로 생각된다"고 밝힌 바 있다. 또한 박봉석의 중앙고보 학적란에 당시 통도사 주지 송설우宋雪牛 스님과 표충사 김덕월金德月 스님이 보증인으로 등재되어 있는 것으로 보아 통도사와 표충사에서 학비 등의 지원을 받은 것은 분명해 보인다. 이러한 불교와의 인연을 감안하면 그가 통도사 또는 표충사에서 출가했을 가능성도 있는데, 추후 연구가 필요하다.

또한 중앙고보 졸업 후 다른 전문학교를 선택하지 않고 중앙불교전문학교(지금의 동국대)에 입학한 것도 통도사와 표충사의 지원을 받았기 때문으로 보인다. 일제강점기 통도사는 주지 김구하金九河 스님을 중심으로 다수의 유학생을 국내외에 파견하고 학비를 지원하는 등 인재 양성에 남다른 관심을 기울였다. 1927년 3월 〈불교〉 제33호 '경성각교京城各校에서 졸업할 우리 학생'이란 기사에서 박봉석의 재적 사찰은 표충사로 기록돼 있다. 졸업생 11명 가운데 표충사 출신인 이수봉李壽鳳은 휘문고보를, 통도사 출신인 김삼도金三道는 제일고보第一高普를 졸업했다. 11명 가운데 3명이 통도사 본말사 출신이라는 점도 교육에 관심이 컸다는 사실을 뒷받침한다. 중앙고보를 졸업한 그는 표충사가 운영하는 사립 표충공립보통학교에서 잠시 교원으로 재직하기도 했다. 이 또한 표충사와의 각별한 인연을 짐작할 수 있다. 1940년 〈불교〉지에는 '내 본산本山 사랑' 이란 코너에 재약산인載藥山人이란 필명으로 '밀양표충서원密陽表忠書院' 이란 제목의 글을 게재했다. 이 글에서 그는 "신라 고찰 우리 표충사는 과거에 팔도도총섭인 것만치 자랑이 하도 많지만은 사명화상四溟和尙의 서원書院 자랑붙어(부터) 하기로 한다"고 표충사에 대한 자부심을 드러냈다. 이 밖에도 다수의 글을 불교 잡지에 실었다.

중앙불전을 졸업한 박봉석은 조선총독부도서관에 취직했다. 1939년 3월에는 일본 문부성 공공도서관 사서검정시험에 합격하여 사서로서 전문성을 갖추었다. 1942년에는 총독부도서관 전체 직원 80여 명 가운데 서열 3위의 자리에 오를 정도로 능력이 뛰어났다. 그는 도서관에 근무하면서 우리나라 최초의 현대적 분류표인 〈조선공공도서관 도서분류표〉와 〈조선십진분류표朝鮮十進分類表〉를 개발하고, 현대적 편목 규칙인 〈조선동서편목규칙朝鮮東書

통도사의 후원으로 중앙불교전문학교를 졸업한 후 사서로 활동한 박봉석이 근무했던 조선총독부도서관. 지금은 롯데호텔 주차장으로 바뀌었고, 표지석만 남아 있다.

編目規則)을 편찬하는 성과를 남겼다. 민족의식을 바탕으로 한국도서관계 界의 일대 쾌거로 불리는데, 도서를 체계적으로 분류하는 근간이 되었다. 이러한 업적을 남긴 바탕에는 민족종교인 불교와 중앙고등보통학교 5학년 당시 6·10만세운동에 가담하는 등 민족의식이 깊었기 때문이다.

박봉석은 국립도서관 부관장 외에도 국립도서관학교 교수, 조선도서관협회위원장, 전무 이사, 조선서지학회 상무위원, 국화여자전문대학관장, 동국대 강사, 불교청년단장 등을 지내며 '도서관'과 '불교'를 삶의 중심에 놓고 살았다. 1948년에는 도서관확장운동 및 독서진흥운동을 펼치기도 했다. 〈대장경목록과 그 분류〉(1938), 〈가야산 해인사경판에 대하여〉(1944), 〈조계종의 근본이념〉(1944) 등의 논문과 글을 발표하는 등 불교에 깊은 관심을 보였다.

해방 공간에서 '신국가 건설'에 적극 참여한 박봉석의 활약은 1946년 4월 2일자 〈한성일보漢城日報〉에 상세히 기록되어 있다. '해방과 건설 중요기관의 그 뒤 소식'이란 기사에서 국립도서관 박봉석 부관장은 "도서관이란 문화의 기술면입니다. 일제 밑에서는 우리 문화에 얼마나 공헌하였나 하는 문제보다 앞으로 어떻게 운영하느냐가 큰 문제인가, 우리로서는 다소 그 준비와 의도하는 바가 있어 가급적 속히 실현에 노력하고 있는 중"이라고 밝혔다.

그는 사서로 활동하면서 불교 관련 일도 소홀히 여기지 않았다. 중앙불전을 졸업하던 해인 1931년 3월 23일 불교청년총동맹 결성대회에서 중앙집행위원으로 선출됐다. 광복 이후에는 경봉 스님과 한국불교 개혁에 앞장서기도 했다. 1946년 5월 6일자 〈조선일보〉와 5월 7일자 〈동아일보〉에

해방 공간에서 친일불교를 청산하는 불교개혁운동에 참여한 박봉석의 활약을 보여주는
〈조선일보〉 1946. 5. 7.(왼쪽)과 〈경향신문〉 1947. 5. 9. 기사(오른쪽).

는 박봉석이 혁명불교동맹 중앙위원장을 맡았다는 기사가 실렸다. 혁명불교동맹革命佛敎同盟은 교단개혁, 조국광복, 사회혁명을 강령으로 제시한 단체였다. 1947년 5월 9일자 〈경향신문〉의 '불교전국대회 준비위원 피검' 기사에도 박봉석의 흔적이 나타난다. 그해 5월 8일부터 13일까지 서울에서 '전국불교도대회'가 열릴 예정이었는데, 5월 6일 서울 안국동 선학원에서 김경봉金鏡峰, 김용담金龍潭 스님과 함께 체포됐다는 내용이다.

한국전쟁 당시 박봉석은 도서관을 지키다 납북됐다. 북한군 남침으로 서울이 함락될 위기에 처하자, 박봉석은 국립도서관장 이재욱과 함께 트럭 한 대를 겨우 구해 귀중 도서 6,000여 권을 부산으로 옮겼다. 다른 직원들은 피난을 보내고, 박봉석은 이재욱 관장과 함께 "도서관을 끝까지 지키겠다"며 남았다가 북으로 끌려가고 말았다. 1950년 7월 13일이었다. 그의 아들 박기홍은 〈아버님을 사모하면서〉라는 글에서 당시 부친의 당부를 이렇게 기록했다.

"기홍아! 어머니 말씀 잘 듣고 동생들 사랑하여라. 그리고 오늘 저녁

꼭 돌아올 것이지마는 너에게 말 한마디 하고 싶은 것은 너는 어데를 가나 많은 사람 가운데 네가 엄연히 이 땅에 존재하고 있다는 것을 잊어서는 안 되며, 그들 가운데 너라는 사람은 가장 참되고 성실하여야 한다는 것을 잊어서는 안 된다. 그리고 한 가지 마음먹은 일을 끝까지 하라."

국립중앙도서관에는 '한국 도서관의 아버지' 박봉석을 기리는 추모비 부조가 설치돼 있다. 한국도서관을 이야기할 때 그를 빼놓을 수 없는 위상을 갖고 있음을 상징적으로 보여 준다. 이제 '불교인 박봉석'과 그의 정신을 기억하는 불교계의 작은 노력이 필요한 시점이다. '도서관'과 '불교'를 삶의 양대 축으로 삼았던 박봉석. 그가 남긴 자취는 한국도서관과 한국불교 역사에 영원히 기억될 것이다.

석전 박한영 스님 병풍·시첩 上

―

일제강점기 조선불교 수호와 교육 불사의 원력을 실천했던 석전정호石顚鼎鎬(1870~1948) 스님이 친필로 쓴 병풍을 비롯해 오세창, 고희동, 김돈희 등 당대 지식인과 교류한 사실을 증명하는 시첩詩帖이 처음 공개됐다. 군산 동국사 회주 재훈 스님은 〈불교신문〉을 통해 은사 남곡 스님에게 물려받은 석전 스님의 유품을 공개했다.

동국사 회주 재훈 스님이 공개한 석전 스님 관련 유품은 10폭 병풍 1점과 일제강점기 지식인들이 쓴 시詩 16점으로 수량 면에서도 적지 않은 분량이다. 이 가운데 10폭 병풍은 석전 스님이 중국 당송唐宋 시대의 한시漢詩 가운데 일부를 직접 필사筆寫한 것으로 나라 잃은 시절을 살아야 했던 석전 스님의 심경을 간접적으로 살필 수 있는 귀중한 자료로 평가받고 있다.

병풍에 실린 한시는 △저광희儲光羲(700~760)의 '강남곡江南曲' △당나라 왕유王維(701~761)의 '송별送別' △당나라 가도賈島(779~843)의 '죽리관竹里館' 등 당송시대의 명시名詩이다. 석전 스님의 병풍 글씨는 때로는 힘차게 솟구쳐 오르고, 때로는 잔잔한 물결처럼 고즈넉해, 마치 물 흐르는 듯한 필체로 스님의 호연지기浩然之氣를 느끼기에 충분하다.

병풍에 실린 글 가운데 당나라의 명시인 맹호연孟浩然(689~740)의 '춘효春曉'라는 시는 일제강점기 수행자로서 겪었을 석전 스님의 심경을 대신

석전 박한영 스님이 당송시대의 명시 가운데 일부를 선별하여 손수 쓴 친필 병풍.
일제강점기를 살았던 선각자의 고뇌와 수행자로서의 위의.
그리고 스님의 인간적인 면모를 담고 있는 소중한 자료이다. 왼쪽 아래 석전 스님이
병풍의 글씨를 직접 썼음을 보여주는 석전사문서石顚沙門書라는 서명이 뚜렷하게 보인다.

보여주는 듯하다. "춘면불각효春眠不覺曉 / 처처문제조處處聞啼鳥 / 야래풍우성夜來風雨聲 / 화락지다소花落知多少." 김상일 동국대 국문과 교수는 이 시를 이렇게 옮겼다. "봄잠에 새벽이 되어도 아직 깨어나지 못하고 / 곳곳에서 새가 우는 소리가 들린다 / 밤 들어 비바람 소리 들리니 / 얼마나 꽃이 떨어졌을까."

나라를 빼앗기고 갖은 고난을 겪어야 했던 조선인의 애환을 몸소 느꼈던 석전 스님이 "밤 들어 비바람 소리 들리니 / 얼마나 꽃이 떨어졌을까"라며 1200여 년 전 은둔생활을 했던 맹호연의 마음을 빌려 붓을 들었던 것은 아닐까. 또 병풍에 담긴 시 가운데 이백, 두보와 함께 당나라 3대 시인이었던 왕유의 '송별'이란 글에는 "산중상송파山中相送罷 / 일모엄시비

日暮掩柴扉…"라는 대목이 있다. 이는 "산중에서 그대를 보낸 뒤 / 해는 저물고 사립문을 닫는다"는 뜻으로 인연의 소중함을 생각했던 석전 스님의 '인간적인 면모'를 엿볼 수 있다. 석전 스님이 병풍에 옮겨 쓴 한시는 일제강점기 민족의 진로와 불교의 중흥을 고민한 흔적을 발견할 수 있는 소중한 자료이다.

병풍에 담긴 시들을 살펴본 김상일 동국대 국문과 교수는 "석전 스님의 친필 병풍은 현존하는 것이 많지 않은데, 훼손된 부분이 거의 없는 완벽한 모습으로 보존된 것은 매우 반가운 일"이라고 말했다.

〈불교신문〉을 통해 자료를 공개한 군산 동국사 회주 재훈 스님은 "일제강점기 어려운 시절에 많은 스님들이 조선불교를 지키고, 민족의 미래를 개척하기 위해 혼신을 다했다"면서 "그 가운데 특히 석전 박한영 스님은 '인재 양성을 통한 교육불사'에 남다른 원력을 지녔던 어른"이라고 강조했다. 재훈 스님은 "석전 스님의 법맥을 계승한 은사 남곡 스님께서 보관해 오던 병풍과 시첩을 후학들이 수행 정진하는 데 작은 보탬이 되길 바라는 뜻으로 공개하게 됐다"면서 "석전 스님께서 구현하고자 했던 뜻을 후대에서 잘 계승하는 밑거름이 된다면 더할 나위 없겠다"고 소감을 밝혔다.

군산 동국사는 분실 방지를 위해 별도의 안전한 장소에 병풍과 시첩을 보관하고 있으며 향후 학자들의 도움을 받아 관련 내용을 분석하는 작업을 진행할 예정이다.

한편 석전 스님의 병풍과 시첩에 대해 학계에서는 근세불교뿐 아니라 당대 지식인들의 교류 상황을 확인할 수 있는 귀중한 자료라는 평가가 나오고 있다. 또한 석전 박한영 스님의 생애와 사상을 고찰하는 데도 도움이 될 것으로 기대를 모으고 있다.

● 석전 스님과 남곡 스님

석전 스님은 남곡 스님의 스승이다. 석전 스님은 일제강점기 조선불교의 정통성을 수호하고, 인재불사를 통해 민족의 독립과 불교 중흥의 원력을 실천했던 선지식이다. 석전 스님은 전주 위봉사에서 금산錦山 스님의 법문을 듣고 출가했다. 이후 장성 백양사 환응幻應 스님과 순천 선암사 경운擎雲 스님에게 교학을 이수하고, 순창 구암사에서 설유雪乳 스님의 법맥을 이었다. 조선불교수호 운동과 교육불사에 적극 참여했으며, 조선불교 교정敎正, 동국대 전신인 고등불교강숙 숙장과 중앙불전 교장 등을 역임했다. 1948년 4월 8일 양력 정읍 내장사에서 세수 79세, 법랍 61년으로 원적에 들었다.

군산 동국사 종걸 스님은 "그동안 석전 스님의 출생지와 생몰연대가 정확하지 않았다"면서 "생가 주소는 완주군 초포면 조사리, 전주부 회표면 조사리, 난전면 초포리, 완주군 조사리 등으로 각각 다르게 표현되고 있다"고 지적했다. 이에 대해 종걸 스님은 "이는 행정구역이 변경될 때마다 옛 지명을 표기하지 않아 생긴 오류"라면서 "올해 행정구역 기준으로 '전북 완주군 삼례읍 하리 조사助沙마을'이 석전 스님의 정확한 출생지"라고 밝혔다.

한편 석전 스님을 은사로 모시고 출가한 남곡南谷(1913~1983) 스님은 대강백 운기 스님을 비롯해 정화불사의 주역인 청담·청우 스님과 사형사제

석전 스님이 동국대 전신인 중앙불전 교장으로 재직하던 시절의 모습. 자료제공=동국대

석전 스님 제자인 남곡 스님이 1970년대 총무원 부장으로 재직할 당시 모습.

이다. 1934년 만암 스님을 계사로 구족계를 수지하고, 이듬해 3월 장성 백양사 강원 대교과를 졸업했다. 해방 무렵까지 백양사에서 참선 수행하는 등 선교禪敎를 겸비하였으며 1945년 8·15 광복과 함께 고창 선운사로 주석처를 옮겼다. 이후 조계종 사회부장, 교무부장, 재부부장과 조계사 주지, 중앙종회의원, 동국학원 이사 소임을 보면서 종단의 기초를 닦았으며, 선운사가 교구본사로 승격되는 데 공헌했다.

석전 박한영 스님 병풍·시첩 下

최근세 대강백으로 후학 양성과 조국 해방의 원력을 묵묵히 실천한 석전정호石顚鼎鎬(1870~1948) 스님과 당대 지식인들이 교류한 사실을 입증하는 시첩詩帖이 처음 공개됐다. 이 시첩은 군산 동국사 회주 재훈 스님이 은사 남곡 스님에게 물려받은 석전 스님 유품을 공개하면서 세상과 대면하게 됐다. 특히 석전 스님 시첩은 당대 최고 지성인들이 참여한 시사詩社의 존재 사실을 확인할 수 있다는 점에서 의미가 크다.

재훈 스님이 공개한 시첩에는 오세창, 최남선, 고희동 등 일제강점기 최고의 지성인 15명이 남긴 한시漢詩와 석전 스님이 직접 쓴 자금自唫(스스로 읊다)이 수록돼 있어 불교뿐 아니라 문화, 인물 등 근세사 연구에 큰 도움이 될 것으로 기대를 모으고 있다. 시첩에 등장하는 인물들이 정기적인 모임을 가졌다는 사실은 석전 스님 관련 글을 모아 놓은 『석전시초』를 통해 확인할 수 있다. 『석전시초』에는 이번에 공개된 시첩에 나오는 인물들의 시가 수록돼 있다. 시첩에 실린 글과는 다르지만 이들이 석전 스님과 지속적으로 교류했음을 증명한다. 『석전시초』에는 이들의 글 맨 앞에 '산벽시사체증동인珊碧詩寺遞贈同人'이라 쓰여 있어, 시첩에 등장하는 인물들이 '산벽시사'라는 이름으로 활동했음을 알 수 있다. 시사詩社는 한시漢詩 창작을 위한 동인 모임으로 오늘날의 문학동인과 유사한 것이다.

박완식 전주대 한문교육과 교수는 "재훈 스님이 공개한 시첩과 『석전

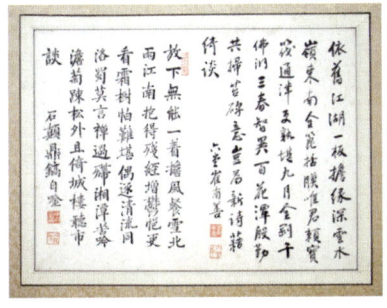 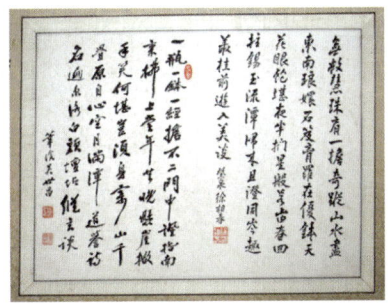

시첩에 실린 석전 스님(왼쪽)과 최남선의 한시.   시첩에 실린 오세창(왼쪽)과 서상춘의 한시.

시초』의 관련 시를 살펴볼 때 '산벽시사'는 당대 최고의 문호와 지성인들이 참여한 모임"이라고 밝혔다. 김상일 동국대 국문과 교수도 "석전 스님이 구체적으로 어떤 인물들과 교류했는지를 보여주는 시첩"이라고 말했다. 시첩은 '산벽시사' 동인들이 석전 스님의 도道를 높이 평가하는 내용이 주를 이루고 있다. 이 시첩이 몇 년도에 작성된 것인지 정확히 알 수는 없지만, '동일한 시기에 같은 장소'에 모여 쓴 것만은 분명하다. 정확한 연대와 어느 장소에서 집필된 것인지는 추후 연구가 필요하다. 석전 스님의 회갑일에 작성됐을 가능성이 있지만 단정 지을 수는 없다.

군산 동국사 종걸 스님은 "석전 스님 회갑은 1930년인데, 시첩에 등장하는 이기 선생은 1926년에 별세했으므로, 석전 스님 회갑일에 지은 시는 아닌 것 같다"고 지적했다. 김돈희가 쓴 석전 스님 비문에는 "학자와 선비와 문인들이 찾아왔는데, 싫어하지 않고 그들과 교류했다. 어느 때든지 서로 만났다"는 구절이 들어 있을 만큼 석전 스님은 지식인들과 막역한 사이였다. 시첩 내용 가운데 오세창 선생의 시는 석전 스님에 대해 당대 지식인들이 어떤 정서를 갖고 있었는지 살필 수 있다. 이 시에서 오세창 선생은 "법력과 시인의 명성이 서울에 가득하다" 면서 "어디서나 법담이 자유자재한 백발의 노老 스님" 이라고 석전 스님을 평했다.

시의 내용은 다음과 같고, 한글 풀이는 박완식 전주대 한문교육과 교수가 했다.

일병일발일경담 　一甁一鉢一經擔
불이문중증지남 　不二門中證指南
병불상당년공만 　秉拂上堂年共晚
현애살수소하감 　懸崖撒手笑何堪
기수신기산천첩 　豈須身寄山千疊
원자심공월만담 　原自心空月滿潭
도예시명편경로 　道譽詩名遍京路
백두단점종현담 　白頭壇占縱玄談

물병에 바루 하나, 경 한 권 달랑 들고
불이법문 향상일로 증명하셨네
불자 드신 상당법문 나이 따라 높아가고
현애살수 무애자재 너털웃음 어이하랴
굳이 깊은 산사만 머물게 있겠소
공한 마음 원래 연못 가득한 달빛인 터
법력과 시인 명성 서울 장안 가득하니

어디서나 법담이 자재하신 백발 노스님.

시첩 말미에 수록된 석전 스님의 '자금'은 일제강점기 스님의 심경을 직접 확인할 수 있다는 점에서 관심을 끈다. 시의 내용은 다음과 같고, 한글 풀이는 박완식 교수가 했다.

방하무능일착담　放下無能一着擔
풍찬설북우강남　風餐雪北雨江南
포득잔경증울읍　抱得殘經增鬱■
경간상수파난감　更看霜樹■難堪
우축풍류동낙촉　偶逐風流同洛蜀
막언선과체상담　莫言禪過■湘潭
고음담국소송외　苦吟澹菊疏松外
차의성루청시담　且依城樓聽市談
석전정호 石顚鼎鎬　자금 自金

세상사에 무능한 짐 버려두고
북녘 차가운 눈바람, 강남 빗속에 떠돌던 몸
옛 경전 마주하니 답답한 맘 더하고
가을 잎새 바라보니 견디기 어려워라
우연히 풍류객 따라 이곳저곳 함께한 몸
강호에 참선결제 고달프다 말을 마오

소담한 국화, 듬성한 솔 읊조린 뒤에
저자거리 기대여 시쳇말을 들어본다
석전 정호 스스로 읊다

   석전 스님의 '산벽시사' 시첩을 공개한 군산 동국사 회주 재훈 스님은 "은사 남곡 스님께서 평생 소장하며 정성껏 보관했던 석전 스님의 병풍과 시첩을 물려주면서, '너의 목숨보다 더 소중하게 여기라'고 하셨다"면서 "일제강점기라는 어려운 시절에도 수행자의 자세를 잃지 않고 정진했던 석전 스님의 행장을 조명하는 데 도움이 되길 바란다"고 말했다. 재훈 스님이 공개한 석전 스님의 병풍과 시첩은 구한말 대표적인 학자와 당대 선지식인이었던 석전 스님이 교류했다는 사실을 입증하기에 충분해 근세사 연구에 도움이 될 것으로 보인다.

● 시첩 속 등장인물
시첩에 등장하는 주요 인물은 다음과 같다.

△자천紫泉 서상춘徐相春 1861년~?, 구한말 유학자 △성당惺堂 김돈희金敦熙(1871~1937), 근대 서예가 △우하又荷 민형식閔衡植(1875~1947), 대한제국 귀족, 자는 공윤公尹 △석정石汀 안종원安鍾元(1874~1951), 근대 서예가, 자는 원재元哉 △무암霧庵 이보상李輔相(1882~?), 일제강점기 관료, 자는 좌경佐卿 △이응균李應均(?~?), 자는 원삼元三 △관재貫齋 이도영李道榮(1884~1933), 근대서

예가, 자는 중일仲一 △ 춘곡春谷 고희동高羲東(1886~1965), 최초의 서양화가, 자는 양보暘甫 △육당六堂 최남선崔南善(1890~1957), 자는 공육公六 △난타蘭□ 이기李琦(1856~?), 대한제국 감리監理, 자는 기옥奇玉 △우향又香 정대유丁大有(?~?) △규산奎山 조중관趙重觀(?~?) △우당于堂 윤희구尹喜求(1867~1926), 조선말 한문학자 △창사蒼史 김진영金鎭□(?~?) 근대 서화가 △위창葦滄 오세창吳世昌(1864~1953), 독립운동가, 서예가

이 가운데 김돈희는 명필 서예가로 1918년 우리나라 최초의 미술단체인 서화협회書畵協會 회장을 역임했으며, '성당거사惺堂居士'라고 칭했다. 여주 신륵사 극락보전 주련, 강화 전등사 대웅보전 주련 등 16개 사찰에 30여 점의 글씨를 남기는 등 신심이 깊었다. 고희동은 우리나라 서양화를 개척한 최초의 작가로 고종의 어진御眞을 그리기도 한 당대 최고의 화가였다.

초월 스님의 「성도기」

일제강점기 조선독립 운동에 적극 참여해 해방 직전에 순국한 초월初月 (1878~1944) 스님이 1909년에 필사한 것으로 보이는 「성도기成道記」가 처음 발견됐다. 원제목은 「석가여래 성도기」.

고양 원각사 주지 정각 스님이 최근 입수한 「성도기」를 공개한 것이다. 100년 전에 제작된 이 자료는 그동안 행장에 공백기가 있었던 초월 스님의 생애를 온전하게 복원하는 데 큰 도움이 될 것으로 보인다. 친일불교 세력에 맞서 만해, 석전 스님과 임제종 운동을 펼쳤던 초월 스님의 1900년대 주석처와 활동을 구체적으로 증명하는 자료로 평가를 받고 있다.

「성도기」 필사기에는 '을유己酉 추칠월秋七月 동래범어사東來梵魚寺 청풍강당淸豊講堂 초월대화상初月大和尙 법하法下 동거록同居錄' 이라고 적혀 있다. 발행 시기는 을유년乙酉年으로 서기 1909년이다.

필사 장소가 '동래 범어사 청풍강당'으로 초월 스님이 1909년 당시 범어사 강당에 머물렀다는 사실을 확인할 수 있다. 범어사 강원을 '청풍강당'이라고 했다는 사실도 눈길을 끈다. 또한 「성도기」 발간 당시 초월 스님의 세수가 불과 31세였음에도 '대화상'이라 불린 것은 그만큼 스님의 학식과 덕망이 높았음을 보여준다.

「성도기」는 1권 1책으로, 27.1cm×17.4cm 크기이다. 모두 8행行 18자字로 되어 있다. 「성도기」에는 1909년 가을 범어사 강당에서 수학하던 스님들의 명단과 출가본사가 기록돼 있어 구한말과 일제강점기 범어사 강원에서 공부한 학인들의 명단을 구체적으로 확인할 수 있다. 동거록 명단은 화엄花嚴, 원각圓覺, 반야般若, 능엄楞嚴, 사집四集으로 반班을 구분하여 수록했다. 전체 인원은 33명으로 당시 반 편제와 수학 인원 등 강원 규모를 정확히 알 수 있다.

자료를 공개한 정각 스님은 "일제강점기 조선불교 수호와 독립운동을 위해 헌신했던 초월 스님의 구체적인 행장을 확인했다는 점에서 의미가 깊다"면서 "이번 자료가 근세불교 연구에 도움이 되길 바란다"고 밝혔다.

초월 스님 등 근세불교 연구에 집중하고 있는 김광식 동국대 특임

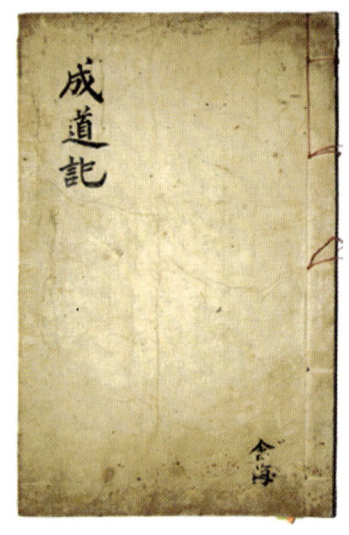
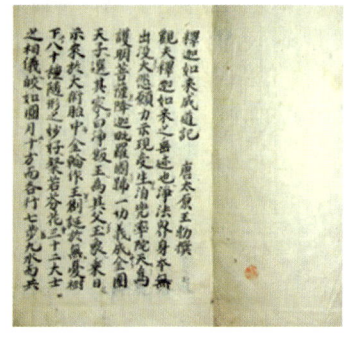

1909년 발간된 『성도기』 겉표지(위)와 첫 장의 동거록(아래).

교수는 "초월 스님이 범어사에서 강의를 했다는 사실을 알 수 있는 의미 있는 자료"라고 평가했다. 범어사 승가대학장 용학 스님은 "100년 전 범어사 강원 학인들의 명단이 정확하게 기록되어 있는 자료여서 더욱 반갑

고 고마운 일"이라면서 "근세불교 자료 수집을 통해 근본을 조명하고 찾는 작업이 이뤄지면 후학들의 자긍심도 높아질 것"이라고 반가워했다.

● 초월 스님은

1878년 2월 17일 경남 고성에서 태어나 14세에 지리산 영원사 남파南坡 스님을 은사로 출가했다. 법명은 동조東照 또는 인영寅榮이고, 초월은 법호이다. 1903년부터 1904년까지 지리산 영원사 조실로 있었으며, 1907년에는 합천 해인사 선원에서 안거를 지냈다. 이후 1910년까지 구체적인 행장이 밝혀지지 않았는데, 이번 자료 공개를 통해 1909년 범어사에 주석했다는 사실이 처음 확인됐다. 스님은 1910년 한일강제병합 후 임제종 운동에 적극 나섰으며 1930년을 전후해서 계룡산 동학사에서 학인을 지도하고, 1930년대에는 서울 신촌 봉원사, 오대산 월정사, 서울 진관사 마포포교당 등에서 강백으로 후학을 양성했다. 독립운동에도 적극 나섰다. 1919년 만세운동에 참여한 것을 비롯해 1939년에는 봉천행 열차에 '대한독립만세'라고 쓴 사건의 배후인물로 지목돼 체포되어 1944년 청주형무소에서 순국했다. 법랍 53년, 세수 67세였다. 해방 후 정부는 건국포장(1986년), 건국훈장 애국장(1990년)을 추서한 바 있다. 하지만 안타깝게도 순국 후 스님의 법구가 어디에 묻혔는지 알 수 없는 상태이다.

석전 스님의 『정주사산비명』

―

　신라 말 고운 최치원(857~?)이 찬술한 네 편의 비문을 모아 엮은 『사산비명四山碑銘』에 대해 석전石顚 박한영朴漢永(1870~1948) 스님이 주석을 단 『정주精註사산비명』이 처음으로 세상에 공개되었다. 혜남 스님(영축총림 통도사 전계사)이 법은사인 운기 스님에게 전강 받을 당시 물려받은 석전 스님의 『정주사산비명』을 〈불교신문〉을 통해 처음 공개했다.

　새로 확인된 『정주사산비명』은 석전 스님이 필사하면서 주석을 단 것으로 고대사 및 문학사, 불교사 연구에 중요한 학술적 의의를 지닌다. 그동안 석전 스님이 『정주사산비명』을 찬술했다는 이야기만 일부 문헌과 구전을 통해 알려졌을 뿐 실체가 공식적으로 확인된 것은 처음이다.

　석전 스님의 『정주사산비명』은 1931년 7월(음력) 필사가 완성됐다. 이같이 보는 근거는 '불기佛紀 2958년年 신미오월辛未梧月'이라고 적혀 있기 때문이다. 불기 2958년과 신미년은 서기 1931년에 해당된다. 따라서 이번에 공개된 자료는 지금으로부터 70여 년 전에 필사된 것이다. 또한 『정주사산비명』에 '지지산방止止山房'이란 표기가 나오는데, 이는 석전 스님의 서재를 나타내는 명칭으로 석전 스님 필사본임을 확실하게 보여주는 증거이다.

　『정주사산비명』에서 석전 스님은 조선 후기 문신으로 헌종 당시 대사헌, 이조판서, 호조판서 등을 역임한 홍경모洪敬謨(1774~1851)의 '사산비명 주해본'을 저본으로 했다고 밝히고 있다. 김상일 동국대 국문과 교수는

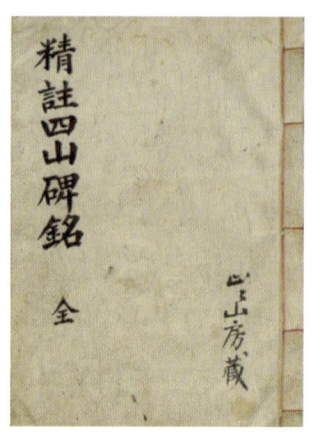

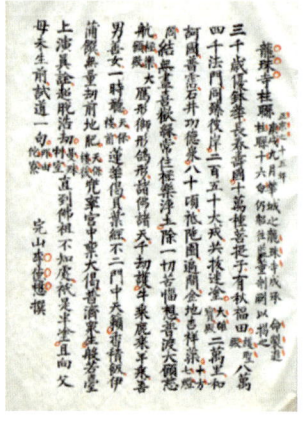

『정주사산비명』 표지(위)와 본문 첫 페이지 모습(아래).

"홍경모는 백파긍선白坡亘璇(1767~1851) 스님과 교유가 깊었으며, 그 과정에서 『사산비명』을 주해한 것으로 보인다"고 밝혔다. 조선시대 선문禪門의 중흥주로 추앙받는 고승인 백파 스님의 법맥은 설유雪乳 스님을 거쳐 석전 스님으로 이어졌다.

『정주사산비명』은 석전 스님 법제자인 운기성원雲起性元(1898~1982) 스님이 보관해오다가 1977년 혜남 스님에게 전강하면서 물려준 것이다. 혜남 스님은 『정주사산비명』의 분실을 방지하기 위해 정성을 다해 소장해왔다고 한다. 혜남 스님은 "석전 스님의 『정주사산비명』을 번역했어야 하는데, 그러지 못해 죄송할 따름"이라면서 한글로 옮기지 못한 아쉬움을 토로했다. 혜남 스님은 "의미 있는 자료로 평가받는 만큼 많은 후학이 『정주사산비명』을 연구하고 번역했으면 한다"며 "이 자료가 참고가 되어 보다 좋은 『사산비명』 해석본이 나오길 바란다"고 밝혔다.

혜남 스님은 중앙승가대 교수로 후학양성과 역경불사에 전념하다 지난해 정년 퇴직했다. 스님은 1977년 운기 스님에게 전강을 받아 석전 스님의 강맥講脈을 계승했다. 불혹을 넘긴 나이에 일본 다이쇼大正 대학에서 10여 년간 학문을 연찬한 뒤 귀국했다. 이후 중앙승가대 교수를 비롯해 해인총림 해인사 승가대학, 제5교구 본사 법주사 승가대학, 영축총림 통도사 승가대학 학장과 종립 승가대학원장을 역임하며 후학을 양성했다. 또한 영축총림 통도사 전계사 및 율주로 율맥律脈을 전했다. 운기 스님에게 전강받은 지 30여 년 만에 『정주사산비명』 원본을 공개한 혜남 스님은 인연 있는 사찰이나 도서관 등 '공적인 기관'에 『정주사산비명』을 기증할 계획을 갖고 있다.

● 사산비명

최치원이 네 곳에 지은 비碑銘이다. 지리산 쌍계사 진감선사대공탑비眞鑑禪師大空塔碑, 만수산 성주사 낭혜화상백월보광탑비朗慧和尙白月寶光塔碑, 초월산 숭복사지비崇福寺址碑, 희양산 봉암사 지증대사적조탑비智證大師寂照塔碑이다.

사산비명은 조선시대 광해군 전후에 철면鐵面 노인이라는 인물이 최치원 문집인 『고운집孤雲集』에서 뽑아내어 이름 붙인 것이다. 스님들을 중심으로 유포되었으며, 순조와 헌종 당시 홍경모가 주해를 더해 세간에도 유행했다. 최치원 문학 연구뿐만 아니라 우리나라 사상사와 한문학 연구사에서 빼놓을 수 없는 귀중한 자료이다.

서울 충무로 호국역경원

일제강점기 경성의 중심은 남산과 본정목本町目이었다. 조선의 정기를 말살하고 왜색화를 추진하는 거점으로 일제는 남산과 그 일대에 신사神社와 조선통감부朝鮮統監府(을사늑약 강제 체결 후 일제의 식민통치기구)를 설치했다. 일본 정토종 본원사 경성별원도 남산 주변에 세웠다. 해방 후 조선불교계는 본원사를 인수해 현대화 불사에 착수했다. 그 일환으로 경전의 한글화를 추진한 호국역경원護國譯經院을 본원사에 세웠다. 본정목은 지금의 충무로忠武路이다.

일본 불교의 조선 침탈 근거지였던 정토종 본원사 경성별원이 한글 경전의 산실産室이 된 것은 역사의 아이러니라고 하지 않을 수 없다. 역경원 명칭에 '나라를 구한다' 는 의미의 호국護國을 붙인 것에서 당시 불교계 인사들의 민족의식이 엿보인다.

호국역경원이 문을 연 것은 1945년 12월 17일이다. 해방 뒤 불과 4개월이 흘렀을 때였다. 초대 원장은 적음寂音(1900~1961) 스님이다. 1930년대 근대불교 선지식으로 존경받는 만공滿空 스님에게 입실건당入室建幢했다. 1941년에 열린 유교법회遺敎法會에 참여하고, 1950년대에는 불교정화운동에 동참하는 등 한국불교의 수행가풍과 정통성 회복을 위해 적극 나섰다.

또 다른 자료에는 해방 후 새롭게 출범한 종단에서 해동역경원海東譯經

해방 후 경전 한글화 불사를 추진한 호국역경원(해동역경원)이 있던 서울시 중구 충무로3가 일대. 사찰은 사라지고 지금은 대형빌딩이 들어섰다. 이 사진은 동국대 충무로 영상센터 옥상에서 촬영했다.(왼쪽) 일제강점기 정토종 본원사 경성별원 모습(오른쪽 위)과 역경원 개원 기사.(오른쪽 아래)

院을 창립한 기록이 보인다. 적음 스님이 원장을, 청담 스님과 법룡 스님이 부원장을 맡은 해동역경원은 역경부장 권상로, 기획부장 김포광, 출판부장 안진호를 임명해 역경불사의 실질적인 추진을 도모한 것으로 보인다. 김용섭 동국역경원 편집위원은 「한글대장경 완간의 의미와 과제」에서 "같은 해 적음 스님이 주도하고 오상순, 성낙훈, 변영만 등이 참여하는 호국역경원이, 1947년에는 안명언, 김동화 등이 주관하는 홍법원역경원이 설립됐다"고 강조했다.

김경집 박사는 「광복후 불교계의 출판」에서 "해동역경원은 광복 후인 1947년 설립되어 불교서적을 출판하였다"면서 "이곳은 명칭에서 알 수 있듯이 출판사의 성격보다는 경전을 번역하러 설립된 느낌을 주고 있다"고 지적했다. 이어 "그곳의 직함도 원장 김적음金寂音, 부원장 김법룡金法龍, 김용담金龍潭, 그리고 역경부장을 권상로權相老가 맡았다"고 강조했다. 이 같은 사실은 일제에서 벗어난 후 불교계가 경전의 한글화 불사에 다각적으로 참여했음을 확인할 수 있다. 또한 해동역경원과 호국역경원의 수장으로 적음 스님이 등장하는 것으로 보아, 역경불사의 중심에 적음 스님이 역할을 수행했던 것으로 추정된다.

1946년 1월 30일자 〈동아일보〉는 '한글로 불경 번역 - 시내에 역경원 설치'라는 제목의 보도를 통해 해방 후 불교계의 역경사업에 대한 단초와 해동역경원의 실체 일부를 확인할 수 있게 한다. 〈동아일보〉는 이렇게 소식을 전했다. "조선불교중앙총무원에서는 우리 '한글'을 일반에게 보급시키며 겸하여 불교 교리를 널리 알리고저 시내 본정 삼정목 50에 해동역경원을 두고 번역사업에 착수하기로 되었다는데 동원의 임원은 다음과 같다. 원장 김적음, 부원장 김법룡, 김용택, 이하 생략"

이상의 자료들을 분석하면 역경불사에 참여한 인사들도 조금씩 차이가 있다. 다만 적음 스님이 해동역경원장을, 법룡 스님이 부원장을 맡은 것은 분명해 보인다. 법룡 스님은 1906년 박초월 스님을 은사로 득도했으며, 대한불교조계종 제2대 총무원장(1962년 12월 30일~1966년 4월 12일)과 〈불교신문〉 제7대 사장(1963년 9월 1일~1964년 1월 31일)을 역임했다. 부원장은 김용담 스님 또는 김용택 스님으로 기록이 전하는데, 담潭과 택澤이 한문이 비슷하여 같은 인물일 가능성이 크다. 일부 기록에서 해동역경원 부원장으로 청담 스님도 거명하고 있는데, 이 부분에 대해선 추후 연구가 필요하다. 해동역경원에는 권상로, 김포광, 안진호 스님과 오상순, 성낙훈, 변영만 등의 당대 지식인이 대거 참여했다. 역경불사에 대한 교계 안팎의 지대한 관심을 증명하는 대목이다. 특히 권상로權相老 스님은 근대 한국불교의 대표적 학승學僧으로 법명은 퇴경退耕이다. 1953년에 동국대 총장을 지낸 석학碩學이며, 김포광 스님과 안진호 스님 역시 불교계를 대표하는 지식인이었다. 재가자로 역경에 참여한 변영만은 일제강점기에 판사와 변호사를 지내고, 광복 뒤에는 성균관대 교수를 지냈다. 공초空超 오상순은 보성고보 교사를 거쳐 1930년 불교중앙학림(지금의 동국대)에서 교편을 잡았다. 개신교에서 불교로 개종한 그는 일생을 독신으로 살면서 문학에 전념했다.

해방 직후의 혼란한 상황에서도 수행을 겸비한 스님과 문인, 학자들이 참여한 가운데 한글 경전 번역 사업이 진행됐다는 사실은 의미가 크다. 해동역경원과 호국역경원이 어떤 관계를 갖고 있었는지 연구할 필요가 있다. 해동역경원을 발전적으로 승계한 것이 호국역경원인지, 아니면 별개의 기관이었는지 심도있게 살펴야 하는 과제가 있다.

조선불교계가 인수한 정토종 본원사 경성별원은 경전 한글화 불사 외에도 불교계 단체의 신행공간과 일반 사회기관의 집회 장소로 애용됐다. 서울 중심에 위치한 지리적 이점과 대규모 인원의 수용이 가능했기 때문이다.

1947년 7월 11일자 〈경향신문〉에 실린 '조선불교 거사림居士林을 조직'이라는 기사에는 '해동역경원' 이란 명칭 대신 '호국역경원' 이 등장한다. 기사 내용은 이렇다. "오는 30일 오후 2시부터 서울 호국역경원에서 조선불교거사림의 발회식이 있으리라 한다." 이 기사에서 발회식發會式은 새로 만들어진 단체의 첫 모임을 갖는 의식이라는 뜻으로, 남자 신도들이 참여하는 거사림회가 처음 행사를 가졌다는 것이다. 1947년 8월에는 조선불교 중앙총무원이 교화운동의 일선에서 활약하는 포교사 가운데 80명을 선발해 수련회를 개최했다.

호국역경원에서는 일반 사회단체나 기관의 행사도 열렸다. 1947년 8월에는 서울에 거주하는 북한 원산 출신 주민들이 참여한 원산인회元山人會 임시총회, 1948년 3월에는 독립노농당獨立勞農黨 전당대회, 1949년 11월에는 연천초등학교 동창회, 1950년 1월에는 양호단養虎團 김성 단장 추도회가 호국역경원에서 열렸다. 이처럼 호국역경원은 경전의 한글 번역은 물론 일반 사회단체의 각종 행사가 열리는 등 해방 공간에서 불교와 일반 문화의 중심지 역할을 수행했다.

안타깝게도 호국역경원의 기능이 언제 정지됐는지 정확하지는 않다. 다만 1950년 6월 한국전쟁의 소용돌이 속에서 사라진 것으로 추정할 뿐이다. 또한 정토종 본원사 경성별원의 소유권 내지 점유권이 언제 어떠한 이유로 조선 불교계의 관할에서 벗어났는지도 의문이다. 이 부분에 대한 후속 연구와 조사가 필요하다.

지금의 남산 한옥마을 앞 사거리는 일제강점기는 물론 해방 직후에도 경성(서울)의 요충지였다. 사통팔달 연결된 도로망은 인파로 넘쳐났고, 경제와 문화의 중심지였다.

호국역경원이 있던 자리는 지금의 서울시 중구 충무로3가 50에 해당한다. 그 자리에는 지금은 본원사 경성별원 흔적이 전혀 남아있지 않다. 다만 불교와 특별한 인연 없이 들어선 대형 빌딩만이 무상한 세월을 증명하고 있을 뿐이다.

해방 전에도 역경불사가 추진됐다. 이름도 해동역경원이었다. 1934년 통도사, 해인사, 범어사 등 경남지역 3본산本山이 창립한 해동역경원을 중심으로 한글 경전을 발간하는 불사가 진행됐다. 당시 원장은 통도사 구하 스님이 맡았고, 주임 역경사는 범어사 허영호 스님이었다.『불타의 의의』,『사종의 원리』,『불교성전』,『포교법 개설』 등의 책자를 발간하는 등 성과를 냈지만, 지속되지 못하고 1938년 8월 문을 닫았다. 해방 후 해동역경원과 호국역경원의 출범은 일제강점기 역경불사의 전통을 승계한 것이다.

호국역경원이 있었던 충무로忠武路의 지명은 해방 후 왜색 땅 이름을 청산하는 과정에서 만들어졌다. 서울시는 1946년 10월 1일부터 기존의 정町, 정목丁目, 통通이란 일본식 지명을 동洞, 가街, 로路로 바꾸었다. 이때 충무로라는 지명이 생겼다. 일본인의 핵심 주거지에 임진왜란 당시 왜군을 섬멸한 충무공 이순신 장군의 호를 지명으로 삼은 것이다. 이에 따라 본정1정목本町一丁目 ~ 본정5정목本町五丁目이 '충무로1가忠武路1街 ~ 충무로5가忠武路5街로 바뀌어 지금에 이르고 있다.

3

해방 80주년 특집
꽁꽁 싸맨 보따리

교육

지혜와 자비를 바탕으로 마음을 닦고
모든 존재와 더불어 성장하는 수행의 길이다.

광성의숙 한 세기 만에 세상 밖으로

일제강점기 민족의식을 고취하고 인재 양성을 위해 장성 백양사 청류암에 설립된 광성의숙廣成義塾 졸업장 등 광성의숙과 관련한 자료가 처음으로 공개됐다. 당시 고불총림 백양사 주지 성오 스님은 2008년 2월 26일 〈불교신문〉을 통해 광성의숙 졸업장을 비롯해 그동안 알려지지 않은 4건의 광성의숙 관련 자료를 공개했다. 성오 스님이 공개한 이번 자료는 △광성강숙講塾 제1호 졸업장 △광성강숙 측량강습소 제2호 졸업증서 △광성의숙義塾 포증서褒証書 △광성의숙 포증서 등 모두 4건으로 광성의숙의 실체를 파악하는 귀중한 사료적 가치가 있다. 이번에 공개된 자료에 명기된 인물은 성오 스님의 은사인 봉하峯霞(1887~1968) 스님이다. 봉하 스님의 법명이며 속명인 박장조朴長照라는 이름이 자료들에 기록되어 있다. 봉하는 법호이다. 또한 이들 자료의 발행 시기는 융희 4년(1910년), 명치 44년(1911년), 대정 2년(1913년)으로 적혀 있어 광성의숙이 1910년 이전에 설립됐음을 증명하고 있다. 또한 광성의숙에 광성강숙과 측량강습소 등이 별도 또는 산하기관으로 운영되었음을 보여주고 있다.

성오 스님은 "은사 스님에게 청류암에 광성의숙이 있었고, 비밀리에 국사 강의를 하다 문을 닫았다는 이야기를 들었다"면서 "그 후 백양사 큰절 앞 묘연암으로 자리를 옮겨 한글(조선어) 교육을 하다 일본경찰에 적발되어 폐교됐다는 이야기도 들었다"고 밝혔다.

한편 이번 공개자료로 광성의숙 운영에 참여한 인물의 면면을 확인할 수 있다는 점에서 관심을 끌고 있다. 광성의숙 숙장塾長과 광성강숙 숙장, 광성강숙측량강습소장은 박한영(석전 스님), 광성강숙 숙감塾監과 광성강숙 측량강습소 숙감은 송종헌(만암 스님) 등 교육을 담당했던 인물들이 누구인지 정확하게 확인됐다. 석전 스님과 만암 스님이 조선독립을 위해 인재 양성에 적극 나섰음을 보여주는 자료들이다.

이 밖에도 광성의숙 강사로 오시마야스다로大島安太郎, 이종근李鍾根, 신현국申鉉國이 기록되어 있으며, 광성강숙측량강습소 강사에는 신현국의 이름이 나타나는 등 분야별로 소임을 달리하고 있음을 보여준다.

졸업증서에 따르면 광성강숙측량강습소 세부측량과는 측량, 제도, 산술로 과정을 구성했음을 알 수 있다. 광성숙장 박한영 명의로 대정 2년(1913)에 발행된 포증서는 "본숙本塾 4년급 정한 과정에 학력이 우등하기에"라는 기록이 있어 광성의(강)숙이 4년 과정으로 운영됐음을 증명한다. 이는 광성의(강)숙이 늦어도 1910년에는 설립됐음을 확인하게 한다.

자료의 주인공인 봉하 스님은 1877년 전북 고창에서 태어나 한학을 공부하다 15세 되던 해 백양사 운문암에서 호명 스님을 은사로 출가했다. 이후 호운 스님에게 사미계를, 처은 스님에게 구족계를 수지하고 중앙불교전문학교를 졸업하는 등 교학에 깊은 관심을 갖고 수행정진했다. 전남종무원장을 역임한 봉하 스님은 백양사와 불갑사 강사를 비롯해 정광중고등학교 이사장을 지내며 후학을 양성했다. 백양사 주지 소임을 28년간 지내며 도량 외호에 공을 세운 스님은 1968년 8월 나주 심향사에서 법랍 92년, 세수 77세로 열반에 들었다.

자료를 살펴본 고재석 교수(동국대 국어교육과)는 "석전 스님과 만암 스님이 민족의식을 고양하고 인재양성을 위해 설립한 광성의숙의 실체를 증명할 수 있는 소중한 자료"라면서 "석전 스님과 만암 스님이 만해 스님과 손잡고 일제에 대항해 조선불교 전통을 수호하기 위한 임제종을 설립하는 근간이 됐음을 알 수 있다"고 밝혔다.

민족학교 광성의숙 자료 또 나왔다

민족의식 고취를 위해 장성 백양사에 설립된 광성의숙廣成義塾 관련 자료들이 추가 공개됐다. 2008년 2월 말 〈불교신문〉을 통해 졸업장 등 광성의숙 자료 4점을 공개했던 장성 백양사 주지 성오 스님은 △광성강습소 제1호 포증서 △광성강숙 제2호 졸업증서 △광성강습소 제1호, 제3호 진급증서 등 모두 4점의 자료를 추가로 공개했다.

성오 스님은 "지난 2월 광성의숙 자료를 공개한 후 은사 스님 유품을 세밀하게 확인한 결과 추가 자료를 찾아냈다"면서 "일제강점기에 신식 교육으로 인재를 양성해 민족의 진로를 개척하려 했던 어른 스님들의 자취를 확인하게 되어 기쁘다"고 말했다.

성오 스님은 2008년 2월 26일 △광성강숙 제1호 졸업장 △광성강숙 측량강습소 제2호 졸업증서 △광성의숙 포증서 2건 등 4점을 공개한 바 있다.

추가 공개된 자료의 발행 시기는 명치 44년(1911), 45년(1912), 대정 4년(1915) 등으로 되어 있어, 1910년대 초반 광성의숙(강숙)에서 꾸준하게 교육이 진행됐음을 증명한다. 또한 대정 4년(1915) 발행된 졸업증서는 처음 발견된 것으로 광성의숙이 최소한 1915년 3월 25일까지 유지됐음을 짐작하게 한다. 졸업증서에는 "본 강숙 불교전수과 대교를 졸업"이란 표현이 있어 광성강숙이 신교육뿐 아니라 스님 대상 교육도 실시했음을 보여준다.

특히 이 졸업증서는 백양사에서 광성강숙 운영을 하고 있었다는 것을

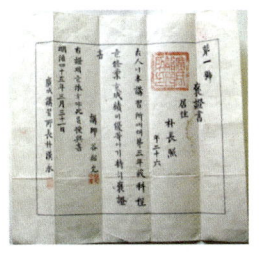
추가 공개된 광성의숙 관련 자료.
광성강습소 제1호 포증서.

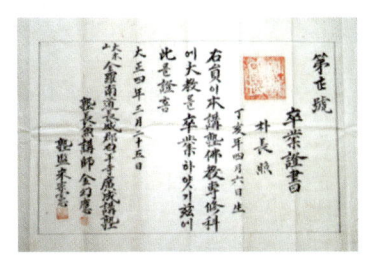
광성강숙 제2호 졸업증서.
자료제공=성오 스님

명기하고 있어 눈길을 끈다. 즉 졸업증서 수여자가 '대본산 전라남도 장성군 백양사 광성강숙 숙장 겸 강사 김환응金幻應(1847~1929), 숙감 송종헌宋宗憲(1876~1957)'으로 되어 있는 것이다.

당시 환응 스님은 68세, 만암 스님은 39세였다. 숙장 겸 강사인 환응 스님(1847~1929)은 14세에 고창 선운사에서 성시性諡 스님을 은사로 출가해 서관율사瑞寬律師에게 구족계를 받았다. 백암산 운문사(지금의 운문암)에 강단을 열어 화엄학을 가르쳤다. 이후 10여 년간 강의를 마친 후에는 우은난야遇隱蘭若를 짓고 참선 수행에 몰두했다. 1912년 백양사 주지에 부임했으며, 1917년에는 선운사에서 율전律典을 강의했다. 1928년에는 조선불교 교정敎正으로 추대됐으며, 1930년 입적했다.

성오 스님이 공개한 자료들을 종합해 보면 '광성의숙'이란 명칭이 2차례 나타난 반면, '광성강숙' 3차례, 광성숙 1차례, 광성강습소 2차례, 광성강숙 측량강습소 1차례 등장한다. 연도별로 학교 명칭을 살펴보면 '사립 광성강숙 측량강습소(1910) - 사립 광성의숙(1911) - 광성강습소(1912) -

광성숙(1915), 광성강숙(1913, 1915)' 등으로 변모했음을 알 수 있다. 이 같은 사실은 설립초기 명칭이 광성강숙이었으며, 이후 광성의숙을 사용하다 다시 광성강숙으로 변했음을 유추할 수 있다. 광성숙은 광성강숙의 줄인말로 짐작된다. 또한 석전 박한영(1870~1948) 스님이 1910년부터 1913년까지 발행된 증명서에 대표자로 표기되어 있으며, 만암 송종헌 스님 역시 1910년부터 1915년까지 부책임자(숙감)로 등장하고 있어, 석전 스님과 만암 스님이 광성의숙 운영에 깊이 관여했음을 보여준다.

또한 1915년에는 석전 스님에게 사교를 가르친 스승인 환응 스님이 숙장 겸 숙사를 맡았는데, 1914년 7월부터 1915년 11월까지 석전 스님이 동국대 전신인 고등불교강숙 숙장을 맡아 경성으로 떠난 빈자리를 스승이 맡은 것으로 보인다.

진급증서 3호에는 증서를 받은 박장조朴長照 스님의 주소가 장선군 백양산白羊山이라 표기되어 있어, 백암산 이전에 백양산이란 명칭이 통용됐음을 증명하고 있다.

김상일 동국대 국문과 교수는 광성의숙 관련 자료에 대해 "이번 자료들을 통해 불교계의 근대교육을 확인할 수 있다"면서 "석전, 만암 스님 등 근대 선지식들이 민족과 불교의 미래를 교육으로 일구려 했던 사실을 살필 수 있는 귀중한 자료"라고 말했다.

백양사 주지 성오 스님은 대강백들이 후학을 지도했던 순창 구암사 강원 관련 자료도 처음 공개했다. 은사 장조 스님이 받은 수업증서修業證書로 발행연도는 세존응화 2942년(대정 4년) 3월 31일로 되어 있다. 이는 1915년에 해당하는 시기로 지금부터 90여 년 전에 발급된 증서이다.

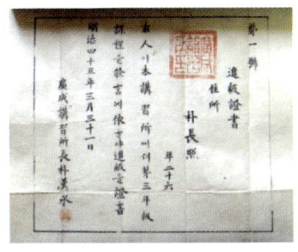 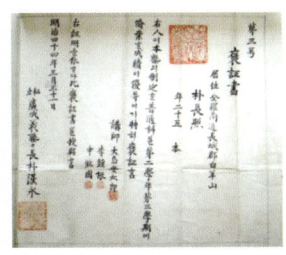

광성강습소 제1호 진급증서.   광성강습소 제3호 모증서.
자료제공=성오 스님.

사상 처음 발굴 공개된 이 자료에 따르면 구암사 강원의 정확한 명칭은 '구암사 불교강숙佛教講塾'이었으며, 숙장塾長 겸 강사講師는 박한영朴漢永으로 표기되어 있다. 박한영은 근세 대강백으로 석전정호 스님이다. 수업증서에는 "우인右人이 본숙에서 대교과 중 선문염송을 수료하였기에 차증此證을 수여함"이라고 되어 있다. 이에 따라 당시 강원의 정확한 명칭과 과정 및 과목의 일단을 파악하는 데 도움을 주고 있다.

순창 구암사 주지 지공 스님은 "한국전쟁 당시 도량이 불타 관련 자료가 전혀 남아 있지 않아 안타까운 생각을 갖고 있었다"면서 "구암사 강원은 설파, 백파, 설두, 설유, 학명, 석전, 만암, 운기 스님 등 대강백들이 교학을 연찬하고 강의한 중요한 도량"이라고 말했다.

부천대 김광식 교수는 "구암사가 박한영 스님을 비롯한 강백들이 관련된 도량이라는 이야기가 많았는데, 직접적으로 그 같은 사실을 보여주는 소중한 자료"라고 평가했다.

1910년대 부산 청룡초등학교

자료資料는 곧 역사歷史이다. 문집 도서 사진 편지 일기 서류 등의 자료는 역사를 복원하는 귀중한 가치를 갖고 있다. 그러나 아쉽게도 근세불교 자료는 그다지 많은 상황이 아니다. 일제강점기와 한국전쟁 등의 혼란을 겪으면서 많은 자료가 유실됐다. 이에 〈불교신문〉은 조선 후기 이후 불교 자료를 발굴하여 소개함으로써 자료의 소중함을 확산하고자 한다. 개교 100주년을 맞은 부산시 금정구 청룡초등학교가 〈불교신문〉을 통해 공개한 설립 초기 졸업사진 등 학교 자료를 소개한다.

청룡초등학교가 이번에 공개한 것은 부산 범어사가 설립한 명정학교 관련 사진과 서류이다. 사립명정학교 2회(1913년), 3회(1913년), 5회(1916년), 11회(1922년) 졸업사진을 비롯해 명정보통학교 3회(1929년), 4회(1930년), 5회(1931년) 졸업사진 등 모두 7장이다. 이와 함께 설립 초기 학교상황을 기록한 서류 1권도 공개했다. 청룡초등학교는 이 자료들의 원본을 학교 역사 전시실에 보관하고 있다.

공개된 학교 자료에는 사립명정학교의 설립 시기가 정확하게 기록돼 있다. 이 기록에 따르면 사립명정학교는 1908년 5월 1일 범어사 금어암에서 문을 열었다는 사실을 확인할 수 있다. "명치 41년 5월 1일 범어사 금어암내金魚庵內에서 사립명정학교私立明正學校라는 이름으로 창립創立"된 것으로 되어 있기 때문이다. 이때 인가를 받은 것이다.

1914년 사립명정학교 졸업식 모습. 맨 뒷줄에 성월 스님(오른쪽에서 네 번째) 등의 모습이 보인다.
출처=부산 청룡초등학교.

또한 범어사 침계료로 이전한 시기도 확인할 수 있다. "명치 42년 9월 교사校舍, 학교건물을 동사同寺, 범어사 침계료枕溪寮의 신교사新校舍로 이전했다"고 되어 있다. 그리고 "대정 11년 취학 아동이 증가하여 학교 건물을 현재 위치로 이전했음"이란 기록을 통해 명정학교의 변천, 역사의 객관적 자료로 삼기에 충분하다.

이 같은 기록에 따르면 사립명정학교 건물은 1908년 5월부터 1909년 8월까지는 범어사 금어암에 설치되었으며, 1909년 9월부터 1921년까지는 범어사 침계료에서 학생들의 교육이 진행됐다. 이어 지금 부산시 금정구 청룡동의 위치에 학교가 옮겨진 것은 1922년 무렵이다. 청룡초등학교와 뿌리가 같은 부산 금정중학교는 1916년 2월 범어사 지방학림중등이 개설되면서 분리됐다.

이번에 공개된 자료는 근세 신학문 교육을 통해 인재를 양성하고자 했던 일제강점기 범어사 스님들의 원력을 되새길 수 있는 자료적 가치와 함께 근세 한국교육사를 연구하는 귀중한 자료로 평가받을 것으로 전망된다.

청룡초등학교가 공개한 자료에는 사립명정학교와 명정보통학교 당시의 교장 명단과 졸업생 숫자가 적혀 있어, 당시 범어사와의 관계 및 학교 규모를 유추해 볼 수 있다.

공립학교로 전환되기 이전 교장 명단은 다음과 같다. △사립명정학교 = 한혼해韓混海, 1908년 5월~1911년 2월, 김용곡金龍谷, 1911년 3월~1920년 1월, 이담해李湛海, 1921년 7월~1923년 4월 27일, 김경주金敬注, 1923년 4월 28일~1927년 1월 9일 △명정보통학교 = 김경주金敬注, 1927년 1월 10일~1930년 3월 31일, 김경산金擎山, 1930년 4월 1일~1931년 3월 21일.

이 자료를 통해 명정학교가 '사립학교-보통학교-공립학교'로 전환된 시점이 정확히 드러났다. 청룡공립보통학교 인가를 받은 것은 1931년 4월 1일이다. 이때부터 명정학교는 공립으로 전환되었고, 범어사와 인연이 끝나게 된다.

지금부터 90여 년 전 촬영한 사립명정학교 2회, 3회, 5회 졸업사진은 당시 졸업생뿐 아니라, 범어사 스님들과 학교 교원들의 모습도 담겨있어 눈길을 끌고 있다.

특히 오성월吳惺月, 김용곡, 이담해, 김경산 스님과 중앙불전(동국대 전신) 김경주 교장의 사진도 들어 있어 근세불교 연구에 도움을 줄 것으로 기대된다. 김종진 동국대 불교문화연구원 교수는 "근대잡지에 이름만 오르내린 분들인데, 사진으로 확인될 수 있다는 점에서 의미있다"고 지적했다.

사립명정학교는 모두 15회에 걸쳐 174명이 졸업했고, 명정보통학교는 4회에 걸쳐 141명이 졸업했다. 따라서 사립명정과 명정보통학교 시절 졸업한 학생은 모두 315명이다.

이번에 발굴된 졸업사진에 나오는 인물은 당시 명단을 통해 확인할 수 있다. 이 가운데 사립명정학교 졸업생들은 1919년 3·1운동 당시 동래에서 자체적으로 만세시위를 벌이는 등 독립운동에 적극 참여했다.

부산 금정중학교가 지난해 발간한 『금정 100년사』에 따르면 다음과 같다. △사립명정 2회 = 강덕우, 김도원, 김상헌, 김정우, 김봉환, 차상명, 김봉휘 △사립명정 3회 = 권치근, 강혜전, 김정혁, 조성규, 김혜엽, 안경환, 김문도, 심도순, 정지근, 이재훈, 우정하, 송금조, 김상호 △사립명정 5회 = 허병주, 황계종, 김동근, 배성안, 신영우, 양영수, 오상호, 김인만, 박영주, 허찬, 이달실, 정성은.

청룡초등학교는 개교 100주년을 맞아 '역사자료실'을 구비하고, 이번에 공개된 자료를 비롯해 학교 관련 사료를 전시하고 있다. 하문석 교감은 "개교 100년을 맞아 학교 관련 사료를 찾다가, 우연히 이번 자료를 발굴하게 됐다"고 했다. 허성찬 교장은 "1908년 개교한 역사 깊은 우리 학교는 부산의 관문에 자리 잡은 학교"라면서 "이번 자료 발굴이 자라나는 청룡의 어린이들에게 100년의 전통을 자랑스럽게 생각하는 계기가 될 것"이라고 밝혔다.

● 청룡초등학교는…

부산 금정구 청룡동에 자리한 청룡초등학교는 1908년 5월 1일 범어사 금어암에서 사립 명정학교(4년제)로 문을 열어 개교 100년을 맞이했다. 1927년 1월 사립 명정 보통학교(6년제)로 이름을 바꾸고, 1931년 5월에는 공립 청룡국민학교로 개칭하여 지금에 이르고 있다. 현재는 39개 학급에 1191명이 재학하고 있다. 2007년 2월 현재 76회 졸업생을 배출했고, 졸업 동문은 1만 7865명에 이르고 있다.

● 졸업사진을 통해 만난 인물들

- 성월 스님

이번에 발굴된 사진에는 1900년대 초기 범어사 주지를 지낸 오성월(1866~1943) 스님의 모습이 담겨 있어 눈길을 끈다. 그동안 성월 스님 사진은 몇 장밖에 알려져 있지 않았다.

성월 스님은 1866년 7월 15일 울주군 온산면 우봉리에서 태어나 부산 범어사에서 보암정호 스님을 은사로 출가했다. 이후 스님은 금강산, 오대산, 설악산, 묘향산, 지리산 등을 순례하며 정진하고 해인사 퇴설당堆雪堂에서 오도悟道했다.

범어사로 돌아온 스님은 1899년 금강암 선원을 비롯해 안양암, 내원암, 계명암, 원효암 등에 선원을 개설하고, 1904년에는 만하 스님을 모시고 금강계단을 설립하는 등 조선불교 정체성 수호를 위해 최선을 다했다.

스님은 1909년 담해 스님에 이어 범어사 총섭總攝(지금의 주지에 해당)으로 추대돼 가람을 중건하는 한편 명정학교(지금의 금정중·청룡초등학교)를 설립하는 등 인재불사에 깊은 관심을 보였다. 만해 스님과 교류하며 조선독립과 불교왜색화 반대에 적극적으로 나섰다.

범어사가 '선찰대본산禪刹大本山'의 면모를 갖춘 것도 성월 스님이 주지로 있을 무렵이다. 범어사 주지를 3차례 역임한 스님은 1943년 8월 9일 원적에 들었다. 이때 세수 78세, 법랍 71년이었다.

- 용곡 스님

용곡 스님(?~?)은 일제강점기 초기에 활동했으며, 정확한 생몰연대는 알려져 있지 않다. 1917년 명정학교 교장을 맡았으며, 그해에 범어사 주지에 취임했다.

1918년에는 삼십본산연합사무소 상치원에 이어 위원장을 맡았다. 조선총독부에 협력하고, 3·1운동을 소요사건으로 비하하는 등 친일행적으로 지탄을 받았다.

- 담해 스님

담해(1860~1933년) 스님은 울산에서 태어나 18세에 출가사문이 됐다. 은사는 연운蓮雲 스님이다. 30세에 우봉友峯 스님에게 법을 받았으며, 내외전에 두루 밝았다. 또 참선수행을 게을리하지 않았으며 범어사 총섭을 지냈다. 스님은 1933년 7월 8일 원적에 들었다. 세수 74세, 법랍 56년이었다. 남전 스님이 찬撰하고 서書한 담해 스님의 비는 범어사에 모셔져 있다.

- 김경주

1908년 동래 범어사에서 출가했다. 휘문의숙을 졸업하고 범어사 용곡 스님의 법맥을 이었다. 1921년 여름 도쿄조선불교청년회 전선순강단 일원으로 경남지역에서 순회 강연을 하다가 불온사상 선전 혐의로 체포되어 징역 6개월형을 선고 받았다. 1923년 일본 도요대학 졸업 후 명정학교 교장, 중앙불전 학감·교장, 오산불교학교장, 범어사 주지 등을 지냈다.

경성불교고등강습회 졸업장 등

—

조선 후기부터 일제강점기까지 조선 교학의 중심지로 수많은 인재를 양성했던 순창 구암사에 주석했던 대중들의 명단이 담긴 '증서'를 비롯해 당시 상황을 생생하게 증명해주는 자료가 다수 발굴됐다. 한국전쟁 직전까지 구암사에서 정진했던 중산혁년中山赫年(1889~1950) 스님의 아들 오충선(61) 씨는 〈불교신문〉을 통해 그동안 보관해 온 90여 년 전 자료 일체를 공개했다.

오충선 씨가 공개한 중산 스님의 경성불교고등강습회 졸업장은 동국대 전신인 '불교고등강숙'과 연관이 깊은 것으로 보인다. 이 졸업증서에는 "우인右人이 본회 제1회 사교과四敎科 전부를 수료하얏기 차증此證, 이 증명을 수여 홈"이라 되어 있다. 발행시기는 '대정 3년 10월 1일'과 '세존응화 2941년'이 함께 적혀 있는데, 서기 1914년에 해당된다.

또한 발행 주체는 경성불교고등강습회 회장 겸 강사 박한영이라고 되어 있다. 1914년은 전국 본산 주지들이 불교고등강숙 설립을 결의한 해이며, 이후에 박한영 스님이 불교고등강숙의 숙장과 강사를 지냈다. 때문에 이번에 공개된 졸업장은 불교고등강숙의 본래 명칭이 경성불교고등강습회였음을 보여준다.

김상일 동국대 국문과 교수는 "여러 가지 상황으로 보아 이 졸업장은 불교고등강숙과 같은 교육기관임을 보여주는 중요한 자료"라면서 "향후

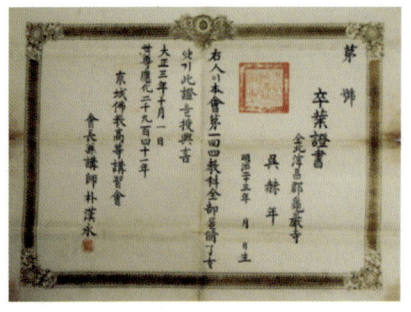 

동국대 전신인 경성불교고등강습회가 1914년 발행한 졸업장. 오른쪽은 경성불교고등강습회 직인.

관련 자료 등을 검토하여 근세불교사와 동국대 교사校史를 연구하는 데 도움이 될 것"이라고 평가했다.

 독실한 불자인 오충선 씨가 공개한 자료 가운데 부친 중산 스님의 증서에는 당시 구암사 대중들의 명단이 들어있다. 이 증서에는 중산 스님의 법호·법명과 함께 '설파후인연당대중雪坡後人蓮堂大衆'이란 표시 옆으로 29명의 스님 법명이 적혀 있다. 이 증서의 작성 시기는 불기 2950년 3월로, 서기로는 1923년에 해당한다.

 통도사 전계사 혜남 스님은 "설파 스님을 선조로 모시는 후세의 뜻을 같이하는 스님들이 참여한 염불결사 대중명단"이라면서 "연당이라는 표현은 염불결사를 의미하는 것"이라고 말했다.

 설파雪坡(1707~1791) 스님은 조선시대 대강백으로 구암사에 머물며 경전을 연찬한 화엄학의 대가로 법명은 상언常彦이다. 이번에 공개된 증서에는 모두 29명의 스님에 대한 법호, 법명이 기록돼 있다. 명단은 다음과 같다.

재환일륜載煥日輪, 대하대하大廈大廈, 용준진우容俊震雨, 종렬일헌鐘悅一軒, 경흡우연景洽雨蓮, 응윤침연應允枕蓮, 현규우은鉉奎雨隱, 응선해운應善海雲, 학수하산學洙霞山, 각눌명성覺訥明星, 장조봉하長照峰霞, □동수평□東洙平, 영변계운永變溪雲, 일규운곡一奎雲谷, □□덕윤□□德允, 학신기봉學信奇峰, 성철석성性哲石城, 종순경하종순景河, 월윤월륜月潤月輪, 용주진운龍珠震雲, 길학동명吉鶴東明, 응연청송應連聽松, 경환초운景煥蕉雲, 희권만운熙權曼雲, 응연취산應蓮翠山, 용일동봉鏞一東峰, 동□용봉東□蓉峰, 수식호운守植湖雲, 상변우화常變雨華.

이 가운데 길학, 동수, 일규, 종열, 학수, 용주, 장조 스님은 1925년 고창 선운사에 건립된 설파 스님 비문의 '현재문도現在門徒'에도 수록돼 있다.

중산 스님의 증서를 살펴본 신규탁 연세대 철학과 교수는 "구암사는 조선불교의 중심 역할을 했던 도량으로 근현대 한국 승단을 이해하는 데 중요한 곳"이라면서 "당시 주석했던 스님들의 명단을 기록한 이번 자료는 근세불교 연구에 매우 가치가 높은 것"이라고 의미를 부여했다.

조계종 승가대학원장 지안 스님은 "증서 발행시기와 설파 스님 생존 연대가 200년 정도 차이가 있지만, 그것은 설파 스님이 조선 후기 대강백으로 순창 구암사의 중흥을 이루고 많은 제자들을 길렀기 때문에 설파 스님 법명이 등장한 것"이라고 말했다.

이번 자료는 교학을 중시한 것으로 보이는 구암사에 '염불결사' 모임이 있었음을 보여주는 귀중한 자료로 평가받고 있다.

오충선 씨는 이 밖에도 중산 스님의 승려지증僧侶之證(1913년 백양사 발행), 법계등록증法階登錄證(1915년 백양사 발행), 광성강숙 졸업증서(1913년 발행) 등도 함께 공개했다.

승려증은 1913년 2월 발행된 것으로 당시 백양사 주지 김환응金幻應 스님이 발급했으며 발행번호는 45호이다. 법계증은 1915년 7월 15일 백양사 주지 김환응 스님이 발행한 것 1종류와 1930년 8월 15일 백양사 주지 유금해柳錦海 스님이 발행한 것 1종류 등 모두 2건이 공개됐다.

1915년 법계증에는 '초수대선법계자初授大禪法階者'로, 1930년 법계증에는 '승수중덕법계昇授中德法階'로 기록돼 있다. 두 법계증 모두 "본말사 제62조에 의거하고 있다"고 되어 있어, 일제강점기 사찰마다 제정된 본말사법에 근거하고 있음을 명시했다. 법계증에 나오는 '지주止住'라는 말은 주지 등의 소임이라기보다는, 해당 사찰에 주석하며 정진하고 있다는 뜻이다.

한 가지 눈길을 끄는 것은 중산 스님의 생년월일을 '개국 498년 12월 14일'로 표현했다는 점이다. 조선의 개국을 기준으로 생년월일을 썼다는 사실은 당시 일제강점기였음을 고려할 때 상징적인 의미가 크다. 개국 498년은 1889년이다.

이번 자료에 나오는 구암사는 전북 순창에 자리한 천년고찰이다. 조선시대 억불로 인고의 세월을 보낸 불교가 새롭게 일어서기 시작한 조선 후기의 중심도량이다. 경허 스님이 씨앗을 뿌린 선수행禪의 부흥과 더불어 교학연찬敎學硏鑽의 황금기를 예고한 곳이 바로 순창 구암사였다. 화엄학의 대도량으로 교학의 중심이었지만 한국전쟁 당시 소각되어 전통이 끊어졌다. 최근 복원되어 참배객을 맞이하고 있다.

"선친의 자료들이 근세불교사 복원에 도움이 되었으면 합니다." 〈불교신문〉을 통해 중산혁년 스님의 결사증서와 법계증 등 다양한 자료를 공개한 오충선 씨는 "스님으로 평생을 살다 입적한 선친의 뜻을 조금이나마 세상에 알릴 수 있게 되어 기쁘다"고 말했다.

오충선 씨는 "제가 너무 어린 나이에 아버님께서 세상을 떠나시는 바람에 그동안 생업에 쫓겨 뒤를 돌아보지 못하고 살아왔다"고 말했다. 오충선 씨는 "삼선승가대 지광 큰스님께서 자료를 보고, 귀중한 자료이니 보관을 잘하라고 하셨다"면서 "선친의 자료들을 좀 더 많이 보관하지 못한 게 죄송할 뿐"이라고 했다.

삼선승가대 지광 스님은 "근세불교 자료가 제대로 남아있지 않아 늘 안타까운 마음이었다"면서 "오충선 선생이 소중한 자료를 잘 보관해 주어 고맙다"고 전했다.

오충선 씨는 "어린 나이에 엄격하게 지도했던 어른을 떠올리면 지금도 만감이 교차한다"면서 "선친의 사진이 한 장도 남아있지 않아 안타깝다"고 눈시울을 붉혔다. 오충선 씨는 "비록 수량은 얼마되지 않지만, 자료들을 세상에 알릴 수 있어 보람을 느낀다"면서 "종단과 사찰, 대학 등 '공적인 기관'에서 필요로 하면 자료를 기증할 생각을 갖고 있다"고 말했다.

금강산 영원암 졸업증서

조계종 종정을 역임한 설석우薛石友(1875~1958) 스님 명의로 발행된 1935년도 금강산 영원암靈源庵 강원 졸업증서가 나왔다.

고양 원각사 주지 정각 스님은 최근 입수한 영원암 강원 졸업증서를 공개했다. 이번에 공개된 졸업증서는 출가본사가 동래 부산 범어사인 김만혜金萬慧 스님 것으로 가로 39.7㎝, 세로 27㎝ 크기이다. 졸업증서에는 발급 연도가 소화昭和 10년 3월 10일로 표기되어 있다. 따라서 만혜 스님의 졸업증서는 1935년에 발행된 것이다. 또한 발행처가 한문으로 '강원도 양양군 금강산 영원암'으로 적혀 있어 영원암에 강원이 운영됐음을 확인할 수 있다.

졸업증서에는 석우 스님이 강사講師로 명기돼 있는데, 강사는 지금의 강주講主에 해당한다. 그동안 선승禪僧으로만 알려진 석우 스님이 교학에도 깊은 식견이 있었음을 보여주는 귀한 자료이다. 석우 스님이 금강산 영원암 강원에서 강사를 지낸 이력을 증명한다는 점에서 소중한 자료로 평가받을 만하다. 자료를 공개한 정각 스님은 "졸업장에 석우 스님의 친필과 도장이 날인되어 있다"면서 "석우 스님과 관련된 자료가 많지 않은 현실을 감안할 때 귀중한 사료"라고 평가했다. 영원암 강원 졸업장을 수여한 1935년은 석우 스님이 경성(서울) 안국동 선학원에서 열린 '조선불교수좌대회'에 참석한 해이기도 하다. 스님이 영원암에 머물 당시 만해萬海 스님이 찾아왔고, 해방 후 동국대 총장을 지낸 백성욱 박사가 방부를 들여 수행하기도 했다.

석우 스님은 1875년 5월 11일 경남 의령에서 태어났으며, 어려서부터 한학을 깊이 공부했다. 범어사에서 '보조어록'을 읽고 환희심을 느껴 금강산 장안사의 연담連潭 스님을 은사로 출가했다. 이후 금강산 유점사에서 동선 스님에게 구족계를 받으며 석우라는 법호를 수지했다. 스님은 금강산 마하연·영원암·지리산 칠불암·사천 도솔사·고성 옥천사·합천 해인사·대구 동화사 등에서 정진하며 후학을 지도했다. 1955년 전국승려대회에서 만장일치로 종정으로 추대된 스님은 1958년 12월 27일 동화사 금당선원에서 세수 84세, 법랍 45년으로 열반에 들었다. 석우 스님의 제자로는 우봉愚鳳·진제眞際, 대구 동화사 조실 무공無空 스님 등 16명이 있다.

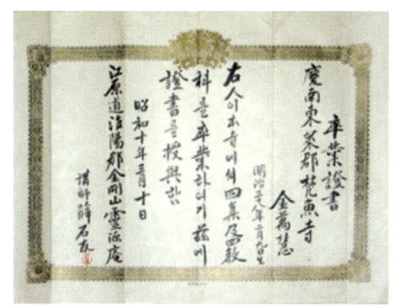
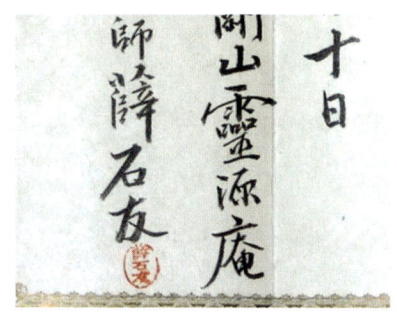

위) 석우 스님이 1935년 수여한 금강산 영원암 졸업증서.
아래) 졸업증의 석우 스님 친필과 인장 부분을 확대했다.

전란 직후 수련회

—

부산 금정중학교 역사관에는 일제강점기인 1937년 범어사가 발행한 도첩度牒이 보관되어 있다. 도첩은 스님들이 계를 받았음을 증명하는 증서이다. 금정중학교가 소장하고 있는 도첩은 범어사가 김계홍金桂洪 스님에게 발급한 것이다.

도첩 내용을 살펴보면 계홍 스님은 1920년 7월 20일 출생했으며, 은사는 정해월鄭海月 스님임을 확인할 수 있다. 도첩 번호는 690호이다. 또한 도첩에는 '본말사법 제46조'에 의해 '장지호신증藏持護信證'을 수여한다고 되어 있다. 계홍 스님에게 도첩을 발급한 범어사의 1937년 당시 주지는 차상명車相明 스님이다.

이와 함께 한국전쟁 휴전 1년 후 경남지역 사부대중이 한자리에 모여 촬영한 사진이 확인됐다. 금정중학교 역사관에 보관되어 있는 흑백사진으로 1954년 8월 28일 촬영된 것이다. 이 사진에는 스님과 재가불자 등 200여 명이 한자리에 모여 기념 촬영한 것이다. 이 사진은 입적한 동광東侊 스님이 금정중학교에 기증한 것이다.

사진에는 한문으로 '경남 제1회 종도 수련대회 기념'이라고 메모되어 있다. 촬영 일시는 단기 4287. 8. 28, 불기 2981. 8. 28로 적혀 있다. 촬영 장소가 표시되어 있지 않고 사진 상태가 좋지 않지만, 사찰 규모 등으로 보아 부산 대각사인 것으로 추정된다. 전란 직후의 어려운 상황임에도 불

경남 제1회 종도 수련대회 기념 사진.

자들이 한자리에 모여 '불법佛法 홍포弘布'를 발원했다는 점에서 의미가 크다. 이 밖에도 금정중학교 역사관에는 다수의 근세 불교 자료가 소장되어 있다. 범어사에서 설립한 명정학교明正學校에서 출발한 금정중학교는 종립학교로서 정체성을 확립하고, 근세 자료를 수집 전승하기 위해 노력하고 있다.

통도사 명신학교

―

세계열강이 호시탐탐 한반도를 삼키려는 야욕을 본격화하는 19세기 후반 고종은 대한제국大韓帝國을 선포했다. 근대국가로 탈바꿈하여 '조용한 아침의 나라'에서 벗어나 자주독립국가를 이루려는 몸부림이었다. 이 과정에서 교통, 통신, 교육 등의 근대화를 목적으로 광무개혁光武改革을 추진했는데 국지대찰國之大刹 통도사 역시 보조를 맞추었다. 그 가운데 하나가 1906년 문을 연 명신학교明新學校였다.

1914년 11월 14일자 〈조선시보朝鮮時報〉는 통도사학림通度寺學林의 전신이 명신학교라며 개교 당시 상황을 상세히 보도하고 있다. 이 기사에 따르면 본래 정식 명칭은 '불교명신학교佛敎明新學校'로, 1906년 6월 13일 총섭總攝 김장황사金藏惶師 외 6명의 고승이 협의해 개교했다. '사'는 '스님'의 또 다른 표현으로 '김장황사'는 '김장황 스님'이란 의미이다. 처음 학교 건물은 만세루萬歲樓를 사용했다. 〈조선시보〉가 "만세루를 고쳐 교사校舍로 만들어 개교하였다"고 보도한 사실이 이를 뒷받침한다. 개교 당시 학생 수(생도, 生徒)는 37명이었다는 소식도 전했다. 당시 통도사 총섭은 지금의 주지 소임에 해당한다. '김장황사'는 총섭으로 1904년에 취임한 성해聖海(1854~1927) 스님이 분명해 보인다. 통도사에 전하는 자료에 의하면 성해 스님은 1906년 황화각皇華閣에 불교전문강원을 설립하여 원장을 맡았다. 같은 설립 시기와 대표자로 보아 불교전문강원과 불교명신학교는

1906년 6월 성해, 구하 스님을 비롯한 통도사 스님들이 교육사업과 인재양성을 위해 근대학교인 명신학교를 세웠다. 사진은 1914년 성해 스님 화갑을 맞아 통도사 대중이 대웅전 앞에 모여 촬영한 기념사진. 이 가운데 윗줄 모자를 쓴 사람들이 명신학교 학생들이다. 출처=양산시립박물관.

같은 교육기관을 칭하는 것으로 추정된다.

앞서 밝힌 대로 성해 스님은 통도사에 주석하고 있는 여섯 명의 스님과 협의協議하여 명신학교를 세웠다. 6명의 스님이 어떤 분인지는 앞으로의 연구 과제다. 다만 1909년 2월 〈대한매일신보大韓每日申報〉에 등장하는 명신학교 교장, 교감 등의 명단을 통해 통도사 스님들이었을 가능성이 충분하다. 교장 성해 스님, 부교장 서해담徐海曇 스님, 이남파李南坡 스님, 학감 김구하 스님, 허몽초許夢草 스님, 교감 김용득金龍得 스님, 송설우宋雪牛 스님이다. 재직 기간은 다르지만 이 스님들이 명신학교 설립과 운영에 참여한 것으로 보인다. 1908년 11월 〈대한매일신보〉에는 교장 윤치오尹致旿, 부교장 서해담, 학감 김천보金天輔, 학생 수는 103명이라고 나온다. 김천보는 구하 스님이다. 윤치오(1869~1950)는 1911년 서울중앙학교장을 지낸 인물로 추정되는데, 통도사 산문 입구에 그의 이름을 새긴 바위가 있다. 한성판윤, 독립신문사장, 조선체육회장 등을 지낸 윤치호尹致昊(1865~1945)의 사촌일 가능성이 크며, 앞으로의 연구 과제이다.

명신학교 설립에는 통도사 대중이 정성을 보탰다. 1909년 〈대한매일신보〉에는 세수 70세에 이른 '통도사 서금성徐金城 스님'이 논 26두락斗落 5승지升只를 명신학교에 보조補助, 기부한다는 기사가 실렸다. 1두락은 씨앗 한 말[斗]을 파종할 만한 면적으로 661㎡(200평)~992㎡(300평) 정도이다. 승升은 10분의 1두락이니, 서금성 스님이 명신학교에 보시한 논의 규모는 약 1만7521㎡(5300평)~2만6281㎡(7950평)에 이른다. 농업이 중시되는 사회에서 쉽지 않은 결정이었을 것이다. 통도사 스님들의 교육열과 공심公心을 짐작할 수 있는 일화이다.

명신학교 개교 당시 초대 교장은 성해 스님이 겸했다. 〈조선시보〉에는 "총섭 김용황金用惶소가 교장을 겸무兼務하게 했다"고 전하고 있다. 〈조선시보〉의 같은 기사에 따르면 만세루를 교사로 사용하던 명신학교는 1912년부터 약 1년간 공사를 진행한 후 일주문 앞에 새로운 건물을 짓고 이전한다. 1913년 3월 지금의 통도사 성보박물관 자리로 옮겼는데, 3200원圓의 공사비가 들어갔다. 1922년 공립보통학교 학생 1명의 수업료가 1원圓이었음을 감안하며, 그보다 9년 앞선 시기의 3200원의 가치는 어마어마하다. 명신학교는 1913년 6월 학교 이름을 '통도사학림學林'으로 변경했다. 당시 재적 학생은 60명에 이르렀다. 불교전수부佛敎傳受部 생도

30여 명과 야학부夜學部 20여 명이 별도로 재학하고 있었다는 사실도 눈여겨볼 대목이다.

1923년 12월 24일자 〈조선일보〉가 보도한 '통도사의 교육열'이란 제목의 기사도 시사하는 바가 크다. 개교 일시와 학교 규모, 그리고 신평리에 '여자부학림女子部學林'이 있었던 사실을 기록하고 있기 때문이다. 이 기사는 18년 전에 학림을 설립했다고 전하고 있어 명신학교가 1906년 문을 열었음을 확인할 수 있다. '통도사학림'은 승니僧尼, 비구·비구니와 일반 학생도 입학이 가능했으며 매년 수백 명이 공부했다. 주민들에게도 교육 기회를 제공한 통도사에 감사한 마음을 표하기 위해 지역 유지들이 나서 '여자부학림'을 신평리에 설립했다는 내용도 전한다. 〈조선일보〉 기사는 다음과 같다. "작년 1922년 1학기부터는 여자부학림을 별別노히 통도사의 입구인 신평리에 설립하고 상당한 교원을 청빙請聘하야 부근 여자 40여 명을 양육해옴으로 학부형은 물론이요, 기타 유지 인사들은 그의 교육열을 칭송 불기不己하더라." 이 기사 말미의 '그'는 통도사이다.

당시 학교 건물로 사용된 통도사 만세루.

명신학교를 계승한 통도사학림은 1919년 3·1운동 당시 신평장을 중심으로 만세운동을 전개해 일제의 간담을 서늘하게 했다. 통도사 출신으로 서울에 유학하고 있던 오택언(월간 「통도」 3월호 참조)이 독립선언서를 갖고 내려와 1919년 3월 13일 신평장날 만세운동을 도모했다. 오택언은 일경에

통도사 명신학교는 1912년부터 1년간 공사를 진행해 이듬해 3월 지금의 통도사 성보박물관 자리로 옮겼다. 당시 3200원(圓)이란 거액이 들었다. 위 사진은 1949년 3월 3일 개축 이후의 모습. 출처=영산학원 10년사.

체포되었지만, 통도사학림의 스님과 학생들은 약속한 날 만세를 소리 높여 불렀다.

또한 1928년 3월 13일자 〈조선일보朝鮮日報〉에는 통도사가 경남 진주의 진명학원振明學院을 운영한 사실을 보여주는 기사가 실려 있다. '진주 진명학원, 생도 모집 규정'이란 제목의 짧은 내용으로 다음과 같다. "양산 통도사에서 경영經營하는 진주 사립私立 진명학원은 금년도 입학생을 좌기左記 규정에 의하여 모집한다." 입학 자격은 보통학교 졸업생으로 100명을 모집했는데, 진명학원의 목적을 "졸업 후에는 실지사회實地社會에 대하야 유용有用하도록 하며 고등보통학교高等普通學校에 보결시험 준비"라고 밝히고 있다. 같은 해 3월 11일자 〈중외일보中外日報〉에는 고성 옥천사가 진주군 진주면 옥봉리에 있는 진명학원 운영을 포기하여 통도사가 직영直營하기로 했다고 보도했다. 이 역시 교육과 인재양성의 중요성을 인식한 통도사 스님들의 의지를 확인할 수 있는 일화이다.

진명학원 인수 당시 주지는 구하九河(1872~1965) 스님이었다. 성해 스님의 전법제자로 명신학교 초대 학감學監을 지내며 근대교육에 대한 남다른 관심을 갖고 있었다. 성해 스님이 초대 교장을 지냈지만 총섭으로 통도사 전체를 관장해야 하는 까닭에 명신학교의 실질적인 운영은 구하 스님이 맡았을 가능성이 크다.

민중의식 일깨우고 평등 교육에 앞장선 야학

일제강점기 통도사에서 설립한 야학교 운영에 참여한
조선불교청년총동맹(조선불교청년회) 통도사동맹이 회의 장소로 사용한 원통방의 현재 모습.

세계열강의 조선 침략이 본격화된 19세기 말~20세기 초, 교육을 통해 나라를 구하겠다는 열망이 커졌다. 1890년대 후반 근대교육기관이 설치되었지만 대다수 조선인은 교육의 혜택을 받지 못하고 있었다. 서울, 평양, 부산 등 대도시에서 '제한적인 교육'을 받는 수준에 머물렀고, 그 밖의 중소 도시나 시골에 거주하는 조선인들은 제대로 된 교육을 받기 어려웠다. 이런 상황에서 비정규학교인 야학夜學이 전국 각지에 세워져 새로운 '배움터'로 각광 받았는데, 통도사 역시 시대적 요구와 흐름에 부응하여 명신학교明新學校 등 신학교와 '야학교'를 세워 근대화에 기여했다.

통도사가 운영한 야학교의 가장 오래된 근거는 1910년 7월 8일자 〈대한매일신보大韓每日申報〉의 보도이다. '김씨金氏의 열심熱心' 이란 제목의 기사는 "양산군 통도사 명신학교 졸업생 김철우金喆宇 씨가 해사該寺 야학교 교사로 위임委任되였다"면서 "학도學徒가 일증日增하야 성적成績이 파유頗有(상당히 많음)한다"는 내용이다. '해사該寺'는 '그 사찰'로 통도사를 지칭한다. 즉 통도사에서 설립한 명신학교를 졸업한 김철우라는 인물이 통도사 야학교 교사를 맡았는데 학생들이 날로 늘어나고 성적이 매우 좋았다는 것이다. 이 기사에 따르면 통도사에서 야학교를 처음 운영한 것은 최소한 1910년으로 110년이 넘는 역사를 간직하고 있다.

같은 해 7월 17일자 〈대한매일신보〉 '명신시험'이라는 제목의 기사에도 통도사 야학교 책임을 맡은 '김철우'라는 인물이 나타난다. 그는 명신학교 '병丙반 급제생'으로 우수한 성적을 보인 통도사 스님이었을 것으로 추정된다. 지역에 있는 사찰에 관한 기사가 서울에서 발행하는 신문에 잇따라 등장하는 것으로 보아 통도사와 〈대한매일신보〉가 유기적인 관계에 있었을 가능성이 있다. 1904년 창간한 〈대한매일신보〉는 항일지사 양기탁梁起鐸(1871~1938)과 영국인 베델이 민족의식을 고취하기 위해 창간한 미디어이다. 안타깝게도 일제가 대한제국을 강제병합하기 하루 전날인 1910년 8월 28일 종간되었다. 〈대한매일신보〉가 폐간되지 않았으면 통도사 소식이 지속적으로 실렸을 것으로 보인다.

통도사의 야학교 운영은 이후에도 계속된 것으로 보인다. 일제강점기에 발행된 신문에 흔적이 발견되기 때문이다. 1921년 12월 24일자 〈동아일보〉가 '신평노동야학 개시'라는 제목의 기사를 보도하는데, 내용은 다음과 같다. "경남 양산군 통도사에서는 포교 급及(와) 야학의 목적으로 부근 신평시新坪市에 포교당을 신축하고 본월本月 15일부터 당사當寺 청년회의 주최로 야학을 개시開始하였는데 남녀 학생이 120여 명에 달한다더라."

통도사가 야학 운영을 위해 신평에 포교당을 세우고 청년회가 책임을 맡았다는 것이다. 신평은 통도사 산문 밖 하북면사무소 소재지이다. 통도사 야학에 다니는 학생이 120여 명에 이르렀다는 신문기사는 통도사가 지역사회 교육에 많은 기여를 했음을 증명한다. 이 무렵 통도사 불교청년회는 주지 김구하金九河(1872~1965) 스님의 후원을 받아 일본 동양대 유학을 다녀온 이종천李鍾天(1890~1928) 스님이 주도적 역할을 하고 있었다. 법명이 춘성春城인 이종천 스님은 김구하 스님의 지원으로 한국 사찰 최초의 잡지 〈축산보림〉의 책임을 맡는 등 통도사와 인연이 깊다.

일제강점기 일간지에 나타난 통도사 야학의 흔적은 1931년 10월 13일자 〈조선일보〉를 통해 다시 한 번 확인할 수 있다. '불교청맹佛教青盟 총회'라는 제목의 기사로 내용은 다음과 같다. "경남 양산군 하북면 통도사불교청년동맹 제6회

통도사 야학 운영
사실에 관한 가장 오래된
기록인 1910년 7월 8일자
〈대한매일신보〉기사.

집행위원회를 본월 8일 오후 2시부터 동同회관에서 개최하고 좌기左記 사항을 결의하였다는데 그중에 부근 부락 로동야학勞動夜學 양수讓受 같은 것은 일반 주민의 백열적白熱的 기대하는 바이라더라." 즉 통도사 불교청년회가 인근 지역의 야학을 인수하는 내용이 회의에서 다뤄진 것이다.

이러한 사실을 종합하여 볼 때 통도사에서 운영한 야학은 1910년대에 시작해 잠시 중단되기도 하였지만 1920년대와 1930년대에도 지속되었음을 알 수 있다. 통도사는 일제강점기라는 특수한 시대적 상황에서도 인재 양성을 위한 교육사업에 매진하였음을 거듭 확인할 수 있다. 명신학교라는 신학교와 더불어 야학으로 주민과 청소년들에게 교육의 기회를 제공했던 것이다.

통도사의 이러한 의지는 본사本寺에만 국한되지 않았다. 본사 소속의 말사인 밀양 표충사, 마산포교당, 울산포교당, 진주포교당, 옥천사 등을 중심으로 정규학교와 야학교를 운영하는 등 교육에 남다른 관심을 기울였다.

3·1운동 당시 만세운동을 전개한 밀양 표충사는 1920년대 교육 사업에 적극적으로 나섰다. 1921년 12월 29일자 〈동아일보〉는 표충사의 야학 운영 사실을 보도하고 있다. 기사 내용은 이렇다. "매년 동기冬期에는 해사該寺 부근 리里에 야학을 설치하야 빈민 노동 자제를 교육하며 사내寺內에는 사립보통학원을 설립하여 승려 급及(와) 신도 자제를 교육하며…." 겨울마다 표충사 인근 마을에 야학을 설치하여 빈민이나 노동자 자녀를 대상으로 각종 교육을 실시했던 것이다. 표충사 안에는 보통학원을 설립하는 등 교육에 만전을 기했는데, 이러한 원력은 지금까지 이어지고 있다.

1926년 12월 6일자 〈조선일보〉 기사에서도 표충사 야학 운영 사실이 확인된다. '표충사 불청佛靑 정기총회' 라는 제목의 기사가 그것이다. 1926년 11월 28일 표충사 탐진당探眞堂에서 열린 표충사 불교청년회 제6회 정기총회에서 '노동야학 유지 방침' 논의가 이뤄졌다는 보도이다. 1921년 표충사 사중寺中에서 운영하고 있던 야학을 1920년대 중반에는 표충사 청년회가 '노동야학勞動夜學' 형식으로 운영하고 있었음을 알 수 있다.

일제강점기 통도사 말사인 고성 옥천사가 참여한 진주불교진흥회는 1925년 4월부터 주야간에 운영하는 부인야학婦人夜學을 개설하였다. 강사는 진주여자청년회 집행위원장을 맡는 등 여성운동에 앞장선 김계송金桂松 씨가 맡았다. 또한 통도사 울산포교당이 여자야학교를 운영한 사실도 일간지 보도에 나타난다. 1926년 5월 5일자 〈조선일보〉에 실린 '통도사여교通度寺女校' 라는 제목의 기사로 내용은 다음과 같다. "통도사 소속 여자야학교에서는 지난 2일 오후 9시에 부인 신도들과 같이 당사 교당에 집합하야 봉도식을 거행하였다더라(울산)." 통도사 울산포교당(해남사)이 1926년 5월 '통도사 여학교女學校' 라는 명칭으로 야학을 운영하고 있었으며, 1935년 12월에는 울산에 거주하는 김좌성金佐性 씨가 여자야학에 500원을 기부하여 교자재를 구입하는 등 활동을 이어 갔다. 가난한 집안의 여자 어린이들에게 교육을 실시한 울산포교당 여학교는 '무산아동교육기관' 의 형식을 띠고 있었다. 이러한 사실은 1926년 5월 5일자 〈조선일보〉와 1935년 12월 6일자 〈동아일보〉에 기록되어 있다. 1936년 5월 19일자 5면 〈동아일보〉 광고에 의하면 '울산 통도사 포교당 야학' 에서 '가정

요리강습회'가 열리기도 하였다. 따라서 최소한 1930년대 중반까지 울산 포교당에서 야학을 운영한 것은 사실이다.

통도사 진주포교당도 일제강점기에 여자야학을 운영하였다. 1936년

통도사가 진주불교야학 교사 강순남 씨를 표창하였다는
1938년 4월 8일자 〈동아일보〉 기사.
기사의 원 안에 있는 인물이 강순남 씨이다.

5월 2일자 〈동아일보〉는 '진주여자야학晋州女子夜學 불교포교당 경영'이란 제목으로 보도하였다. 기사에 의하면 무산부녀無産婦女자의 문맹文盲을 퇴치하기 위해 진주포교당이 야학을 개설했는데, 포교사 박만선朴萬善 씨가 1936년 4월 15일 관官의 허가를 받아 개학을 준비하고 있다고 전했다.

1938년 2월 2일자 〈조선일보〉의 '사례금謝禮金을 받아, 석탄대石炭代로 기증'이란 제목의 기사에서는 진주포교당 야학의 운영 상황을 짐작할 수 있다. '강순남양姜順南孃 자매 미거美擧'라는 부제가 달려있다. 통도사 사업비로 경영하는 진주불교여자야학회에 교사로 참여한 강순남·강삼순姜三順 씨 자매가 사례비를 석탄石炭 대금으로 기증했다는 소식이다. 강순남·강삼순 자매는 진주불교여자야학 설립부터 교사로 활동한 인물이다. 강순남 씨는 1932년 진주일신여고를 졸업한 인재이다. 〈조선일보〉는 "괴로움을 무릅쓰고 희생적으로 여자 교육에 진력하고 있는 강순남·강삼순 양 두 자매의 열성에 대하여 일반이 다같이 칭송하고 있다"면서 "동同 야학회에서 사례로서 증정한 돈으로 한기寒氣에 떨고 있는 야학생을 위하여

석탄을 사서 기증하였는데, 그 아름다운 행위를 들은 야학생들과 일반은 감탄하였다"고 소식을 전했다. 같은 해 4월 8일 통도사는 주지 스님이 진주불교여자야학을 직접 방문해 강순남 씨에게 표창장을 전달하고 고마움을 표시했다.

20세기 초 시작된 통도사 본·말사의 야학은 의미가 크다. 나라를 빼앗긴 암흑기였지만 교육을 통해 미래를 개척하려는 구하 스님을 비롯한 통도사 스님들의 의지가 확고했다. 또한 통도사는 청년불자와 여성운동지도자들과 함께 교육기관을 운영하는 '열린 사고'를 지니고 있었으며, 농민과 노동자 등 빈민 자녀들의 교육에도 각별한 관심을 가졌다.

허영호 『조선어기원론』 친필

일제강점기 범어사에서 출가한 스님 출신으로 해방 직후 제헌의원을 역임한 허영호 전 동국대 초대 학장(1900~1952)의 『조선어기원론』 친필 원고가 한글날을 앞두고 세상에 나왔다. 허영호 전 학장의 유족인 딸 허영선 씨는 평생 소장해 온 선친의 『조선어기원론』 친필 원고 진본을 금정총림 범어사에서 운영하는 학교법인 금정학원의 부산 금정중학교 명정박물관에 기증했다.

금정중학교에 기증된 『조선어기원론』 친필 원고는 모두 6권의 원고지 묶음이며, 제목과 목차는 물론 페이지까지 꼼꼼하게 기록돼 있다. '훈민정음 음운고音韻考' '훈민정음과 본문과의 관계' '조선어 기원' 가운데 마지막 장을 엮었다.

지난해 허영호 전 학장의 친필 원고 복사본을 금정중을 통해 미리 확인한 김용환 부산대 철학과 교수가 책으로 출간했다. 당시 김용환 교수는 "조선어의 어운, 어휘, 어의, 어원 등의 기원에 관한 그의 연구는 당시까지 누구도 시도하지 못한 독보적인 것"이라고 의미를 강조했다. 학계에서는 "일제강점기 범어사를 중심으로 주시경, 권덕규, 서상일 선생 등 조선어문 연구회 강사들이 한글강습회를 실시했다"면서 "허영호 전 학장의 『조선어기원론』 친필 원고는 범어사가 한글교육과 보급은 물론 전문적인 연구를 진행했다는 사실을 증명한다"고 높게 평가했다.

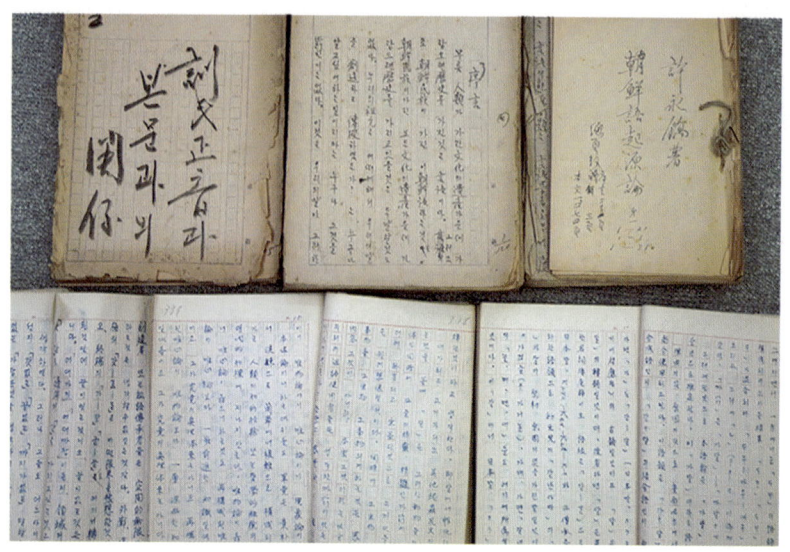

범어사 스님 출신으로 제헌의원을 지낸 허영호 전 동국대 학장의 「조선어기원론」 친필 원고.

　허영호 전 학장은 『조선어기원론』 친필 원고 '서문'에서 "무릇 인류가 가진 문화의 유산 가운데 가장 오랜 역사를 가진 것은 언어"라면서 "그러므로 조선민족이 가진 이 조선어라는 것은 조선민족이 가진 모든 문화유산 가운데 가장 오랜 역사를 가지고 있다고 볼 수 있다"고 한글의 역사와 우수성을 강조했다.

　김화선 금정중 교사는 "조선어학회를 주도한 주시경 선생이 범어사에서 한글강습회를 실시한 것은 역사적으로 매우 의미 있는 일"이라며 "소중한 자료를 잘 보존하겠다"고 했다. 허영호 전 학장의 딸인 허영선 씨는 기증 당시 "아버님의 유품을 개인보다는 공공성을 지닌 학교에서 잘 보존하여 주길 바란다"고 당부했다.

당시 범어사 주지 수불 스님은 "허영호 전 동국대 학장은 범어사에서 출가해 승려생활을 하고 혜화전문학교 교수를 지내는 등 불교와 인연이 깊다"면서 "그분의 『조선어기원론』 친필 원고가 앞으로 한글연구의 귀한 자료로 활용되길 기대한다"고 밝혔다.

1923년 개운사 방문한 이화학당

1923년 여학생들이 경기도 고양군 숭인면 안암리(지금의 서울시 성북구 안암동)에 있는 개운사를 방문해 촬영한 사진이 처음 공개됐다. 임연철 미국 드루대 아카이브 연구원(전 동아일보 기자)은 미국에서 수집한 30여 장의 일제강점기 불교 관련 사진을 〈불교신문〉에 제공했다. 20세기 초 조선불교계 상황을 생생하게 담은 사진들이다.

1923년 5월 26일 토요일. 주말을 맞아 한복(교복)을 차려입은 이화학당 학생 97명이 개운사를 찾았다. 사진 아래 부분에 영문으로 쓴 메모를 통해 방문 날짜를 확인할 수 있다. 남교사 7명과 여교사 6명도 함께했다.

학생들의 연령은 10대 초반 어린 소녀부터 20대 초반 숙녀까지 다양했다. 남교사들은 중절모를 쓰고 넥타이를 맨 신사복 차림으로, 몇몇은 짧은 머리에 가르마를 탔다. 단정한 단발머리를 한 여교사들은 카메라를 응시하고 있다.

1923년 6월 2일자 〈동아일보〉에 의하면 당시 이화학당 재학생은 300명이었다. 따라서 개운사를 방문한 이화학당 학생들은 전교생의 3분의 1이다.

임연철 연구원이 〈불교신문〉에 공개한 사진은 촬영 시기가 확실하게 표기된 가장 오래된 개운사 자료이다. 교사와 학생뿐 아니라 현판과 기둥에

1923년 5월 26일 경기도 고양군 숭인면(지금의 서울시 성북구 안암동)에 자리한 개운사를 찾은 이화학당 학생과 교사들. 사진=임연철

붉은 주련이 보이는 첫번째 사진이다. 가운데 주련은 글씨가 선명하고 건물 좌우측 주련은 일부가 가려있지만 윤곽을 통해 확인이 가능하다.

오른쪽부터 '산색담수승입정山色淡隨僧入定 무아무인관자재無我無人觀自在 비공비색견여래非空非色見如來 송풍정여객담현松風靜與客談玄'이다. 개운사에 현존하는 주련과 위치만 다를 뿐 내용은 동일하다.

이채로운 것은 대방大房 문 위쪽의 '법화회法華會'와 '화엄회華嚴會'라는 글씨이다. 종이에 쓴 것으로 보이는데 처음 확인된 사례이다.

조계종 고시위원장 지안 스님은 "특이하고 귀한 사진"이라면서 "예전에는 학인들이 공부하는 강당講堂에서 화엄반班을 화엄회로, 법화반班을 법화회로 표기하기도 했다"면서 "하지만 박한영朴漢永(1870~1948) 스님이

1925년 6월 17일자 〈동아일보〉의 '녹음 등지고 말하는 사진'이란 제목의 기사에 실린 개운사 전경.

1926년 개운사 대원암에 불교전문강원을 개원했으니 촬영 시기와는 맞지 않다"고 말했다.

이어 지안 스님은 "그렇다면 개운사에서 만든 재가불자들의 신행단체 이름일 가능성이 있다"면서 "향후 연구를 진행할 필요가 있다"고 지적했다.

이 사진에는 죽농竹濃 안순환安淳煥(1871~1942)이 쓴 개운사 현판이 희미하게 나타난다. 학생들 머리 위에 있는 현판은 사라지고 없지만 '화엄회'와 '법화회' 글씨 사이에 있는 현판은 지금도 남아 있다. 기존에 알려진 1922년 사진에는 글씨의 형체가 분명하지 않다. 이번에 공개된 사진 왼쪽 끝에 일부 보이는 박대은朴大恩信의 '석수노지石壽老池' 현판은 현존한다.

일제강점기 동대문 밖에 자리한 개운사는 경성 주민들이 즐겨 찾는 명소였다. 1925년 6월 17일자 〈동아일보〉는 '녹음綠陰 등지고 말하는 사진寫眞' 이란 코너에서 개운사를 의인화擬人化하여 역사 등을 말하는 형식으로 보도했다. 이화학당 학생들이 개운사를 방문한 지 2년 뒤 사진이다.

이에 따르면 인명원仁明院 후신인 영도사永導寺를 나라에서 폐사시키자, 인파人波 스님이 '쫓겨난 부처님'을 모시고 헤매다 197년 전 지금 자리에 절을 세워 개운사開運寺라고 했다. 1921년에는 1만8000원을 들여 중수했다.

〈동아일보〉는 그 이전의 개운사 상황을 이렇게 기록했다. "삼계중생을 깨우치는 종소리가 한 번씩 떼~엥하고 울리매 울울창창한 솔밭 사이로 그 소리가 멀리 멀리 퍼지어 인근 산촌의 농사짓는 백성들은 물론 10리를 격隔(떨어진)한 문門 안 사람들까지 불덕佛德(부처님 공덕)을 사모하야 나를 찾아오는 선남선녀가 문턱에 닿았습니다. 그 때야말로 극락세계가 내 앞에 이루웠지요."

종걸 스님은 "1930년대 초반 이화여전이 어려움을 겪으면서 윤치호, 여운형, 김성수 등과 함께 박한영 스님이 후원회에 참여한 인연이 있다"면서 "기독교에서 세운 학교이지만 민족의 미래를 위해 박한영 스님 등 불교계가 여성교육의 중요성을 인식하고 동참한 것"이라고 말했다.

임연철 미국 드루대 아카이브 연구원은 이화학

1923년 사진에서 보이는 '비공비색견여래'라고 쓴 주련으로 현존한다.

당 제5대 학당장學堂長 대리를 지낸 A. 지네트 월터(1885~1977)의 자료를 수집하는 과정에서 개운사 등 근대불교사진을 입수했다.

그는 "A. 지네트 월터가 1969년에 200부가량의 자서전을 펴냈지만 국내에는 알려지지 않았다"면서 "서대문형무소에서 숨진 유관순 열사의 시신을 수습해 장례를 치른 분"이라고 말했다.

지네트 월터 증손을 통해 미국 콜로라도의 조그만 오두막 캐비닛에 보관돼 있는 자료를 확인했다. 한달음에 미국으로 달려가 200여 장의 사진과 엽서 등을 휴대폰 카메라로 촬영하고, 이 가운데 불교 관련 자료를 〈불교신문〉을 통해 공개한 것이다.

한편 당시 개운사 주지였던 원종 스님은 "100년 가까운 세월이 흐른 옛날 개운사 사진을 보니 감회가 새롭다"면서 "한국불교 근현대사에서 중요한 역할을 담당했던 개운사의 자취를 확인할 수 있는 자료"라고 의미를 부여했다.

● 개운사 전 주지 원종 스님(중앙승가대 8대 총장)
"근대 개운사 확인한 소중한 자료"

"97년이란 세월이 지났지만 마치 어제 촬영한 것처럼 현판과 주련이 선명하고 학생들의 표정도 생생하여 인상적입니다." 당시 개운사 주지였던 원종 스님은 1923년 5월에 촬영된 개운사 사진을 유심히 살펴보았다.

원종 스님은 "주련이나 석수 노지 현판 등은 그대로 남아 있고 대각루大覺樓도 크게 변형되지 않은 상태에서 유지되고 있다"면서 "격동의 세월을 겪고도 여전히 자리를 지키고 있는 개운사를 바라보며 감회가 새롭다"고 말했다.

스님은 "한국 최초의 여성교육기관인 이화학당 학생과 교사들이 경성 밖에 자리한 개운사까지 온 것을 단순하게 봐서는 안 된다"면서 "일제강점기 개운사가 불교계 내부뿐 아니라 사회적 역할을 수행했다는 역사적 사실을 짐작할 수 있는 소중한 자료"라고 강조했다.

1906년 4월 7일자 〈대한매일신보〉에 따르면 '정토종연구회'가 보통학교인 명진학교明進學校를 설립할 때 개운사는 42원을 보조했다. 동참 사찰 31곳 가운데 봉원사, 홍천사, 두포사에 이어 네 번째이다. 박한영 스님이 근대교육을 위해 불교전문강원을 개원하고, 종단이 스님들의 현대교육을 목적으로 설립한 중앙승가대학교와 인연이 깊은 개운사가 20세기 초부터 교육의 중요성을 인식하고 있었다는 방증이다.

원종 스님은 "오래되고 귀한 개운사 사진을 공개해 준 임연철 연구원에게 감사드린다"면서 "선지식과 동량을 배출한 개운사의 영화를 되살리는 데 최선을 다하겠다는 각오가 생긴다"고 사진을 본 소감을 전했다.

● 임연철 미국 드루대 아카이브 연구원

"근대 불교자료에 관심 필요"

"문화부 기자를 오래하면서 일제강점기 사진이 귀하다는 것을 알고 관심을 가졌습니다." 임연철 미국 드루대 아카이브 연구원은 "A. 지네트 월터가 촬영한 사진과 엽서 등을 통해 일제강점기 조선의 현실과 당시 불교계를 짐작할 수 있다"면서 "불교 자료이기에 종단에서 발행하는 〈불교신문〉에 알리게 되었다"고 자료의 소중함과 공개 계기를 밝혔다.

임연철 연구원은 "스님들은 수행하는 데 신경을 많이 쓰기 때문에 자료를 무념무상하게 대하는 경우가 많은 것 같다"면서 "20세기 초의 귀한 사진을 보면 불자들도 신심이 생길 것으로 기대한다"고 말했다.

서울대 사학과를 졸업한 임연철 연구원은 중앙대에서 석사학위를, 성균관대에서 박사학위를 받았다. 〈동아일보〉에서 문화부장, 편집부국장, 논설위원을 역임했다. 1970년대 후반에는 조계종 출입기자를 지내는 등 불교와 인연이 있다. 임연철 연구원은 "저를 아는 스님들이 이 기사를 보고 '별짓 다한다'고 하지 않을까 염려된다"면서 미소를 지었다.

언론사 퇴직 후에는 숙명여대 문화관광학과 초빙교수, 국립중앙극장 극장장을 지내고, 현재는 미국 드루대 아카이브 연구원으로 근대자료 수집과 회고록 등을 집필하고 있다.

강제징집당하는 송광사 스님들

—

일제강점기에 강제징용당하는 스님들의 환송 장면을 담은 사진이 공개됐다. 조계총림 송광사 박물관장 고경 스님은 최근 타계한 김정수 선생의 유족이 기증한 사진 가운데 확인 작업을 마무리한 9장의 사진을 〈불교신문〉과 〈송광사보〉를 통해 공개했다. 취봉 스님 상좌로 법명이 활룡活龍인 김정수 선생은 순천 송광사에서 출가해 일본 임제전문학교를 졸업하고, 해방 뒤에는 광주·전남지역에서 교육자로 일하며 후학을 양성했다.

2차 세계대전이 막바지에 도달했던 1944년, 일제는 조선 청년들을 닥치

1944년 송광사 출신 스님 다섯 명이 일제에 의해 학병으로 강제징집당해야 했던 아픈 역사를 담은 사진. 일장기를 든 학병 중 가운데가 김정수 선생이다.

는 대로 강제징집하여 전장戰場으로 내몰았다. 어쩔 수 없이 전쟁터에 끌려가 목숨을 헛되게 잃어버린 젊은이들이 한둘이 아니었다. 조선의 스님들도 예외일 수 없었다. 이번에 공개된 사진에는 1944년 송광사 스님들이 강제징집당하는 장면을 담은 것이 있다. 그해 가을에 촬영된 것으로 추정되는 강제징집 사진은 스님들의 '학병 입영 송별식' 장면이다.

사진 하단에는 한문으로 '송광사출신학병송별기념회松廣寺出身學兵送別紀念會'라고 메모되어 있다. 교복을 입은 스님들의 손에는 일장기가 들려 있고, 주위에는 입대를 축하하는 만장이 세워져 있고, 다른 스님과 마을 주민들이 입대를 축하하는 모습이다. 하지만 사진에 나타난 인물들의 표정이 하나같이 어두워 '강제징집' 당하는 조선인들의 서글픔과 안타까움을 느끼게 한다. 촬영 장소는 송광면 낙수리이다. 또한 공개된 사진에는 김정수 선생이 가족과 함께 초가집을 배경으로 찍은 '입영사진'도 있다. '축입영祝入營'이란 글씨가 선명한 만장과 일장기가 있는 사진은 사랑하는 가족을 사지死地로 보내야만 하는 안타까움과 절망이 묻어있다.

공개된 사진 가운데 흥미를 끄는 또 하나는 1930년대 송광사 용화당龍華堂 건물 앞에서 촬영한 악대樂隊의 모습이다. 큰북과 트럼펫, 심벌즈 등을 든 스님들이 용화당 앞에서 카메라를 응시하는 장면이다. 그동안 사찰에서 서양악기를 연주하는 악대가 있었다는 사실은 잘 알려져 있지 않았다. 해방 이전에 송광사에서 스님으로 있다가 환속한 최성휴 옹은 "일제 강점기 송광사에서는 주요행사 때 악대가 연주를 했었다"면서 "특히 사찰에서 재齋를 지낼 때도 고적대가 연주를 실시했다"고 회고했다.

송광사 박물관장 고경 스님은 "연주에 사용했던 트럼펫이 남아있다는 이야기를 들었다"면서 "당시 스님들의 생활을 확인할 수 있는 귀한 자료"라고 말했다. 이 밖에도 송광사 수석호水石湖에서 4명의 스님들이 여가를 이용해 뱃놀이를 즐기는 장면을 촬영한 사진도 공개됐다. 한껏 멋을 내고 카메라를 바라보는 스님들의 모습은 '신세대 청년'으로 손색이 없다.

일제강점기 일본 임제전문학교에서 신학문을 배웠던 송광사 스님들의 졸업기념 사진도 이번에 나왔다. 1941년 2월 11일 촬영한 사진에

1930년대 송광사 용화당 앞에서 서양악기를 들고 포즈를 취하고 있는 스님들. 당시 송광사에는 악대가 있어 각종 행사에서 연주했다.

나타난 송광사 유학생들은 모두 교복을 입고 있다. 김정수 선생을 비롯해 일련, 인산, 춘산, 근초, 문곡 스님이 함께 찍은 것이다. 유학시절 김정수 선생과 문곡 스님이 교토京都에서 열린 연식정구대회에서 입상한 상장도 공개됐다. 1941년 9월 21일 남자 중등학교 연식정구 복식조에서 1등을 차지해 받은 상장이다. 대회 명칭은 제4회 경도부체육대회 겸 제12회 명치신궁 국민체육대회 경도부 예선회였다. 또한 같은 해 10월 일본인 감독과 함께 찍은 연식정구 선수들의 사진도 눈길을 끈다.

송광사에서 출가한 등곡 스님의 유족들이 지난해 5월 80여 장의 사진을 기증한 데 이어, 김정수 선생 유족들이 기증한 사진은 순천 송광사의

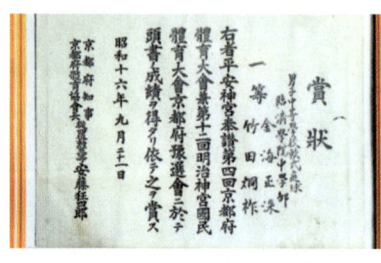

1941년 일본 임제전문학교 재학시절.
연식정구대회 복식조에서 1등을 차지한
김정수 선생과 문곡 스님이 받은 상장.

근세모습을 확인하는 데 귀중한 자료가 될 전망이다. 김정수 선생 유족들이 기증한 50여 장의 사진 가운데 선별 작업을 거쳐 우선 9장을 공개한 고경 스님은 "유족들이 20여 장의 사진을 더 기증할 예정"이라면서 "일제강점기와 해방, 그리고 한국전쟁 등 격동의 세월을 온몸으로 부딪쳤던 선대 스님들의 어려움을 확인하는 귀한 자료"라고 의미를 부여했다. 고경 스님은 "이후 확인 작업을 거쳐 추가로 사진을 공개할 예정"이라면서 "근세불교자료에 많은 관심을 가져야 한국불교역사가 바르게 자리매김할 수 있을 것"이라고 밝혔다.

4

해방 80주년 특집
꽁꽁 싸맨 보따리

수행

수행은 단순한 개인의 깨달음을 넘어서,
불교의 맥을 잇고 공동체를 지키기 위한 치열한 실천의 삶이다.

근대 최초 인도 순례한 이영재 스님

부처님이 태어나 수행하고 전법하며 열반에 드신 땅. 인도의 불교성지는 불자는 누구나 한 번쯤 순례하고 싶은 곳이다. 지금이야 교통이 발달해 비행기 타고 몇 시간만 날아가면 도착하지만 100여 년 전에는 쉽게 꿈꿀 수 없었다. 그런데 일본대와 동경제대를 졸업한 한 유학승留學僧이 성지순례 원력을 세우고 실천에 옮겼으니, 종원宗圓 이영재李英宰 (1900~1927) 스님이다.

일본 유학시절의 이영재 스님.

이영재 스님은 석란錫蘭(스리랑카)에서 공부를 마치고 인도로 건너가 성지를 순례하면서 인도철학과 고고학은 물론 경전에 나오는 동식물학도 연구할 계획이었다. 이어 서역과 중국의 성지도 찾을 예정이었지만, 끝내 꿈을 이루지 못하고 이역異域에서 원적에 들고 말았다. 스님은 〈도석기渡錫記〉에서 순례에 나선 까닭을 이렇게 밝히고 있다. "불타佛陀님은 나의 아부(阿父, 아버지)요. 사부다. 나는 불타님의 아들이요. 제자다. 인도는 불타님의 나신 곳이요. 아버지의 집이다. 자식이 아부집에 감에 무슨 큰 이유가 잇스며 특별난 목적이 잇스리오."

〈도인渡印에 제際하야 동신제형同信諸兄에게〉라는 글에서는 순례 이유를 구체적으로 밝히고 있다. 인도 성지순례에 앞서 2년간 스리랑카에 머물며 산스크리트어와 팔리어를 연구하겠다는 뜻을 피력했다. "형님 아우는 중천축中天竺(중인도)의 성적聖蹟을 참배하기 전에 몬저 석란에 유학코자 합니다. 그는 인도불교의 여맥餘脈이 그곧에 머물러 잇슬 뿐만 아니라 복고復古의 서광도 오즉 그곧에 잇슴으로써 임니다. 또 아우가 일생을 헌신코저 하는 교학 연구의 기초인 범파이성어梵巴二聖語를 연구함에 가장 편의한 까닭입니다."

이영재 스님이 인도 성지순례의 원력을 세우고 처음 방문한 곳은 스리랑카이다. 인도대륙 아래에 자리한 스리랑카는 16세기부터 포르투갈, 네덜란드에 이어 영국의 식민통치를 받고 있어 조선과는 동병상련의 지경이었다. 〈도석기〉는 일본에서 스리랑카에 이르는 항로를 비롯해 배 안에서의 일상과 기항지에서 목격한 문화와 일화를 생생하게 담았다. 요코하마, 고베神戶, 현해탄, 상해, 동지나해, 대만해협, 홍콩, 남지나해, 싱가포르, 말래카해협, 페낭, 미얀마 원양, 인도양을 거쳐 스리랑카에 도착하는 과정이 파노라마처럼 펼쳐진다.

〈도석기〉는 1925년 11월 9일 일본 우편선 백산환白山丸을 타고 요코하마 항을 떠나는 대목으로 시작한다. 일본을 떠나는 소회에 대해 스님은 "아~ 이것이 너의 나라를 떠나는 나를 위하여 고별의 표정이냐? 5~6년 에도江戶(지금의 도쿄) 생활에 오히려 일본을 사랑하지 못하는 나이였지마는 후지산富士山 너 하나만은 내가 그윽히 사랑하엿노라"라고 토로하고 있다. 일본은 '나의 나라'가 아닌 '너의 나라'일 수밖에 없었다.

1926년 3월 재동경조선불교유학생들의 기념사진. 앞줄 왼쪽부터 박창두, 강재호, 유성완, 이지영.
가운데줄 왼쪽부터 김태흡, 이덕진, 이영재, 김명교, 김상철.
뒷줄 왼쪽부터 변선유, 조은택, 서원출, 강재원, 최영환, 장담현, 강정룡.

스님의 또 다른 글 〈석란의 불교〉는 스리랑카 불교역사를 기술하고 있는데, 남방불교의 부처님오신날인 '베삭데이'를 맞아 현지인들에게 조선의 문화와 불교를 전달한 내용이 눈길을 끈다. 스리랑카 제2의 도시인 캔디에서 마하보리협회 회원들이 불교기와 축하등燈을 만들어 베삭데이를 즐기는 모습을 목격한다. 등과 깃발을 장식할 무늬를 그려달라는 부탁을 받고 10여 개의 태극기旗와 태극등燈을 그려주었다. 그러자 그들은 "곱고 아름답다"면서 협회 정문에 걸었다. 조선인이라는 자긍심을 잊지 않고 있었던 스님이다.

이영재 스님이 스리랑카로 갈 때
승선한 '백산환' 호.

이영재 스님은 일본 유학시절인 1922년 11월부터 12월까지 〈조선일보〉에 '조선불교혁신론'을 27회 기고한다. 이 글에서 식민지 조선의 변화와 한국불교의 개혁, 그리고 청년들의 각성과 분발을 촉구한다. 특히 강조한 것은 교육이었다.

신문에 실린 스님의 육성이다. "학교교육의 주력을 고등교육에 주主하야 교계 인재를 도야陶冶(길러 양성함의 의미)하며 불교문화의 천원지를 맨들 것이다. 그럼으로 대학은 중앙 1개소에 설치하되 총무원의 직할로 하고 경영 방법과 교과의 배당은 일반대학에 준할 것이며 대학 입문으로 고등예과高等豫科를 설치하고 대학에는 종교과 철학과 등의 분과分科를 치置하야 종교와 철학을 중심으로 하고 법률 경제 교육 문예 등의 보조 과목을 가미하야…"

하지만 대학교육만 강조하지는 않았다. 사회와 함께하지 않으면 소외될 수밖에 없고 교세도 위축된다면서 '사회적 세력'을 제안하였다. 구체적인 방법으로 유치원, 소년소녀학교, 아동보호 사업, 직업교육, 노동야학, 학술강습 등의 필요성을 강조했다. 또한 형편이 어려운 주민들을 위한 의원과 시약소施藥所 개설, 재해구제회 등을 결성해야 한다는 입장도 피력했다. 조선불교가 산중山中에만 머무는 것이 아니라 사회 문제에 관심을 갖고 실질적으로 활동해야 한다는 입장이었다.

이러한 과제를 실현하려면 무엇보다 불교청년의 각성과 실천이 필요함을 역설하였다. 〈조선불교혁신론〉 27번째 원고에서 확인할 수 있다. "제형諸兄이여! 시대의 대세를 각성하여라. 제형이여! 불석신명不惜身命(몸과 목숨을 아끼지 않음)의 정신正信을 파지把持(꼭 움켜쥠)하여라. 그리하야 교단 혁명의 진두에서 용전勇戰하여라. 제형이여! 진리의 광명 압헤는 군악群惡(악의 무리)이 다 소멸하는 것이다. 애국의 지사여! 우교憂敎의 의도義徒여! 민족적 이상향도 종교적 구경락究意樂도 모다 혁명의 피안에 잇는 것을 미더야한다. 제형이여! 제형이여! 제형은 과연 엇지 할야는가?"

조국과 조선불교에 대한 사랑하는 마음이 누구보다 깊었던 스님은 안타깝게도 뜻을 이루지 못하였다. 세상을 떠났다는 소식을 접한 조선불교계는 충격에 빠졌다. 재일본조선불교청년회원은 추도행사와 더불어 '해동불교의 비운悲運'이라는 내용을 담은 '고 이영재 군 추도문'을 발표했다. 그의 도반과 지인들도 다수의 추모글을 〈불교〉 잡지 등에 게재했다. 이 가운데 주태순은 〈불교〉 42호에 게재한 '고 종원 이영재 형을 추도'라는 글에서 1923년 9월 관동대지진 이후 일화를 소개하고 있다. 한 달 정도 같이 지낼 당시 이영재 스님이 "공부하여 가지고 판검사로 나아가지 말고 우리 교계敎界를 위하여 일생을 바쳐다오"라는 당부를 했다는 것으로 조선불교 발전을 위해 불교청년을 독려하는 내용이다.

1927년 10월 27일자 〈동아일보〉는 '인도 유학중 이영재씨 영면永眠'이란 제목의 기사에서 "조선 승려로는 몇백 년 만에 처음으로 인도로 건너간 것"이라면서 "그의 유골遺骨은 11월 2일에 그곳을 떠난다더라"고 보도했을 정도로 교계 밖에서도 스님의 삶을 주목하였다.

스님은 〈불교〉에 게재한 〈도석기〉, 〈남국기南國記〉, 〈석란의 불교〉를 비롯해 〈도인에 제하야 동신제형에게〉, 〈인도행의 편신片信〉, 〈'불교' 군에게 - 이역병상에서〉, 〈영호映湖 선생님 예하〉의 글을 남겼다. 영호 선생님은 석전 박한영 스님이다.

수백 년 이래 조선 승려의 '천축天竺 순례'가 유례가 없었던 상황에서 성지를 찾아 나선 이영재 스님의 원력은 시대를 넘어 지금의 불교인들에게도 시사하는 바가 크다. 제국주의가 팽창하고 조선이 식민지로 전락한 시대상황에 좌절하지 않고 세계평화와 조국의 해방을 위해 불교의 역할과 불교도의 분발을 강조했던 이영재 스님의 가르침은 지금도 유효하다.

이영재 스님은?

1900년 충북 청주군 문의면(지금의 청주시 상당구 문의면 외산리)에서 태어났다. 5~6세부터 10세 전까지 한학을 익히고, 11세에 청주공립보통학교(지금의 주성초등학교)에 입학해 1등을 놓치지 않았다.

이어 청주농업학교(지금의 청주농고)에 입학해 18세에 수석최우등으로 졸업했다. 가정 형편으로 경성 유학에 나서는 대신 청주에 있는 충북도청에 취직하여 학무계學務係에서 근무했다.

기독교 소설 〈천로역정天路歷征〉과 성서를 읽었지만 마음을 충족하지 못했다. 그 무렵 보은 법주사 주지 남파南坡 스님, 백초월白初月 스님, 김포광金包光 스님과 인연이 되어 불교에 관심을 가졌다. 청주 용화사에서 초월 스님을 자주 만나 출가를 결심했다. 이때가 1918년이다. 법주사에서 〈능엄〉〈반야경〉〈원각경〉〈기신론〉을 배우고, 남파 스님의 주선으로 구례 천은사 공비유학생公費留學生으로 동경 유학을 떠났다.

정측正則영어학교, 일진日進영어학교, 보급普及영어학교, 연수학관研修學館에서 영어공부를 하고, 1920년 9월 일본대학 종교학과에 입학해 1923년 4월 졸업했다. 곧바로 동경제국대학 인도철학과 선과選科에 들어가 범어梵語와 팔리어를 배웠다. 1921년 6월 진주공립보통학교에서 한 강연이 '적사상赤思想'을 선전했다는 혐의로 일경에 체포되어 한 달간 투옥되기도 했다. 1924년에는 조선불교동경유학생회 기관지 〈금강저金剛杵〉 발행을 주도했다.

1925년 9월 성지 순례 원력을 세우고 스리랑카에 도착해 머물다 1927년 10월 12일 원적에 들었다. 백광白光, 범란梵鸞, 종원宗圓이란 법명과 호를 사용했다.

내외전 신구학문 이사理事 겸비한 해안 스님

—

　내외전을 겸비하고 근현대 선지식으로 존경받는 해안 선사의 자료가 동국대 불교학술원 전자불전문화콘텐츠연구소를 통해 디지털화 작업이 이뤄져 주목을 받았다.

　해안 스님 상좌로 평생 스승의 뜻을 기리며 전법에 매진하고 있는 서울 전등사 회주 동명 스님이 그동안 정성껏 보관해온 것으로 근대한국불교사의 소중한 자료로 평가받고 있다. 지난해 동명 스님이 해안海眼(1901~1974) 스님의 유묵과 서필을 모아 발간한 〈해안선사서문집〉이 〈불교신문〉에 보도되면서 전자불전문화콘텐츠 연구소가 자료 정리의 필요성을 인식했다.

　동명 스님이 제공한 자료 가운데는 1961년 해안 스님이 대중에게 선보인 '생전 장례식'을 비롯해 대중선大衆禪을 전하는 법문 장면, 일제강점기 북경대 유학시절과 부안 내소사 시절의 사진 등이 포함돼 있다.

　또한 해안 스님이 직접 필사筆寫하여 기록한 역대 조사와 고승들의 게송 및 법문을 담은 수첩도 확인할 수 있다. 이러한 자료들은 일제강점기부터 해안 스님이 입적한 1970년대 중반까지 근현대 한국불교의 생생한 역사를 담았다는 점에서 가치가 크다.

　해안 스님은 장성 백양사 학림學林을 졸업한 후에 중앙불교전문학교를 마치고 중국 북경대에서 유학한 경험이 있는 학승學僧이다. 지금까지 선사

불교전등회 법회에서 법문을 하는 해안 스님. 옆에서 시봉하는 동명 스님.

禪師의 이미지가 강하게 부각되었지만 선교禪敎를 겸비한 수행자다. 특히 한국불교 전통교학을 사찰에서 익힌 후 서울(경성)에서 신학문을 이수하고, 외국(중국)의 대학에서 선진문물을 익혔다.

동명 스님이 공개한 자료들은 그동안 잘 알려지지 않았던 해안 스님의 젊은 시절 행적을 구체적으로 확인하는 근거가 되고 있다. 해안 스님의 자취는 일제강점기 언론에도 다수 확인된다.

1921년 8월 9일자 〈동아일보〉는 '불교유학생 강연회'라는 제목의 기사에서 해안 스님인 김봉수金鳳秀와 이일선李一鮮 스님이 장성 백양사 대강당에서 조선불교청년회백양지회가 주최한 강연회에서 연설한 소식을 전하고 있다.

이에 앞서 1920년 8월 31일 백양사에서 창립한 조선불교청년회백양지회

1974년 해안 스님 영결식에서 상좌 동명 스님이 영정을 들고 애통해하고 있다.

에 해안 스님은 '문예부文藝部' 임원으로 선출되는 등 청년불교운동에 앞장섰다. 1922년 7월 조선불교청년회가 주최한 전국 순회강연단의 제4대第四隊 일원으로 오대산 월정사, 양양 낙산사, 설악산 신흥사, 금강산 건봉사·유점사·표훈사·장안사·신계사, 안변 석왕사 등에서 연설을 했다.

한용운韓龍雲, 박한영朴漢永 스님의 영향을 받은 조선불교청년회 활동을 한 해안 스님은 자연스럽게 조선불교 개혁과 식민지 극복에 대한 열망을 지녔던 것으로 보인다.

동명 스님은 "생전에 은사 스님께서는 만해 스님은 불의를 보면 참지 못하는 굳은 의지를 지닌 분으로 기회가 있을 때마다 찾아뵈었다고 말씀하셨다"고 회고했다. 해안 스님은 서울에서 유학하면서 유심회학우회唯心會學友會에 참여하는 등 일제강점기 식민지 현실을 극복하기 위한 노력을 경주했다.

중앙불전을 졸업한 해안 스님은 1923년 중국 북경대에 유학을 떠나 신세계新世界에서 견문을 넓혔다. 조선에서 유학온 불교청년들이 조직한 북경불교유학생회北京佛敎留學生會 활동에 적극 참여하였다. 해안 스님(김봉수)을 비롯해 한봉신, 김성숙, 김규하, 김정완, 윤정묵, 윤금, 김봉환, 차응준 등이 참여한 북경불교유학생회는 1924년 4월 기관지 〈황야荒野〉를 창간하는 등 다양한 활동을 펼쳤다.

학업을 마치지는 못하고 1924년 가을 귀국한 해안 스님은 부안군 산내면 석포리 주민들의 문맹퇴치 운동에 나섰는데, 내소사 자장암에 신명야학新明夜學을 설립하였다. 계명학원啓明學院을 만들었다는 기록도 전한다. 1925년 1월 17일자 〈동아일보〉는 "북경에 유학하다가 병으로 인하야 귀가한 김봉수군이 야학을 설치하기 위해 열심 활동하였다" 면서 "40여 명의 남녀학생을 열성으로 교수敎授하였다"고 보도했다.

이 밖에도 해안 스님은 불교개혁을 취지로 한 철우회鐵牛會, 소작농의 권익을 옹호하기 위한 소작동우회小作同友會 등에 참여하는 등 불교 가르침을 실생활에 구현하기 위해 다각적인 노력을 기울였다. 이후 참선 수행에 전념하여 36하안거를 성만하면서 김제 금산사 주지, 서래선림 조실, 불교전등회 대종사, 대원정사 조실 등으로 정진하며 전법에 혼신을 다했다. 해안 스님은 1974년 3월 9일(음력) 부안 내소사에서 세수 74세, 법랍 57년으로 원적에 들었다.

전등사 회주 동명 스님은 "은사스님이 간직하셨던 자료는 그 자체로 스승의 분신分身이라 여기며 소중하게 보관해 왔다" 면

젊은 시절의 해안 스님.
중국 북경대 유학에서 돌아온
후에 촬영한 것으로 보인다.

서 "스님 개인의 자취를 확인하는 자료를 넘어 한국불교의 근현대사를 증명하는 가치로 보존될 수 있도록 각별히 유념하겠다"고 밝혔다. 이어 "앞으로 해안 큰스님에 대한 행화行化를 체계적으로 정리할 계획"이라고 다짐했다.

일제강점기 이재민 구휼 나선 만공 선사

일제강점기 빈민과 이재민의 구휼에 기여한 만공 선사를 기리는 송덕비가 재조명받고 있다.

덕숭총림 수덕사 만공기념관 옆에 자리한 '송만공대선사구휼송덕비宋滿空大禪師救恤頌德碑'의 건립 사연이 확인된 것이다.

경허록만공법어편찬위원회(상임위원장 도신 스님, 수덕사 주지)는 1931년 5월 27일자 〈매일신보〉에 "정혜사 만공 선사가 덕산면 8개 리里의 우박으로 인한 재난구제를 위하여 백미 17석 260원을 베풀었으며 이에 대한 고마움으로 덕산면 8개 리 수

덕숭총림 수덕사 경내에 있는 '송만공대선사구휼송덕비'.

백 호의 가구들이 12전錢씩 모아 선사의 송덕비를 '덕산면 대동리 홍성통로'에 건립하는 중"이라는 기사를 확인했다. 편찬위원회 실무진들이 2월 29일 수덕사를 방문해 기사 내용에 등장하는 송덕비와 일치하는 것을 확인했다. 비석 뒷면에 새겨진 신미년과, 비석을 보수한 부분에 가려진

만공 선사가 이재민 구제에 나선 사실을 보도한 1931년 5월 27일자 〈매일신보〉 기사.

글자와 마지막의 소화 6년은 모두 1931년을 나타낸다.

이 송덕비는 1999년 수덕사 인근 마을 주민들의 제보를 받은 정묵 스님(동국대 불교학술원장), 주경 스님(현 수덕사성보박물관장, 중앙종회의장)이 수덕사로 옮겨온 것이다.

동국대 불교학술원장 정묵 스님은 "어떤 사람이 닭장 아래 묻힌 비석을 꺼내 달라는 꿈을 반복해서 꾼다는 이야기를 주민에게 전해들었다"면서 "그후 충의사(윤봉길 의사 기념관 인근)에서 깨진 상태로 묻혀있던 비석을 발견했다"고 회고했다. 만공 선사 관련 비석임을 확인하고, 곧바로 수덕사로 옮기고 파손된 부분을 보수했다. 하지만 안타깝게도 송덕비의 완전한 판독은 어려운 상황이다. 이에 대해 동국대 불교학술원 문화재연구소 김민규 박사는 "완전한 판독은 어렵지만 고휘도高輝度 촬영을 통해 탁본하지 않고도 일부 글자를 판독할 수 있다"고 밝혔다.

덕숭총림 수덕사 전 방장 설정 스님은 "수덕사에는 만공 선사 유훈을 받들어 사리를 수습하지 않는 특별한 전통이 있지만 후손들에게는 중요한 자료"라면서 "제대로 된 정리가 필요하다"고 말했다. 한편 2023년 6월 출범한 경허록만공법어편찬위원회는 경허·만공 선사와 관련된 자료들의 디지털 아카이브 구축과 자료집 출간 등의 활동을 진행하고 있다.

초부적음 스님 30대 사진

―

만공 스님 법제자로 왜색불교를 저지하고 청정승단 구현을 통해 한국 불교의 초석을 놓은 초부적음草夫寂音(1900~1961) 스님의 30대 중반 사진이 확인됐다.

당시 서울 안국정(지금의 안국동)에 있는 조선불교중앙선리참구원의 중앙선원에서 정진하고 있던 적음 스님을 기자가 촬영한 사진이다. 그동안 적음 스님 자료는 극히 일부만 전해져왔으며, 사진 또한 매우 드물었다.

이번에 확인된 〈조선일보〉 기사에는 적음 스님의 사진과 더불어 기자와 나눈 문답問答도 실려 있다. 참선을 주제로 나눈 대화로 일제강점기 수좌首座들의 수행 정신을 가늠할 수 있는 자료로 가치가 크다.

〈조선일보〉에 실린 적음 스님과 기자의 문답 내용은 다음과 같다. 원문을 최대한 살리면서 현대어에 맞게 일부 표현을 수정했다.

- 선禪이란 무엇이오?
― 참된 나眞自我를 몸으로써 깨치는 것이다.
- 참된 나란 무엇이오?
― 사람은 육진연영六塵緣影으로 되어 있다. 눈과 귀와 코와 혀와 몸과 뜻이 여섯 가지 티끌이요. 사람의 몸과 마음으로 모두 티끌과 같은 헛개비이다. 이 헛개비를 죽여야 한다. 모든

1936년 10월 4일자 〈조선일보〉 3면 '가을의 이 표정, 저 표정 4'에 실린 적음 스님 사진.
이때 스님 세수 36세였다.

환영幻影을 죽이면 그때에는 헛개비 아닌 것은 멸하지 않고 남을 것이다. 이것이 곧 참된 자아이다.

· 그 진자아를 깨친다면?

— 그 진오眞悟에는 모양이 없고 생멸이 없고 동정이 없고 색공色空이 없어지며 태연자약하고 스스로 서게 되고 유혹되지 않으며 그러한 분이 세상에 나서면 모든 사업에 묘용妙用이 나타날 것이다. 이것을 완성한 분을 대각大覺이라고 하니 곧 이가 부처이다

· 부처? 산사람도 부처?

— 암. 그렇다. 흔히 죽어서 부처가 되어 극락에를 간다고 하지만 따로 극락세계에 부처가 있는 것이 아니라 그대 각자가 곧 이른바 부처이다.

· 선과 일반불교는 어떻게 다르오?

— 응, 선禪을 설명한다면 그 학리가 교教가 되고 교를 실천한다면 그것이 곧 선이다.

적음 스님과 문답을 나눈 〈조선일보〉 기자는 기사 말미에 "한마디 한마디 던지는 선사의 말은 가볍게 나오면서도 납덩이 같은 무게로 전신을 눌리는 듯하다"면서 "명상하는 가을, 철학哲學하는 가을은 오로지 그들의 독점만 같았다"고 소회를 밝혔다.

한편 적음 스님 손상좌인 공주 신원사 회주 중하 스님은 "이번에 확인된 사진은 그동안 존재조차 알지 못했다"면서 "일제강점기 참선수행하는

스님의 법체를 사진으로 만나니 만감이 교차한다"고 소회를 밝혔다.

● 적음 스님 수행이력

1900년 11월 1일 경북 군위군 불로동에서 태어났다. 부친은 김재화金在化 선생, 모친은 유매실柳梅實 여사. 속명은 김영조金永祚.

어려서(1912년) 고향에 있는 사숙私塾(서당)에서 한학을 공부했으며, 15세에 김천 직지사로 출가했다. 은사는 제산霽山 스님.

출가 후 직지사에서 수선 안거를 한 적음 스님은 1922년 3월 30일부터 4월 1일까지 경성 선학원에서 열린 선우공제회 총회에서 서무부 이사로 추대됐다. 1927년에는 직지사에서 사교과를 마쳤으며, 1930년에는 만공滿空 스님에게 입실 건당했다. 이때 초부草夫라는 법호를 받았다.

1931년 선학원 상임포교사 소임을 맡았으며, 1932년 부산 범어사에서 도첩度牒을 받았다. 1934년 조선중앙선리참구원 상무이사를 거쳐, 선학원 3·5대 이사장을 역임하며 조선불교 수호에 앞장섰다. 조선불교문화운동협회 경리經理 소임을 보았다.

1935년 1월 5일 조선불교선종 종헌 반포 당시 총무부장에 취임했다. 1941년에는 조선불교 정통성을 회복·계승하기 위해 개최된 유교법회에 동참했다. 같은 해 범행단梵行團을 결성해 청정비구승단의 기초를 닦았다.

해방되던 해 12월 17일 서울 충무로3가 50번지에 있는 정토종 본원사에 호국역경원을 설립하고 초대 원장에 취임했다. 1947년 1월에는 해동역경원을 설립하고 역시 초대 원장에 취임했다. 해방 후인 1946년 9월 대한민주당과 한국국민당이 통합한 한국민주당韓國民主黨에 참여하기도 했

1930년대 선학원에서 적음 스님이 만공 스님에게 입실 건당할 당시 사진.

다. 당시 자료로 남아 있는 조직부 명단에 이름이 게재돼 있다.

1950년 4월 20일 재단법인 조선불교중앙선리참구원 제5대 이사장으로 추대됐다. 한국전쟁이 끝난 후인 1954년 6월 24일 정화운동 발기인대회에서 부위원장으로 선출됐고, 이튿날 교단정화추진준비위원회 부위원장으로 선임됐다.

1955년 공주 마곡사 주지로 취임했고, 1956년 3월에는 선학원 이사장으로 선출됐다. 노년에 병고를 겪은 스님은 1961년 10월 3일 서울 선학원에서 입적했다. 세수 61세, 법랍 39년. 제자로는 조계종 원로회의 부의장과 동국대 이사장, 공주 신원사 조실을 역임한 벽암碧岩 스님이 있다. 〈적음집〉이 발간됐다는 구전이 전해오지만 실체는 확인할 수 없다.

금강산 유점사 경성포교소 깃발

―

금강산 최초의 가람인 유점사의 일제강점기 깃발이 처음 공개돼 화제가 되었다. 108산사순례기도회 회주 선묵 스님(전 군종특별교구장)은 〈불교신문〉을 통해 '금강대본산 유점사 경성포교소 불교부인자은방생회' 깃발을 공개했다.

보라색 바탕에 흰 글씨로 윗부분에는 오른쪽에서 왼쪽으로 '불교부인자은방생회佛敎婦人慈恩放生會', 아랫부분에는 '경성부간동京城府諫洞, 금강대본산유점사경성포교소金剛大本山楡岾寺京城布敎所'라고 적혀 있다. 깃발 가운데는 위에서 아래로 원 안에 '삼보三寶'라는 글자가 들어 있다.

유점사 경성포교소는 1929년 금강산 유점사가 안변 석왕사 경성포교당을 인수해 운영한 도량으로, 경성 간동(지금의 서울시 사간동)에 자리하고 있다.

자은방생회가 조직된 것은 1929년 7월 유점사 경성포교소에서 화엄산림법회를 봉행하면서다. 그리고 '경성'이란 지명은 1945년 8월 15일 해방 이후 '서울'로 바뀌었기 때문에, 석묵 스님이 공개한 '유점사 경성포교소 불교부인자은방생회' 깃발은 1929년 7월부터 1945년 8월 사이에 사용된 것으로 보인다.

또한 '불교부인자은방생회'라는 단체명에서 알 수 있듯이 이 모임은 경성에 거주하는 여성 신도들이 참여한 신행조직이다. 따라서 일제강점

108산사순례기도회 회주 선묵 스님(가운데)이 서울 수락산 도안사에서 신도들과 함께
일제강점기에 만들어진 '금강대본산 유점사 경성포교소 불교부인자은방생회' 깃발을 들고
남북평화와 북녘사찰 순례를 발원했다.

일제강점기 금강산 유점사 전경. 출처=국립중앙박물관.

기 엄혹한 시절에 불법佛法에 의지해 수행한 그 당시 여성불자들의 신행을 가늠할 수 있는 귀한 자료이다.

108산사순례기도회 회주 선묵 스님은 "우연한 기회에 깃발을 입수하게 되었다" 면서 "일제강점기 나라를 빼앗긴 어려운 시기에 부처님 가르침에 의지한 불자들의 신행활동 흔적이기에 소중히 간직하고 있다"고 밝혔다.

선묵 스님은 "은사이신 청담 대종사께서 출격장부出格丈夫의 원력을 세우는 인연을 준 포명 큰스님의 주석처가 유점사"라면서 "그렇기 때문에 이 깃발에 더욱 마음이 가는 것이 솔직한 심경"이라고 전했다.

친일불교를 청산하고 한국불교의 청정수행가풍 진작에 헌신한 청담 스님은 진주농고(지금의 국립경상대) 재학 시 진주 호국사에서 유점사 출신의 포명 스님 설법을 듣고 출가를 발원했다.

금강산 유점사는 일제강점기 31본산의 하나로 고구려 유리왕 23년(서기 4년)에 창건된 도량이다. 신계사, 장안사, 표훈사와 더불어 금강산 4대 사찰로 손꼽힌다.

부처님 열반 후 인도 사위성舍衛城 사람들이 황금으로 조성한 53분의 불상이 유연국토有緣國土에 머물 것을 발원하며 배를 띄웠는데, 900년 간 여러 나라를 떠다니다 신라시대 동해안에 도착해 유점사를 창건했다는 설화가 전해온다. 이러한 창건 설화는 그동안 알려진 고구려 소수림왕(372), 백제 침류왕(384)보다 오래전에 바닷길을 통해 불교가 한반도에 전해졌음을 짐작하게 한다.

유점사는 고려시대와 조선시대 크고 작은 중창을 거쳐 일제강점기에는 60여 사암寺庵을 관장하는 금강산 제일의 대찰大刹로 사격寺格을 갖추었다. 하지만 안타깝게도 한국전쟁 당시(1951) 폭격으로 40여 동의 전각이 불에 타 사라져 폐허가 되고 말았다.

108산사순례기도회 회주 선묵 스님은 "지금은 남북 관계가 경색되어 북녘 사찰을 참배하기 어려운 상황이지만 적절한 시기가 오면 신도들과 함께 유점사 깃발과 '평화의 등불'을 모시고 금강산 사찰을 참배할 계획"이라면서 "그렇게 되면 35년 식민지에 이어 80년 가까이 분단의 아픔을 겪고 있는 우리 민족에게 평화와 희망의 메시지를 전하는 인연이 될 것"이라고 말했다.

일제강점기 불교신도증·해인사 사진

일제강점기에 사찰에서 발행한 것으로 추정되는 불교 신도증이 나와 눈길을 끌고 있다. 강릉 현덕사 주지 현종 스님은 〈불교신문〉을 통해 일제강점기 당시 인쇄된 신도증 1장과 해인사 대적광전 사진 1장을 공개했다. 현종 스님은 "외세에 나라를 빼앗겼던 시절이었음에도 불구하고, 부처님 가르침을 펴고자 노력했던 선대 스님들의 원력을 느낄 수 있는 자료"라면서 "근세불교 연구에 도움이 되길 바란다"고 밝혔다.

이번에 공개된 불교신도증은 가로 14.5㎝, 세로 11㎝로 양면 인쇄되어 있으며 절반으로 접을 수 있는 형태로 사실상 4페이지이다.

첫 장에는 동그라미 안에 불교를 상징하는 '만卍' 자 표시가 들어 있으며, 위에서 아래로 '신도증信徒證'이라고 한문으로 적혀 있다.

신도증이란 글씨의 좌우로는 신도증 발행 호수와 주소 씨명氏名(지금의 성명)을 적을 수 있게 해 놓았다. 또한 첫 장 하단에는 가로로 신도증 발급 사찰과 주지 스님의 법명이 적혀 있다.

신도증에 기록된 발급 사찰은 '진양군문산면적광사晋陽郡文山面寂光寺' '해인사남문산포교소海印寺南文山布敎所'라고 한문으로 쓰여 있다. 또 주지 스님에 대해서는 '주지겸포교사住持兼布敎師 향촌적광香村寂光'이라고 한문으로 기록돼 있다. 진양군은 지금의 진주시로 바뀌었다.

신도증의 두 번째 장과 세 번째 장에는 신행활동에 도움이 되는 삼귀의, 찬불게讚佛偈, 사홍서원, 불설오계佛說五戒, 입지게立志偈 등의 내용을 인쇄해 놓았다. 윗부분에는 한문으로, 아랫부분에는 한글로 적어 놓아 누구든지 쉽게 부처님 가르침을 만날 수 있도록 배려했다.

신도증에서 가장 눈길을 끄는 것은 네 번째 장이다. 이 페이지에는 '신조信條'와 '주의注意'라는 제목으로 특별히 강조한 내용이 게재돼 있다. 신조는 어떤 종교를 갖고 있을 때, '신앙의 조목 또는 교의敎義'에 해당하는 것으로, 신도증 발급 당시 스님과 불자들이 신행 활동을 하는 데 어떤 덕목을 가장 중요하게 여겼는지 확인할 수 있다.

신도증에 기록된 신조는 '육바라밀六波羅蜜'이다. 육바라밀은 깨달음에 이르기 위한 보살의 여섯 가지 수행법으로 보시, 지계, 인욕, 정진, 선정, 지혜를 나타낸다. 신도증에는 육바라밀의 줄인 말에 해당하는 '육도六度'라는 타이틀 아래 윗부분에는 한문으로, 아랫부분에는 한글로 그 내용을 적어 놓았다.

한글로 적혀 있는 부분을 신도증에 기록된 원문 그대로 살펴보면 다음과 같다. 괄호 안은 독자들의 이해를 돕기 위해 요즘 표현으로 바꾼 것이다. "류도(육도) 보시는

일제강점기에 발행된 신도증 1면과 4면. 육바라밀과 불자로의 생활 등에 대한 내용이 기록돼 있다. 아래 신도증 2면과 3면에는 삼귀의, 찬불게, 사홍서원 등 신행활동에 도움이 되는 내용이 적혀 있다. 자료제공=강릉 현덕사 현종 스님.

행(할 일). 제이 계행(계행)을 가질 일. 제삼 인욕해(참을 일). 제사 노력 정진할 일. 제오 선정을 닥을(닦을 일). 제륙 지혜를 닥글(닦을 일)."

신도증의 같은 면에는 주의 사항 5가지가 적혀 있다. 내용은 다음과 같고, 괄호 안은 독자들의 이해를 돕기 위해 요즘 표현으로 바꾼 것이다. △설교일마다 내참하야(동참하여) 법문과 강연을 드르시요(들으시오) △신도는 서로 형제자매와 갓치(같이) 경애하시요. △신도는 오게(오계)를 가시고 갖고 류도(육도)를 닥가서(닦아서) 모범이 되시요. △보천하인을 권하야 불교를 밋게(믿게) 하시요. △차증서(이 증서)를 유실하거든 또 청구하시오.

주의 사항 5가지 가운데 앞부분 4가지는 신행활동을 어떻게 해야 할지 안내하고 있다. 법회 때마다 동참하고, 신도끼리 화합하고, 오계를 수지하며, 육바라밀을 실천하고, 포교를 해야 한다는 것이다. 이 같은 주의 사항은 지금도 유효한 가르침이다.

주의 사항이 끝나는 부분에는 석존강생釋尊降生 이천구백 십 년 월 일 二千九百 十 年月日이라 표시되어 있는데, 십十 자 앞뒤와 월月 일日 사이에 여백을 두고 있다. 이는 해가 바뀌어도 연월일을 쓰는 데 지장이 없도록 하기 위한 것으로 보인다. 이 신도증은 1900년대 중반 이후에 사용된 것으로 짐작된다.

당시 조계종 포교부장이었던 계성 스님은 "오래전에 나온 신도증을 보게 되어 감회가 새롭다" 면서 "신도증에 게재되어 있는 가르침들은 지금의 불자들에게도 교훈이 되는 내용" 이라고 반가움을 표시했다. 계성 스님은 "예전에도 포교에 대한 열망이 싹트고 있었음을 알 수 있는 자료" 라면서 "근대에 스님과 불자들의 고민을 엿볼 수 있다" 고 말했다.

강릉 현덕사 주지 현종 스님은 일제강점기 당시 해인사 사진 1장도 입수하여 공개했다. 이 사진에는 해인사 대적광전과 앞마당 모습이 선명하게 담겨 있다. 눈길을 끄는 것은 대적광전 앞마당 오른쪽에서 왼쪽으로 비스듬하게 나무를 연결해 놓은 것인데, 어떤 용도로 사용했던 것인지는 분명하지 않다. 이 사진의 아래 부분에는 '해인사본당海印寺本堂'이라고 메모돼 있으며, 발행처는 '해인사海印寺 홍류여관紅流旅館'으로 기록돼 있다. 엽서 형태의 이 사진 앞면에 찍힌 스탬프에는 '14.11.25'로 표시돼 있는데, 이는 대정大正 14년을 나타낸 것으로 서기 1925년에 해당한다.

일제강점기인 1925년경 사용된 엽서에 실려 있는 해인사 대적광전 모습.

해인사 대적광전은 창건주인 순응 스님과 이정 스님이 서기 802년에 법당을 지은 자리에다가 1818년에 다시 건축한 것이다. 해인사 대적광전 아래 있는 석탑은 넓은 뜰 한가운데 자리 잡고 있어 '정중탑庭中塔'이라고도 불린다.

일제강점기 금강산 스님들

—

일제강점기인 1924년 장안사와 유점사 등 금강산 사찰의 생생한 장면과 스님들의 모습을 담은 사진첩이 공개됐다. 강릉 현덕사 주지 현종 스님은 지난해 말 입수한 『만이천봉조선금강산萬二千峰朝鮮金剛山』을 〈불교신문〉을 통해 공개했다. 화보집에는 사찰 전각 내외부는 물론 당시 스님들의 모습과 소실된 불교문화재가 상당수 실려 있다. 30여 장의 사진을 △스님들의 생활상 △주요 사찰 및 암자 △불교문화재 등으로 구분해 소개한다.

위) 1924년 금강산 신계사 승방. 10여 명의 신계사 스님들이 금강산 탐방에 나선 일본인들과 공양을 함께하고 있다.

아래) 신금강에 자리한 송림사 전경. 허름한 산사가 당시 열악한 상황을 대변한다.

● 『만이천봉조선금강산』에서 가장 눈길을 끄는 것은 '신계사승방神溪寺僧房'이란 제목의 사진이다. 가사를 수한 10명의 스님과 금강산 탐방에 나선 일본인들이 발우공양을 하는 장면이다. "신계사에는 30여 명의 승려가 법등法燈(부처님 가르

침)을 지키고 있다. 승방 내에서 탐승자들이 사승寺僧들과 정진요리精進料理를 회식會食하고 있다"는 설명이 되어 있다. 승방 벽에는 '삼함三緘'이란 글씨를 적은 종이가 붙어 있다. 삼함은 '입을 세 번 봉한다'는 뜻으로, 말을 아끼고 삼가야 한다는 의미를 담고 있다.

이 사진은 일제강점기 스님들의 생활상을 짐작할 수 있는 자료이다. 정확히 보이지 않지만, 불단으로 추정되는 구조물 일부가 눈에 들어온다. 승방 벽에는 장삼이, 천장에는 가사 여섯 벌이 걸려 있다. 승방 구석에는 겨울에 사용하는 화로가 놓여 있다. 사진에 등장하는 스님들이 각각 누구인지 현재로서는 알 수 없다. 향후 관련 자료를 종합적으로 분석하면 당시 주석했던 스님들의 명단을 확인할 수 있을 것으로 보인다.

● 이번에 공개된 사진첩에는 1924년 비구니 스님들이 공양을 준비하는 장면이 들어 있다. '니승尼僧의 취사炊事'라는 제목의 사진에는 수곽水廓, 우물에서 일하는 비구니 스님 2명이 등장한다. 스님들은 허리를 굽히고 팔을 걷어붙인 채 쌀을 씻고 있다. 산에서 끌어온 식

위) 금강산 법기암으로 추정되는 암자의 수곽에서 비구니 스님들이 공양을 준비하고 있다.

아래) 기암절벽 법기봉에 자리한 보덕굴이 위용을 뽐내고 있다. 한 스님이 지붕 위에서 망중한을 즐기고 있다.

수를 나무로 만든 물통에 담아두는 수곽은 산사의 고즈넉한 정취를 보여준다. 일제강점기 금강산에는 비구니 스님들이 법기암法起庵에서 정진했기 때문에 사진 속 암자는 법기암으로 추정된다.

● '신금강新金剛의 송림사松林寺'라는 제목의 사진에는 2명의 비구 스님이 등장한다. 산골의 가난한 민가民家를 연상시킬 만큼 허름한 모습이다. 한 스님은 마루에 걸터앉아 있고, 또 다른 스님은 마당 한쪽에서 뒷짐을 진 채 무엇인가 골똘하게 생각하고 있다. 종이로 써서 일부 훼손된 주련柱聯은 당시 곤궁한 살림살이를 짐작하게 한다. 송림사는 신금강의 대표적인 경승지로 자연환경이 빼어났던 곳이며, 인근에 금강산 제일도량으로 손꼽히는 유점사楡岾寺가 있다.

● 깎아지른 듯한 절벽 위에 아슬아슬하게 있는 보덕굴普德窟, 보덕암의 생생한 모습을 담은 사진 2장도 눈길을 끈다. 위태로워 보이는 보덕굴은 기암절벽의 법기봉과 조화를 이루며 아름다운 모습을 자랑하고 있다. 또

신계사 대웅전. 벽화가 선명하다.

신계사 석탑. 기단이 훼손돼 있다.

한 사진에는 보덕굴에 주석하는 것으로 보이는 스님이 지붕 위에 앉아 망중한을 즐기고 있다.

● 이번에 공개된 『만이천봉조선금강산』은 30여 명의 일본인들이 금강산을 순례하면서 촬영한 사진을 묶은 앨범이다. 사찰은 물론 봉우리와 계곡 등 금강산의 아름다운 정경이 담겨 있다. 또한 경성에서 금강산까지의 교통편과 금강산을 한눈에 살필 수 있는 지도도 실려 있다. 금강산은 '일만이천 봉 팔만구 암자'라는 말이 있을 만큼 수많은 불교유적이 있는 성지聖地이다. 금강산 4대 사찰인 유점사, 장안사, 신계사, 표훈사를 비롯해 도솔암, 마하연, 보덕굴, 중내원 등 수많은 암자가 산재해 있다. 사진첩을 살펴본 원로의원 혜정 스님은 "이런 곳에서 수행하면 여한이 없겠다"면서 "아름다운 금강산에서 부처님 가르침을 배우고 익힌다면 이보다 더 좋은 일이 있겠냐"고 반가움을 나타냈다. 사진첩을 입수해 〈불교신문〉을 통해 공개한 강릉 현덕사 주지 현종 스님은 "일제강점기라는 어려운 상황에서도 한국불교의 전통을 올바르게 계승하기 위해 수행 정진한 스님들의 모습을 만나게 되어 기쁘다"면서 "1920년대 '금강산 불교' 사진을 통해 나라를 빼앗겼던 암흑기의 한국불교를 기억하는 기회가 되면 좋겠다"고 밝혔다.

일제강점기 금강산 주요사찰

—

　역대 고승들이 주석하며 깨달음을 찾은 금강산은 불교성지이다. 장안사와 유점사 등 4대 사찰 외에도 마하연, 도솔암, 영원암, 지장암 등 산내 암자에서 수행자들이 불법佛法을 연마했다. 강릉 현덕사 주지 현종 스님이 공개한 『만이천봉조선금강산萬二千峰朝鮮金剛山』의 주요 사찰과 암자 사진을 계속해서 소개한다.

　● 장안사長安寺는 금강산 4대 사찰 가운데 첫손가락에 꼽히는 도량이다. 묵묵히 자리를 지켜온 산문山門과 만천교萬川橋, 그리고 멀리서 바라본

금강산에서 가장 높은 곳에
자리한 중내원.

망군대에 있는 도솔암. 1920년대에
폐사된 것으로 보인다.

장안사 전경을 촬영한 '원망遠望'은 세월의 무상을 보여준다. 또한 경내에 있던 여관旅館 사진도 눈길을 끄는데, 일본식 풍으로 실내외 모습을 확인할 수 있다.

● 마하연摩訶衍은 표훈사 산내암자로 남방의 운문암과 함께 가장 대표적인 선방이다. 만공滿空, 금오金烏, 성월性月, 성철性徹, 철우鐵牛, 석우石友, 청담靑潭 스님 등 근세 고승들이 머물며 공부했던 곳이다. 이번에 공개된 사진은 1932년 형진 스님이 중수하기 이전에 촬영된 것이다.

● 망군봉 아래 자리한 도솔암兜率庵은 폐사廢寺된 모습이다. 잡초가 허리 높이까지 올 정도로 자랐으며, 법당 문은 열린 채 방치돼 있어 애처롭다. 폐사 이유는 정확히 알 수 없다. 암자 주변에는 노송老松이 무성하다.

● 장안사 산내암자로 지장봉에 자리한 영원암靈源庵은 석우 스님과 만해 스님, 백성욱 전 동국대 총장이 함께 방부를 들여 공부했던 도량이다. 영원암에 대해 『일만이천봉조선금강산』에서는 "선禪 도량으로 산중山中 최고의 청적淸寂한 영지靈地"라고 설명하고 있다.

● 장안사 산내 암자인 지장암地藏庵은 한암漢巖 스님이 주석하던 곳이다. 1921년 금강산 건봉사 조실로 추대된 한암 스님은 이듬해 건봉사 선원을 개설할 무렵 지장암에 머물렀다. 당시 한암 스님과 만공 스님이 서찰로 주고 받은 선문답은 유명하다. 전강田岡 스님도 1923년 지장암으로 한암 스님을 찾아왔다는 기록이 있다.

● 금강산에서 가장 높은 곳에 자리한 암자가 중내원中內院이다. 너새나 무기와로 엮은 암자의 모습은 청빈하게 살면서 수행에 전념했던 스님들을

만해 스님과 석우 스님이 함께 정진했던 영원암. '남운문'과 함께 조선을 대표했던 마하연 선방.

한암 스님이 주석했던 지장암.

보는 듯하다. 중내원은 소실되어 전각이 현존하지 않는다.

● 이 밖에도 이번에 공개된 사진첩에는 표훈사, 유점사, 정양사, 신계사 등 금강산 곳곳에 자리한 사찰과 각종 불교문화재의 생생한 모습이 담겨 있다. 특히 유점사에 대해서는 "관동지방 제일의 거찰로 장안사와 표훈사 등 기타 60여 사찰을 말사로 거느리고 있다. 사승寺僧이 100여 명에 이른다"고 설명하고 있어 사세寺歲를 짐작할 수 있다.

금강산은 서산, 사명대사와 인연이 깊다. 김형중 동대부고 교법사는 "서산대사는 선종교종 양종판사를 사임하고 금강산에 들어가 10년간 머물렀다"고 말했다. 스님의 수제자인 사명대사는 임진왜란 당시 유점사에서 의승병을 일으켰다. 자료를 공개한 현종 스님은 "사진 설명을 살펴보면 당시 금강산 사찰들의 규모와 스님 숫자를 짐작할 수 있다"면서 "민족의 성지인 금강산의 80여 년 전 상황을 살피는 데 도움이 되길 바란다"고 피력했다.

『만이천봉조선금강산』 사진첩은…

일제강점기 만철滿鐵산하 경성철도국이 1924년 5월 10일 펴낸 것이다. 일본 도쿄에서 인쇄했다. 철도국 직원으로 보이는 30여 명의 일행이 10여 일간 금강산의 명승지와 사찰을 탐방한 사진을 모아 책으로 펴냈다. 이 사진첩은 100여 장의 사진과 금강산 지도를 비롯해 명승지에 대한 설명을 첨부하고 있어 당시 불교계 모습뿐 아니라 '1920년대 금강산' 상황을 이해하는 데 도움을 주고 있다.

일제강점기 조선불교 되짚기

일제강점기 조선불교는 왜색불교에 맞서 전통을 지키려는 노력을 기울였다. 하지만 총독부는 때로는 온건하게, 때로는 위압적인 수단으로 조선불교를 말살하려 했다. 최근 송광사에 기증된 92점의 사진에는 일제강점기 조선불교 흔적이 고스란히 담겨 있다. 남북의 사찰을 순례했던 송광사 스님들의 사진을 통해 당시 조선불교 모습을 살펴보았다.

● 구례 화엄사 각황전과 원통전 건물, 그리고 각황전 앞 축대와 계단이

구례 화엄사 각황전과 원통전 건물.

보이는 사진. 1943년 4월 21일 화엄사를 참배한 송광사 강원 학인들의 모습이다. 금방 쓰러질 듯 위태로워 보이는 축대를 나무기둥 2개로 지탱하는 모습이 일제 강압에 맞선 조선불교처럼 안쓰럽다. 각황전 앞의 석등과 삼층석탑도 보이며, '화엄사 탐승기념'이라는 메모가 되어 있다.

● 칠이 벗겨지고 흙이 떨어진 해인사 장경각 담이 일제강점기 고난의 세월을 보냈던 조선불교 모습을 증명하는 것 같다. 1938년 3월 촬영된 사진의 해인사 장경각 입구는 지금 모습과 크게 다르지 않다. '팔만대장경'과 '보안문'이란 편액이 보이며, 입구에는 남전南泉 스님의 게송이 적힌 주련이 보인다. 지금과 다르지 않은 해인사의 모습은 한국전쟁 당시 화마火魔를 피했기에 가능했다.

● 1929년 화재로 소실된 후 다시 복원한 신계사 만세루의 모습이 생생

칠이 벗겨지고 흙이 떨어진 해인사 장경각 담.

하다. 만세루는 한국전쟁 당시 미군 폭격으로 또다시 사라지는 비운을 겪었다. 1942년 5월 31일 촬영된 사진에는 돌기둥 위에 정좌한 만세루 모습이 손에 잡힐 듯하다. 2층 누각의 기둥마다 걸린 주련 글씨까지 보인다. 사진을 본 무비 스님(전 교육원장)은 주련의 내용을 확인해 주었다. 무비 스님은 "신계사 현판 바로 밑에 있는 것은 글씨가 희미해 판별하기 어렵다"면서 "돌아 있어 보이지 않는 부분의 주련 내용을 포함해 다음과 같다"고 했다.

1929년 화재로 소실된 후 다시 복원한 신계사 만세루의 모습.

인정화루명월야	人靜畵樓明月夜
취가환주낙화전	醉歌歡酒落花前
사오백조화류항	四五百條花柳巷
이삼천처관현루	二三千處管絃樓

이 가운데 '이삼천처관현루二三千處管絃樓'는 보이지 않는 주련에 해당하는 글씨이다. 지금과 달리 흰색 바탕에 검은 글씨로 쓰인 '금강산 신계사' 현판도 선명하다. 또한 2층 누각으로 올라가는 계단의 위치와 형태도 확인할 수 있으며, 대웅전에 오르는 계단도 넓이가 상당하며, 매우 깔끔하게 정돈돼 있는 것을 알 수 있다.

● 1938년 3월 불국사 참배 사진에는 웅장한 규모의 다보탑과 대웅전 모습이 담겨 있다. 대웅전 편액 가운데 '대大'라는 글씨는 보이지 않고, '웅전雄殿'이란 글씨만 확인할 수 있다. 다보탑 상륜부 일부를 나뭇가지가 가리고 있지만 대장부 같은 위의威儀를 보여주기에 충분하다.

● 한국전쟁 당시 소실된 금강산 내금강의 장안사 전경과 도량 앞의 문선교問仙橋 모습도 만날 수 있다.

1938년 3월 불국사 참배 사진에서 웅장한 규모의 다보탑.

한국전쟁 당시 소실된 금강산 내금강의 장안사 전경.

금강산 순례에 나선 13명의 송광사 스님이 문선교 앞에서 카메라를 보고 있다. 1942년 6월에 촬영된 것으로, 스님들 뒤로 장안사 대웅전이 위용을 드러내고 있다. 하늘을 찌를 듯 우뚝 솟은 금강송은 조선불교를 지키려 했던 수행자들의 모습처럼 보인다.

● 부처님 진신사리를 모신 통도사 적멸보궁에서 근접 촬영한 것이다. 정확한 촬영시기는 알 수 없지만 20여 명의 송광사 스님이 보궁 참배 후 찍은 사진이다. 한복과 양복을 입은 스님들의 모습이 이채롭다.

● 1943년경 촬영된 해남 미황사 응진전과 달마산의 웅장한 모습도 있다. 돌계단에 앉거나 서 있는 스님들과 퇴락한 미황사 응진전은 일제의

1943년경 촬영된 해남 미황사 응진전과 달마산.

핍박에 맞선 조선불교의 현주소를 대변하고 있다. 미황사 응진전은 보물 1183호로 지난 1982년과 2001년 두 차례 번와했다.

● 1942년경 촬영된 묘향산 보현사 사진은 세월의 흔적이 고스란히 드러난다. 대웅전과 빛바랜 단청, 법당 출입문의 문양이 손에 잡힐 듯 선명하다. 10층 석탑에 달린 풍경은 금방이라도 소리를 낼 듯하다. 금강산 산행과 사찰 순례에 나선 송광사 스님들의 손에는 지팡이와 햇빛을 가릴 모자가 들려있다. 보현사는 서산대사가 주석하던 고찰로 한국전쟁 당시 미군의 폭격에 의해 절반 이상 훼손됐다.

● 지금은 탑골공원으로 불리는 원각사지에 자리한 10층 석탑 앞에 선

1942년경 촬영된 묘향산 보현사 사진.   탑골공원으로 불리는 원각사지에 자리한 10층 석탑.

송광사 스님들의 모습이 이채롭다. 한때는 파고다공원으로 불렸던 원각사지의 10층 석탑은 지금에 비해 보존상태가 매우 양호하다. 10층 석탑 뒤로 일본 양식의 전각이 눈에 띄며, 원각사지 안의 나무 그늘에 햇빛을 피해 앉아 있는 경성 시민들의 모습도 발견할 수 있다. 1940년대 촬영된 것으로 보인다.

● 묘향산에 있는 동룡굴蝀龍窟 내부 모습을 볼 수 있는 사진이 눈길을 끈다. 한국전쟁 당시 북한군의 보급창고로 사용되던 동룡굴은 폭격으로 무너졌다. 그 이전의 모습을 생생하게 확인할 수 있다는 점에서 의미가

크다. 보현사 참배 후 동룡굴을 찾은 스님들은 금강탑金剛塔, 참회봉懺悔峯, 시왕문十王門 등 불교적인 명칭을 붙였다.

어떤 경로로 사진 나왔나

송광사가 공개한 사진은 등곡 스님 유족인 서정구, 서용석 씨가 기증한 것이다. 지난 2월 부인의 49재를 송광사에서 지내기 위해 찾은 서정구 씨는 "숙부 되는 등곡 스님

묘향산에 있는 동룡굴.

의 출가본사가 송광사"라고 말하면서 인연은 시작됐다. 이 말을 들은 송광사 박물관장 고경 스님이 "등곡 스님의 유품을 찾아봐 달라"고 당부했고, 집으로 돌아와 살핀 결과 90여 장의 사진을 찾을 수 있었다. 서정구, 서용석 씨는 "숙부 되는 등곡 스님의 출가본사가 송광사이기에 인연 있는 사찰에 기증한 것"이라면서 "가족들이 소장하기보다 송광사에서 의미 있게 활용되길 바란다"고 말했다.

고경 스님은 사진 목록을 체계적으로 정리하고, 촬영 장소

를 확인하는 한편, 사진에 나오는 스님들의 법명을 찾는 노력을 했다. 소중한 근세불교자료가 완성된 것이다. 당시 송광사 주지였던 영조 스님은 "일제강점기 어려운 상황에서 사격寺格을 유지하기 위해 노력했던 스님들의 체취를 느낄 수 있는 자료를 기증해 준 분들에게 고마운 마음을 전한다"면서 "이번 일을 계기로 송광사 관련 근세사를 잘 정리하여 후대에 물려줄 것"이라고 밝혔다.

일제강점기 각황사 포교문

조선불교중앙포교당 각황사(지금의 조계사)가 일제강점기인 1929년 10월 제작해 배포한 포교문布敎文이 처음으로 실체를 드러냈다. 군산 동국사 주지 종걸 스님이 입수해 〈불교신문〉을 통해 공개한 각황사 포교문은 간단한 부처님 생애를 기술하고, 불교의 십선十善과 십악十惡에 대한 내용을 담고 있다. 1028자로 된 포교문은 한글로 작성돼 눈길을 끌고 있다. 일부 단어만 괄호 안에 한문을 넣었다. 종걸 스님이 입수한 각황사 포교문은 한 장에 같은 내용을 담은 것으로 크기는 서로 다르다. 하나는 갱지에 옵셋 양면 인쇄본으로 표지가 있다. 4장으로 접을 수 있게 만든 리플렛 형식으로 휴대용이다. 또 다른 포교문은 노루지에 옵셋 단면 인쇄본으로 표지 없이 전문만 있다. 크기는 둘 다 가로 54.5cm, 세로 19.5cm이다. 당시 두 종류로 만들어 배포한 것으로 추정된다.

그동안 각황사 포교문의 존재는 1929년 10월 1일자로 발행된 〈동아일보〉에 간략하게 소개된 것이 전부였다. 당시 〈동아일보〉는 "각황사에 봉안한 부처님 사리佛舍利 배관拜觀을 공개하며 포교문 200만 매를 시내 요처에 배부하기로 한다는데"라고 보도하고 있다.

당시 경성 인구가 30만 명인 상황에서 200만 매라는 엄청난 분량을 인쇄해 배부한 까닭은 무엇일까. 그것은 조선총독부가 9월 12일부터 10월 31일까지 지금의 경복궁 자리에서 개최한 '조선박람회' 때문이다. 당시 총

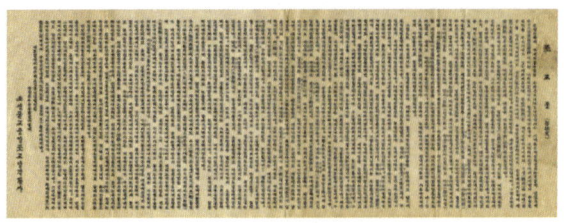
조선불교중앙포교당 각황사(지금의 조계사)가 일제강점기인 1929년 10월 제작해 배포한 포교문.

　독부가 대대적인 규모로 조선박람회를 개최하면서 경향 각지에서 수많은 관람객이 경성을 방문했다. 조선불교중앙포교당 각황사가 이때를 놓치지 않고 불교를 널리 알리기 위해 200만 매를 인쇄해 배포한 것이다.

　〈동아일보〉는 1929년 10월 1일자에서 "시내 수송동 조선불교중앙교무원에서는 금번 박람회를 이용하여 일반 민중에게 불교를 선전하려는 목적"이라면서 각황사에서 부처님 사리를 친견하고 포교문을 배부한다고 전했다.

　동국대 교수 보광 스님은 "매우 귀중한 자료로 평가된다"면서 "비록 포교문 내용이 기초 교리에 해당하지만 민중들의 눈높이에 맞춘 것으로 여겨진다"고 말했다. 이어 보광 스님은 "일제강점기에 한글로 된 포교문을 대량으로 만들어 배포한 것은 의미가 크다"면서 "은연중에 민족사상을 심어주기 위한 것이 아닌가 싶다"고 평했다.

　고영섭 동국대 불교학부 교수는 "평이하지만 불교의 핵심교리를 잘 담았다"면서 "일제강점기 기독교가 선교를 확대하는 상황에서, 일반 대중이 쉽게 이해할 수 있는 포교문을 만들어 불교 이미지 쇄신에 크게 기여했을 것"이라고 말했다. 이어 고영섭 교수는 시대적 상황이나 문장 스타일을 고려할 때 김태흡 스님이 작성한 것으로 추정했다.

김광식 동국대 연구초빙교수도 "그동안 포교문이 있다는 이야기는 들은 적이 있지만, 그 전문이 확인된 것은 처음"이라면서 "근대 한국불교를 연구하는 데 소중한 자료가 될 것으로 기대한다"고 말했다.

조계사 주지 도문 스님도 "80여 년 전에 포교문을 만들어 부처님 가르침을 배포한 사실은 당시 불교계가 전법의 중요성을 깊이 인식하고 있었음을 보여준다"면서 "각황사의 맥을 계승한 조계사가 현대사회에서 더욱 활발하게 포교활동을 하도록 최선을 다하겠다"고 밝혔다.

각황사 포교문을 처음 입수한 동국사 주지 종걸 스님은 "고서점에 나온 것을 우연히 발견하고, 불교계 밖으로 유출돼서는 안 된다는 생각에 입수했다"면서 "일제강점기의 어려운 상황에서 포교를 위해 노력한 당시 스님과 불자들의 노고에 새삼 고마움을 느낀다"고 말했다.

각황사는 만해 한용운 스님과 이회광 등의 노력으로 1910년 종로구 수송동 82번지에 창건한 사찰이다. 창건 후 각황사는 1938년 총본산 태고사를 옮겨 지을 때까지 조선불교를 대표하는 역할을 수행했다. 각황사는 지금의 조계사이다.

또한 포교문이 배포된 1929년은 각황사에서 조선불교선교양종승려대회가 열려 박한영朴漢永 스님을 비롯한 7명을 교정敎正으로 선출하고 종회와 중앙교무원을 설치하는 등 근대화 작업이 본격화된 시기이다. 따라서 이번에 발굴된 포교문은 당시 조선불교계가 교단 근대화와 함께 적극적인 포교에 나선 실증 사료로 평가된다.

● 1929년 각황사 '포교문' 〈전문〉

  천상천하에 다시 비할 수 없는 우리 석가여래부처님께서는 이제로부터 3천년 되는 옛날에 인도가비라국印度迦毘羅國이라는 나라에 황태자로 탄생하시었습니다. 그리하여 왕국에서 크시면서 무량한 복락을 받으시다가 19세 되시는 해에 돈연頓然히 깨치신 바가 계시여서 국성國城과 처자妻子를 꿈같이 내버리시고 설산雪山에 들어가시여서 무량한 고생을 하시다가 30세 되시든 해에 대도大道를 깨치시고 부처님이 되시였습니다.

  부처님이란 말은 깨달은 성인이란 뜻입니다. 그럼으로 불교佛敎란 두 글자의 뜻도 어리석은 자에게 깨침을 가르친 종교宗敎라는 뜻입니다. 그러면 부처님께서 무엇을 깨치라고 하셨나요. 팔만대장경八萬大藏經이 생기도록 여러가지로 말씀하신 바가 많이 있지요만은 그 가운데 가장 쉬운 법문을 하나 말씀해 드리겠습니다.

  우리 부처님께서는 우리 몸에 열 가지의 악한 것이 있다고 말씀하시고 열 가지 착한 법을 닦으라고 하셨습니다. 이제로부터 열 가지 악한 것부터 말하고 다음에 열 가지 착한 법을 말하겠습니다.

  대저 우리 몸에 숨어있는 악한 것을 해부解剖하여 볼 것 같으면 몸과 입과 마음의 세 가지에 나눠서 볼 수가 있는데 몸에는 세 가지 죄악이 있고 입에는 네 가지 죄악이 있고 마음 뜻에는 세 가지 죄악이 있습니다. 그래서 도합 열 가지의 죄악이 우리 몸에 숨어 있습니다.

첫째 몸에 세 가지 죄악이 있다함은 몸으로 살생殺生하고 도적질하고 사음邪淫하는 것입니다. 세상에 못된 사람들이 살인하고 절도하고 강간을 일삼다가 마지막에 붙잡혀서 형벌을 당하고 감옥에 가서 고생을 하게 되는 것은 이와 같은 세 가지 죄악을 행한 까닭입니다.

둘째 업에 네 가지의 죄악이 있다함은 우리가 입으로써 망어妄語(거짓말하고) 양설兩舌(이간질하고) 악구惡口(악담하고) 기어綺語(꾸미는 말)하는 것입니다. 세상사람 가운데 싸움이 잦고 사기詐欺가 많은 것은 이와 같은 거짓말과 이간질과 악한 말과 꾸미는 말을 쓰는 까닭입니다.

셋째 뜻에 세 가지 죄악이 있다 함은 뜻으로써 탐내고 성내고 어리석게 구는 것입니다. 세상사람 가운데 서로 빼앗기고 다투고 음해하는 것은 다 뜻으로써 탐하는 허욕虛欲이 쉬지 아니하여 탐하다가 뜻대로 아니 되면 성내고 싸우고 싸우다가 어리석게 사람을 죽이고 필경 제 몸까지 망치는 것입니다. 그럼으로 부처님께서는 중생의 몸 가운데 이와 같이 열 가지 악한 것이 있음을 발견하시고 열 가지로 착한 일을 행하라고 하였습니다.

열 가지 착한 일

그러면 열 가지 착한 일은 무엇인가요.

첫째는 불살생不殺生이니 무엇이든지 죽이지 말라는 것입니다. 이 세상에 산 물건은 무엇이든지 죽지 아니하고 살려고 하는 것이 사람과 똑같습니다. 그런즉 내가 죽기 싫은 일을 남더러 하라하고 죽어서야 될 수가 있겠습니까. 그럼으로 모기 한 마리며 풀 한포기라도 사랑하는 마음을 두어서 함부로 죽이지 말라는 것입니다. 이 마음이 철저하면 더욱이 사람사이에는 어진 사람이 되며 군자성인이란 말을 듣게 되는 것입니다.

둘째는 불투도不偸盜이니 나의 분에 당한 물건이 아니거든 취하지 말라는 것입니다. 그럼으로 부처님께서는 바늘 한 개실 한파람이라도 주지 않는 것을 취하면 도적질하는 것이라 하시였습니다. 속담에도 바늘도적이 황소도적이 된다고 하였거니와 털끝만큼이라도 검은 마음이 있으면 그것이 커져서 여러 사람을 불안케하는 도적이 되고 마는 것입니다. 그리하여 제 몸만 망칠뿐 아니라 부모형제와 처자에게까지 루累를 끼치게 합니다. 그런즉 이 도적마음을 아주 끊을 것 같으면 곧 요순과 같은 어진 성인이 될 수가 있는 것입니다.

셋째는 불사음不邪淫이니 자기의 처妻나 가장夫이 아닌 다른 사람과 같이 정을 통하지 말라는 것입니다. 세상 사람들이 가정에 평화平和를 파괴하게 되는 것은 대개 남녀간에 정조를 지키지 못한 까닭입니다. 누구든지 남녀간에 정조만 잘 지키면

부부는 일생에 화목하게 지내며 자손에게도 모범을 주게 되는 것입니다.

위에 말한 세 가지가 몸에 따른 것이라 몸을 잘 지켜야 하겠습니다. 그럼으로 부처님께서 특히 말씀하시되 몸은 재앙의 근본이니 몸을 지키되 보배와 같이 지키라고 하셨습니다.

넷째는 불망어不妄語이니 거짓말하지 말라는 것이요 다섯째는 불기어不綺語이니 언족이식비言足以飾非로 꾸며서 말하지 말라는 것이요 여섯째는 불량설不兩舌이니 여기서는 저기 말을 하고 저기서는 여기 말을 하여 이간을 붙이지 말라는 것이요 일곱째는 불악구不惡口이니 입에 못 담을 욕설 같은 악독한 말을 하지 말라는 것입니다. 세상사람 가운데 항상 치신을 잃고 신용을 잃고 시비가 많고 구설이 많고 재난이 많은 자는 남녀간에 입을 잘 단속하지 못한 까닭입니다. 그럼으로 부처님께서 특히 말씀하시되 입은 앙화의 문이니 입을 지키되 병甁과 같이 하라고 하시였습니다.

여덟째는 불탐욕不貪慾이니 의義에 당치 않거든 취하지 말며 예禮에 당치 않거든 보지 말라는 말입니다. 바꿔서 말하면 공연히 허영과 허욕에 끌리어서 당치 아니한 것을 탐심내고 기염 부리지 말라는 것입니다. 세상 사람의 실패는 대개 제 분에 당치아니한 것을 바라고 구하는 까닭입니다. 그저 분을 지켜서 족한 줄로 알면 모든 일이 다 평안한 것입니다.

아홉째는 불진에不瞋恚이니 무엇이든지 뜻대로 아니되며 마

1937년 조계사 대웅전 건립 당시 모습.

음대로 아니된다고 성내고 분내지 말고 잘 참아서 평화스럽게 하라는 것입니다. 착한 사람이 되고 악한 사람이 되는 것은 한 생각을 잘 돌리고 못 돌리는 곳에 있는 것이니 사람을 욕하고 때리고 죽이며 집을 헐고 불 지르는 것도 성내고 분심내는 순간에 있는 것이요 사람을 사랑하고 두호하고 구제하는 것도 착한 마음으로 돌이키는 한 생각에 있는 것입니다.

열째는 불우치不愚痴이니 항상 지혜를 닦아서 옳은 일을 행하고 어리석은 일을 하지 말라는 것입니다. 사람이 지혜가 있어서 옳고 그르며 바르고 바르지 못한 것을 얼른 알아차려서 옳은 일만 행하면 도덕과 윤리도 말할 것 없고 법률도 쓸데 없겠지마는 그렇지 못하고 항상 어리석게 그른 것도 옳다고 생각하고 삐뚠 것도 바르다고 생각하여 제 마음대로 하기 때문에 여러 가지 일이 생겨서 고통을 받고 번민을 가지고 구속을 받게 됩니다. 위에 말한 세 가지가 뜻에 해당한 것입니다. 그러므로 부처님께서 말씀하시되 마음을 밝히되 물과 같이하고 뜻을 밝히되 달과 같이하라고 하시었습니다.

열 가지 악한 일

그리고 부처님께서 말씀하시되 열 가지 착한 일을 닦지 아니하고 열 가지 악한 일만 행하면 죽어서는 물론 무간지옥無間地獄에 들어가서 고생하고 지옥에서 벗어나더라도 아귀餓鬼와 축생畜生의 보報를 받거니와 축생보를 다하고 인생人生에 태어나더라도 오히려 업보가 중하기 때문에 두 가지 식의 과보果報를 받게 된다고 하였습니다. 이것을 차례로 말할 것 같으면 살생하기를 좋아하는 사람은 지옥에 갔다가 다시 사람이 되더라도 첫째는 목숨이 짧아서 일찍이 죽고 둘째는 병이 많아서 일생을 병 속에서 고생하며 도적질하기를 좋아하던 사람은 지옥에 갔다가 다시 인생에 태어나더라도 첫째는 가난뱅이의 빈천보貧賤報를 받고 둘째는 누구와 같이 동사하더라도 실패가 많으며 사음하기를 좋아하는 사람은 지옥에 갔다가 다시 인생에 태어나더라도 첫째는 아내가 정조를 지켜주지 아니하고 둘째는 뜻과 같은 권속을 얻지 못하며 거짓말하기를 좋아하던 사람은 지옥에 갔다가 다시 인생에 태어나더라도 첫째는 사람의 제 비방을 많이 듣고 둘째는 맘의 재속힘을 많이 받게 되며 꾸며서 말하기를 좋아하던 사람은 지옥에 갔다가 다시 인생에 태어나더라도 첫째는 자기가 하는 말을 남이 신치 아니하고 둘째는 말이 똑똑하지 못하며 이간질 붙이기를 좋아하던 사람은 지옥에 갔다가 다시 인생에 태어나더라도 첫째는 권속이 서로 싸워서 등지고 둘째는 악독한 친족을 만나게 되며 악독한 말을 하기를 좋아하던 사람은 지옥에 갔다가 다시 인생에 태어나더라도 첫째는 항상 악한 소리를 듣고 둘째는 말끝마다 쟁송諍訟이 일어나게 되며 탐욕 부리기를 좋아하던 사람은 지옥에 갔다가 다시 인생에 태어나더라도 첫째는 마음에 족한 것을 모르고 둘째는 욕심이 많아서 싫어하는 것이 없으며 성내기를 좋아하던 사람은 지옥에 갔다가 다시 인생에 태어나더라도 첫째는 항상 다른 사람에게 시비장단을 듣게 되고 둘째는 항상 다른 사람이 해害를 입게 되며 우치한 일을 좋아하던 사람은 지옥에 갔다가 다시 인생에 태어나더라도 첫째는 어리석은 집에 태어나고 둘째는 그 마음이 첨곡諂曲하여 어리석은 일하기를 하게 된다하였습니다.

 이상에 자세히 말씀한 것은 모두 부처님께서 말씀하신 것인바 우리 중생 가운데 누구든지 열 가지 악한 일을 한 자는 금생에만 해로울 뿐 아니라 죽어서 후생에 지옥에 빠지게 되며 지옥의 고초를 다하고 인생에 태어나더라도 오히려 그 과보가 다하지 못하여 그와 같이 두 가지 식의 무서운 과보를 받게 됩니다.

 그러나 그 반대로 열 가지 착한 일을 행하면 금생에만 좋을

뿐 아니라 죽어 후생에라도 천당이나 극락을 가게 되며 따라서 무상한 쾌락을 받게 된다고 하였습니다. 그래서 열 가지의 악한 일을 행하는 것은 마군魔軍의 길이요 열 가지의 착한 일을 닦는 것은 보살菩薩의 길이며 부처님의 길이라고 하였습니다. 그런즉 여러분은 아무쪼록 마군의 길을 가지 말고 보살의 길과 부처님의 길을 많이 닦아서 한 가지 부처님 즉 대각세존大覺世尊이 되어서 무량한 중생을 제도하도록 결심해보기를 바라나이다.

석존강생 2596년 10월 1일 경성부 수송동 82번지 조선불교 중앙포교당 각황사.

1918년 위봉사 전주포교당 신도증

102년 전 신도증이 나왔다. 군산 동국사는 1918년 9월 24일 위봉사 전주포교당이 발행한 '불교신도증'을 공개했다. 앞면에는 '나무미륵존불' '제악막작諸惡莫作' '중선봉행衆善奉行'이란 글씨와 더불어 신도 이름, 주소, 발행일, 발행처 등이 적혀 있다. 전주포교당 직인도 찍혀 있다.

신도증의 주인공은 전북 고창군 대산면 덕천리에 거주하는 김상현金相鉉 불자로 생일은 1897년 8월 7일이다. 21살 청년이었다. 발행처는 '대본산大本山 위봉사 전주포교당'이다.

위봉사는 삼국시대 서암대사가 창건한 사찰로 전북 완주군 소양면 추줄산에 있으며, 현재는 제17교구 금산사 말사이다. 하지만 신도증 발행 당시에는 조선 31본산 가운데 한 곳이었다. 1918년 발행된 신도증으로 일제강점기 위봉사가 전주 시내에 포교당을 운영하였음을 확인할 수 있다. 그 무렵 위봉사 주지는 곽법경郭法鏡(1877~?) 스님으로 알려져 있다.

불교신도증의 뒷면에는 불자로서 사명감을 갖고 수행 정진을 할 것을 당부하는 내용과 주의 사항이 적혀 있다. 일부는 다음과 같다. "세계에 불교가 유有 함은 오인吾人(우리)의 생명이라, 즉 중생으로 하야금 고해苦海에 위안을 득得케 하고 … 제씨諸氏는 신앙信仰 하시오.… 차증此證(이 증서)은 남녀노소 물론하고 불교를 신信하난 자의계자에게 차此를 교부홈. 차증을 수지한자난 특히 미륵존불을 숭봉崇奉홈"

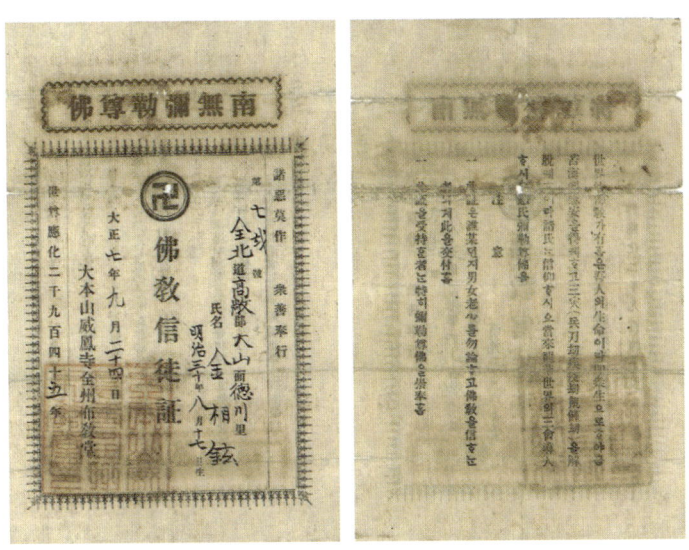

일제강점기인 1918년 위봉사 전주포교당이 발행한 불교신도증 앞·뒷면.

군산 동국사 주지 종걸 스님은 "나라를 빼앗긴 암울한 상황에서 미래의 부처님인 미륵불을 신앙하며 현실을 이겨내고자 했던 조선불자들의 마음을 상징적으로 담은 신도증"이라면서 "일제강점기 불자들의 신행생활을 연구하는 데 귀한 자료가 될 것으로 기대한다"고 밝혔다.

후기

전국의 사찰과 암자를 찾아다니며 취재하던 어느 가을날, 서울 진관사 칠성각 벽 속에서 발견된 태극기를 마주했을 때의 전율을 잊을 수 없습니다. 백초월 스님이 숨겨둔 태극기는 단순한 천 조각이 아니었습니다. 그것은 우리가 잃어버린 역사의 한 조각이었고, 누군가는 반드시 찾아주기를 기다린 간절한 외침이었습니다.

이 책을 마무리하며 돌이켜보니, 지난 20여 년간의 여정이 주마등처럼 스쳐 지나갑니다. 불교신문 기자로 시작한 취재는 어느새 제 삶의 화두가 되었습니다. 처음에는 3·1혁명을 비롯한 불교계의 독립운동에 초점을 맞추었지만, 자료를 발굴하면서 놀라운 사실을 더 많이 발견했습니다. 일제강점기 한국불교는 항일투쟁과 더불어 근대화의 씨앗을 뿌리는 데도 앞장섰다는 것입니다.

조계사 마당에서 한국 최초의 야구 시구가 이루어졌다는 기록을 발견했을 때, 통도사가 100년 전 축구팀을 운영했다는 사실을 확인했을 때, 그리고 대구의 불교소년야구단이 청소년들에게 희망을 심어주었다는 사실을 확인하며 숨겨진 역사의 단면을 보았습니다. 어둠의 시대에도 불교계는 체육을 통해 민족의 기상을 높이고, 청년들에게 건강한 정신을 심어주려 노력했던 것입니다.

더욱 놀라웠던 것은 문화와 교육 분야에서의 활약이었습니다. 범어사 해동역경원에서 한글 경전을 번역한 것은 단순한 종교 활동이 아니었습니다. 우리말과 글을 지키려는 문화독립운동이었고, 동시에 근대적 번역 문화의 토대를 마련한 선구적 작업이었습니다. 광성의숙, 명신학교 등 불교계가 설립한 학교들은 신학문을 가르치며 근대교육의 불씨를 지폈고, 야학을 통해 민중교육에도 힘썼습니다.

'한국 도서관의 아버지' 박봉석이 불교계 인물이었다는 사실도 이번 취재를 통해 알게 되었습니다. 경성불교고등강습회, 중앙학림 등은 근대적 교육기관으로 수많은 인재를 배출했고, 이들이 해방 후 한국 사회 각 분야의 지도자가 되었습니다. 일제강점기 불교가 단순히 저항만 한 것이 아니라, 미래를 준비하고 있었음을 보여주는 증거입니다.

특히 감동적이었던 것은 1910년대 초기, 강제병합 직전부터 불교계가 애국계몽운동에 적극 참여했다는 자료들이었습니다. 사찰을 비롯한 불교계에서 신문과 잡지를 발간하고, 강연회를 열어 민중을 계몽하며, 근대적 시민의식을 확산시키려 노력한 흔적들을 곳곳에서 발견할 수 있었습니다. 일제강점기에도 부처님오신날 행사는 '인해人海'와 '등산燈山'의 대장엄으로 치러졌습니다.

이러한 다양한 활동들은 서로 연결되어 있었습니다. 정구대회를 개최하여 청년들에게 희망을 심고, 야구와 축구를 통해 단합된 힘을 기르며, 교육을 통해 민족의 미래를 준비하고, 문화 활동으로 정체성을 지키는 모든 것이 큰 틀에서 보면 '하나의 거대한 독립운동'이었던 것입니다.

그러나 취재를 하면서 가슴 아팠던 것은 이토록 다채롭고 풍성한 역사가 그동안 제대로 조명받지 못했다는 사실입니다. 우리는 일제강점기를 단순히 어둠의 시대로만 기억해왔습니다. 우리 민족 역사상 가장 고통스러운 시기였음은 분명합니다. 하지만 그 속에서도 불교계는 독립운동을 전개하면서 외국에 500여 명을 유학 보내고, 동시에 근대화의 희망을 꿈꾸고, 미래를 준비하며, 희망의 불씨를 지켜나갔습니다.

이 책에 담지 못한 이야기들이 아직도 많습니다. 미처 찾지 못한 독립운동가, 재해 구호 활동, 여성 교육 운동, 그리고 근대적 출판 문화를 선도한 이야기 등 … 기회가 닿는 대로 계속해서 발굴하고 기록하겠습니다.

해방 80주년을 맞는 지금, 이러한 역사를 되돌아보는 것은 의미가 있습니다. 일제강점기와 근대기에 불교계가 보여준 다방면의 노력들은 오늘날 우리가 누리는 문명의 토대가 되었습니다. 어둠 속에서도 포기하지 않고 뿌린 씨앗들이 오늘날 꽃을 피우고 있는 것입니다.

독립운동에 투신했던 스님들, 교육에 헌신했던 스님들, 문화를 지키려 애썼던 스님들, 체육을 통해 희망을 전파했던 스님들. 불교는 시대의 아픔을 함께하고 미래를 준비하는 살아있는 종교였습니다. 이런 정신이야말로 오늘날 한국불교가 되찾아야 할 소중한 유산입니다.

근대기에 한국불교가 보여준 독립투쟁, 교육운동, 문화보존, 체육진흥, 사회계몽 등의 모든 활동이 오늘날 우리에게 주는 교훈을 되새기는 계기가 되기를 소망합니다. 선열들이 어둠 속에서도 포기하지 않고 지켜낸 희망의 정신이 이 땅에 굳건히 뿌리내리기를 간절히 기원합니다.

이 책이 나오기까지 도움을 주신 모든 분들께 감사드립니다. 특히 귀중한 자료를 제공해 주신 각 사찰의 스님들과 불자들, 증언을 아끼지 않은 분들, 그리고 〈불교신문〉 사장 수불 스님을 비롯한 임원과 동료들에게도 감사 드립니다. 여전히 제 마음에 살아계신 아버님, 그리고 매일 부처님께 기도하시는 어머님께 이 책을 바칩니다. 곁에서 응원해 준 아내와 아이들에게도 감사와 사랑을 전합니다.

역사는 과거와 현재의 끊임없는 대화입니다. 이 책을 통해 그 대화가 더욱 풍성해지기를, 그리고 우리 모두가 더 나은 세상을 만드는 데 소중한 지혜와 용기를 얻기를 바랍니다.

해방 80주년을 맞이한
불기 2569년(2025) 8월 15일
이성수

꽁꽁
싸맨
보따리

초판 1쇄 발행	2025년 8월 15일

지은이	이성수
펴낸이	오세룡
편집	박성화 손미숙 윤예지 김윤미
기획	곽은영 이수연
디자인	디자인아프리카
홍보·마케팅	정성진

펴낸곳	담앤북스
주소	서울특별시 종로구 새문안로3길 23 경희궁의 아침 4단지 805호
대표전화	02-765-1251(영업부) 02-765-1250(편집부)
전송	02)764-1251
전자우편	dhamenbooks@naver.com

출판등록	제300-2011-115호

ISBN   979-11-6201-556-8 (03910)

이 책은 저작권법에 따라 보호받는 저작물이므로 무단 전재와 복제를 금합니다.
이 책 내용의 전부 또는 일부를 이용하려면 반드시 저작권자와 담앤북스의 서면 동의를
받아야 합니다.

정가 28,000원